한국문단사와 문학사를 읽는 근·현대 작가 사신 기록물

정릉으로 온 편지

두 번째 이야기

안수길, 방인근, 유치환, 이영도, 이호우

김현승, 최인희, 김수돈, 김용제, 김광섭

한국문단사와 문학사를 읽는
근·현대 작가 사진 기록물

정릉으로 온 편지

두 번째 이야기

박종석 저

안수길
방인근
유치환
이영도
이호우
김현승
최인희
김수돈
김용제
김광섭

도서출판 월인

목차

Ⅲ. 〈작고 문인 사신철〉의 사료적 가치와 과제

〔부록〕 사신 기록물 연구 자료

머리말

이 책은 10명의 작고 문인 사진 기록물을 다룬 『정릉으로 온 편지』(〈첫 번째 이야기〉)에 이어지는 〈두 번째 이야기〉이다. 〈첫 번째 이야기〉에서 다루지 못한 35명의 작고 문인 가운데 한국문학사와 문단사의 이면을 볼 수 있는 10명의 사진 기록물을 분류하고 연구한 결과를 정리했다. 즉 한국문단이면사의 수평적 넓이를, 한국문학사의 수직적 깊이를 볼 수 있는 '수수께끼' 같은 〈작고 문인 사진첩〉에 대한 〈두 번째 이야기〉이다.

이 책은 『작가 사진 연구 방법론』(2023)을 근거로 작가와 작품을 새로운 관점으로 볼 수 있는 기초 자료인 〈작고 문인 사진첩〉을 분석한 내용을 담았다. 오늘날은 작가와 작품에 대한 자료 발굴과 방법론 연구보다는 서구의 문학 이론을 활용해 접근하는 경향이 짙다. 작가의 입체적인 연구는 문학 연구 방법론의 개방성과 함께 텍스트 발굴 그리고 기존 자료와 연계성 및 확장이 중요하다. 그래서 작가의 입체적 연구를 위한 방법론 탐색과 작품 연구의 중요한 텍스트 중 하나인 작가 사진 기록물이 중요하다. 궁극에는 한국문학사와 문단사의 줄기를 잡아 가는 과정이 바로 작가 사진 연구이다.

작가 사진은 창작 심리와 작품 관련 활동 그리고 작가의 일상을 담고 있어 작가의 모습을 볼 수 있는 귀중한 자료이며, 작가와 작품 연구에 필요한 기초적인 자료이다. 특히 이 책은 작고 문인과 그 문인의 작품 연구를 입체적으로 접근할 수 있도록 기초적인 안내서 역할을 할 것이다.

이 책의 체제(體制)는 한국문학사의 사적 전개를 중심으로 소설가와 시인의 사신 기록물을 분석한 결과를 정리하여 구성하였다.

첫째, 〈두 번째 이야기〉도 〈첫 번째 이야기〉와 마찬가지로 『작가 사신 연구 방법론』의 이론을 적용했다. 다만 발신자와 수신자 관계보다는 사신 기록물의 내용을 중심으로 한국문학사와 문단사의 이면을 밝히고자 하였다.

둘째, 해외 망명지에서 농촌 문학을 꾸준히 발표했던 소설가 안수길(安壽吉, 1911~1977)의 사신 기록물을 분석하고 탐색했다. 그리고 《조선문단》을 통해 등단한 작가들이 1930~40년대 문단에서 활발하게 창작 활동을 하였으나, 발행인이었던 방인근(方仁根, 1899~1975)은 친일 작품 활동을 했었다. 그리고 일본과 한국에서 친일 문필 활동을 한 시인 김용제(金龍濟, 1909~1994)도 다루었다.

셋째, 해방 후 폐허와 자유라는 시대 흐름 속에서 경북 대구의 문학 지형도를 그린 유치환(柳致環, 1908~1967)과 시조 시인 이영도(李鎬雨, 1912~1970), 이호우(李鎬雨, 1912~1970) 등 여러 지역에서 활동한 시인들의 사신 기록물을 분석하고 검토하여 한국문학사와 문단사의 이면을 들여다보았다. 특히 한용운(韓龍雲, 1879~1944)과 이육사(李陸史, 1904~1944)처럼 독립운동으로 투옥되었던 김광섭(金珖燮, 1905~1977)의 시를 그림으로 옮겼던 세계적 화가 김환기(金煥基, 1913~1974)도 정리해 놓았다.

넷째, 조연현과 가까이 지냈던 작가들의 사신 기록물을 통해 문단 교유기와 함께 문단이면사를 볼 수 있도록 사신 자료를 분석했다. 수신자 조연현이 《현대문학》을 통해 문단의 활성화뿐만 아니라 전국적으로 창작의 열기를 확산하려는 의도가 있다고 전제하면서 작고 문인들을 검토했다. 최인희(崔寅熙, 1926~1958)나 김수돈(金洙敦, 1917~1966), 두 시인의 사신 기록물 때문에 전국적인 창작 열기 확산을 볼 수 있으며, 김현승(金顯承, 1913~1975)의 사신 기록물을 통해 문단이면사도 밝힐 수 있었다. 여기에는《현대문학》을 통한 문단 권력의 공고화와 판매고에 대한 현실적인 목적과 의도가 작용했다고 볼 수 있다.

여기서 다루지 못한 사신 기록물에 대한 분석과 연구는 후학이나 관심 있는 독자들에게 미루었다. 이는 필자의 문학적 안목 부족과 게으름 탓이다. 그래서 식견이 높은 전공 연구자들이 사신 기록물을 깊이 탐독했으면 한다.

필자는 『조연현 평전』(2006) 출간 직후, 지역 언론사의 인터뷰에서 비평적 삶의 가치를 찾기 위한 나름의 고뇌에서 조연현을 찾았다고 밝힌 적이 있었다. 여기서 아직 조연현에 대한 연구가 진행 중이라고 막연히 언급하였으나, 이제야 그 구체성의 증거 가운데 하나의 텍스트가 바로 〈작고 문인 사신철〉이라고 말하고 싶다. 그래서 조연현의 비평문학과 삶을 입체적으로 다룬 『조연현 평전』과 두 이야기를 연계해 읽기를 권한다.

〈작고 문인 사신철〉과 관련된 두 가지 이야기 외에 조연현이 서류봉투에 따로 보관해 두었던 〈작고 문인 사신철 뭉치〉에 등장하는 근·현대 문인들의 사신 기록물 연구를 따로 정리할 생각이다. 물론 앞서 출간한 두 권의 후속 연구서일 것이다. 이러한 작가 사신 연구는 결국 기존의 한국문학사와 한국문단사를 새롭게 구성할 수 있는 텍스트라는 점에서 의미가 있다.

〈첫 번째 이야기〉에서 느낀 감정은 〈두 번째 이야기〉에서도 다르지 않았다. 〈작고 문인 사신철〉 연구는 참으로 고달프면서도 기쁜 작업이었다. 깊은 밤에 근·현대 작고 문인들이 남긴 사신 기록물과 문학에 대해 대화하면서 여태껏 보지 못했던 '푸른 빛깔'의 밤을 보았다. 그러나 작가 연구에 대한 에너지를 쏟아붓고자 하나, 역시 힘겨운 것은 자료 탐색과 함께 필자의 문학적 역량의 부족이라는 사실을 다시금 알게 되었다.

한국 문학의 문지기 김윤식, 이육사(李陸史, 1904~1944) 연구와 친일 문학론의 거물을 던져 놓으신 김용직, 그리고 시인 연구의 본을 보여 주었으며, 필자의 태작(馱作) 『송욱 문학 연구』와 『송욱평전』을 읽고 사신을 보내주신 김학동 교수님, 짧은 시간 동안 학문의 열정을 보여 주셨던 조동일 교수님과 정명환 교수님, 눈빛으로 문학의 길을 안내했던 최학출 교수님, 필자의 「마광수론 – 광기 혹은 이상 세계의 꿈꾸기」를 읽어 주었던 마광수 교수님의 목소리가 엊그제처럼 들리는 지금. 20대 청춘 시절, 소풍 떠나기 전에 만났던 천상병(千祥炳, 1930~1993) 시인의 천사 미소가 그립다. 〈작고 문인 사신철〉의 작가들과 함께 소풍지에서 천상병은 주호회(酒豪會)를 열고 있는지… 물론 박인환(朴寅煥, 1926~1956)도 김관식(金冠植, 1934~1970)도 박봉우(朴鳳宇, 1934~1990)도 참석했을 터. 그곳에 조연현도 앉아 있을지…

〈첫 번째 이야기〉의 고석규(高錫圭, 1932~1958)를 제일 먼저 읽고 전화를 주신 부산의 남송우 교수님, 평소 필자에게 소박한 애칭을 붙인 창원의 정인근 시인, 이영도와 이호우의 관련 자료를 열람할 수 있도록 도움을 준 청도군의 민병도 시조 시인 그리고 늘 응원해 준 서울의 이호승 박사님, 월인 출판사 박성복 사장님께 고마움을 전한다.

2005년 정릉 자택에서 〈작고 문인 사신철〉을 열람한 후, 17년의 세월이 흘러 이제 20여 년, 2022년부터 시작한 연구를 정리해 〈두 번째 이야기〉를 출판한다. 한국 문학의 빛깔이 물드는 석양을 바라보며…

2024년 12월.
바다가 보이는 울산에서 馱作 박종석.

I

근 · 현대 작가 사신 기록물의 분류 및 검토

1. 〈작고 문인 사신철〉 분류

다음 [자료 1]은 근·현대 작가들의 사신을 조연현이 정리한 〈작고 문인 사신철〉을 연구 편의상 Ⅰ(첫 번째 이야기)과 Ⅱ(두 번째 이야기)로 구분했다.[1] 이 자료에 등장하는 작가와 작품 그리고 작가의 일상을 연구하다 보면 〈한국 문학 지도〉와 〈한국 문단 지도〉를 그릴 수 있는 밑그림이 보인다.

1920년대부터 1970년대 말까지 활동한 작가들의 사신 기록물은 20세기 문단 풍경을 엿볼 수 있으며, 또한 20세기를 넘어서서 21세기 문학사와 연계성이 존재함을 확인할 수 있다. [자료 1] 외에 정릉 자택에 보관되었던 〈작고 문인 사신철 뭉치〉에 등장하는 작가들의 사신까지를 정리한다면, 한국 문학 지형의 지도가 넓어지면서 또한 정교해질 것이다.[2] 정릉 자택에는 중앙 문단과 지역 문단에서 활발하게 활동한 작가들의 사신 기록물이 뒤섞여 있다.

가령 박두진(朴斗鎭, 1916~1998)을 비롯한 여러 문인들과 한무숙(韓戊淑, 1918~1993), 박화성(朴花城, 1903~1988), 박경리(朴景利, 1926~2008) 등 여류 소설가와 부산에 활발하게 활동했던 소설가 이주홍(李周洪, 1906~1987), 이주홍 사신 속의 소설가 최해군(崔海君, 1926~2015) 그리고 울산의 오영수(吳永壽, 1914~1979) 등의 사신 기록물도 남아 있다.

---

1 45명의 〈작고 문인 사신철〉의 작가 중 각각 10명의 작가를 묶어 〈첫 번째 이야기〉와 〈두 번째 이야기〉로 나누어 연구했고, 25명은 다음 기회로 미루었다.

2 [자료 3]~[자료 4]는 차후에 출간할 예정이다.

여기에 발신자 문인들의 작품과 작가 심리와 창작 기법까지를 들여다볼 수 있고, 그리고 문학사가 조연현의 시각은 물론이고 사진 기록물의 문학사적인 사료적 가치 또한 파악할 수 있다.

[자료 1]

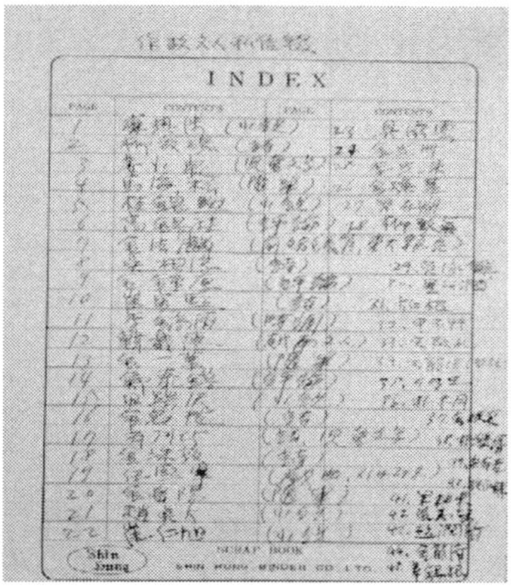

작고 문인 사진철[Ⅰ과 Ⅱ로 구분]

[자료 2]

작고 문인 사진철

[자료 3]

작고 문인 사진철 뭉치(1)

[자료 4]

작고 문인 사진철 뭉치(2)

[자료 2]는 〈작고 문인 사신첩〉이고, [자료 3]에는 엽서와 연하장, 그리고 여러 장의 사신들이 함께 보관되어 있었다. [자료 4]는 문단 행사 관련 각종 문서와 작가 사신들이 보관되어 있다.

다음은 『정릉으로 온 편지』(〈첫 번째 이야기〉)에서 다룬 대상 작가를 제외한 35명의 작가들을 정리한 작가 분류표이다.[3] 이들 중 10명만을 대상으로 『정릉으로 온 편지』(〈두 번째 이야기〉)에서 다루었다. 〈두 번째 이야기〉에서도 〈첫 번째 이야기〉와 마찬가지로 사신 기록물의 내용을 중심으로 분류하고 분석하였다.

〈작고 문인 사신첩〉 작가 분류표(두 번째)

갈래	번호 및 작가명 (기록물 통계)	특징	사신 내용		
			창작 관련	문학지 관련	안부, 기타
소설가 (10명)	1. 염상섭 (3장) 5. 계용묵 (4장) 15 전영택 (1장) 21. 조진대 (4장) 22. 최인욱 (4장) 24. 김광주 (1장) **31. 방인근 (2장)** 38. 박영준 (5장) **39, 안수길**	1. 염상섭: 《폐허》 동인, 《만선일보》 편집장 역임, 《조선문단》 추천위원, 독립 선언 운동으로 투옥 5. 계용묵: 필화 사건, 천황 불경죄로 투옥, 《조선문단》 추천위원, 《해조》와 《신문화》 창간 15. 전영택: 《창조》 동인, 평양 청소년 기관지 《청년》 주간, 김동인 편집, 〈한국문인협회〉 이사장, 방인근과 동서지간 21. 조진대: 조연현과 동향, 문청 활동	1. 염상섭: 적빈과 소설 창작 5. 계용묵: 영화평 청탁 31. 방인근: 대중소설 전집 발행 의뢰	15. 전영택: 작품 연보 보냄	17. 최계락: 오영수, 박재삼과 안부, 시작 관련 사신

3 1권 연구 대상 작가 : 소설가 - 「1. 염상섭」, 「5. 계용묵」, 「15. 전영택」 시인 - 「8. 오상순」, 「16. 김관식」, 「32. 신석초」, 「36. 박목월」, 「42. 장만영」, 비평가 - 「7. 고석규」, 「9. 김종후」 등.

	(3장) 45. 강석근 (1장)	31. 방인근:《창조》 원고 발표, 《조선문단》 발행 및 추천제, 《문예공론》 창간, 친일 작품 활동 39. 안수길: 동맹 휴학 주동 및 광주 학생 사건 주동해 일경 체포 및 구금)			
시인 (13명)	**2. 유치환** **(13장)** 8. 오상순 (7장) **10. 최인희** **(11장)** 16. 김관식 (2장) **18. 김수돈** **(1장)** 23. 구자운 (1장) 30. 이하윤 (2장) 32. 신석초 (2장) **33. 김현승** **(11장)** 36. 박목월 **37. 김광섭** **(1장)** 42. 장만영 (5장) **44. 김용제** **(6장)**	8. 오상순: 《폐허》 동인, 최초의 시 전문 동인지 《장미촌》 참여, 33세 때 부산 범어사 스님 10. 최인희: 요절 시인) 16. 김관식: 서정주와 동서지간 23. 구자운: 평생 소아마비 고통, 창작 30. 이하윤: 해외문학파, 《시문학》 동인, 《문예월간》 편집 담당 32. 신석초: 이육사와 《자오선》 동인 33. 김현승: 동인지 《신문학》 창간 36. 박목월: 《시문학》, 《심상》 창간 37. 김광섭: 사제지간, 《해외 문학 연구회》가입, 《문학》 창간, 《자유문학》 창간 42. 장만영: 〈산호장〉 출판사 경영, 〈산호장〉에서 김기림과 박인환 시집 출간. 신석정 동서지간 44. 김용제: 친일 작품 활동	8. 오상순: 해공 선생 추도시 창작	2. 유치환: 원고 게재 시 이영도의 수필 보냄, 문단 활동 중단 선언 16. 김관식: 원고 게재, 잡지 요청 18. 김수돈: 원고 수록 부탁 36. 박목월: 오용수 추천 42. 장만영: 원고 게재	33. 김현승: 박봉우 추천 건 36. 박목월: 새해 인사 42. 장만영: 도서 감사 인사 및 도서 장정 조언
시조 시인	**11. 이호우** **(4장)**	11. 이호우: 이영도와 오누이 관계		11. 이호우: 대표 시조 시	

(2명)	**35. 이영도 (4장)**			인 30인 추천 35. 이영도: 시조 강연 및 작품 발표	
수필가 (3명)	4. 마해송 (1장) 13. 김일엽 (2장) 20. 김도양 (9장)	4. 마해송: 시인 마종기의 부친 13. 김일엽: 승려, 최초 여성 잡지 《신여자》 간행, 《폐허》 창간 동인		13. 김일엽: 원고 수정	4. 마해송: 『여백의 사상』 감사 20. 김도양: 안부
희곡/시나리오(3명)	19. 임희재 (2장) 28. 유치진 (1장) 29. 오영진				19. 임희재: 『한국현대문학사』 출간 인사
비평가 (3명)	6. 고석규 (2장) 9. 김종후 (2장) 14. 정태용 (23장)	6. 고석규: 26세 요절 9. 김종후: 28세 요절 14. 정태용: 조연현과 바둑, 유고집 출간		6. 고석규: 「시적 상상력」 문학지 수록 9. 김종후: 《문예》 발간 및 등단 인사	
아동문학 (3명)	3. 강소천 (1장) 17. 최계락 (16장) 25. 이광래 (1장)	3. 강소천: 소천 문학상 제정/백석이 추천한 작가 17. 최계락: 정비석과 《대조》 잡지 발행, 김억과 〈수선사〉 출판사 25. 이광래: 「산토끼」의 동요작가 이일래의 동생			
기자 및 작가 (1명)	12. 한재덕 (1장)	12. 한재덕: 1927년 동경지부 카프 발행지 《제3 전선》 임화, 안막, 한재덕, 김남천 등과 활동, 해방 후 김일성 직속 기자 활동, 월북 문인			

국문 학자 (2명)	41. 양주동 (1장) 43. 조윤제 (2장)	41. 양주동:《금성》동인지 발행, 1923			
화가 (1명)	26. 김환기	사신 여부 미확인			
서예 (1명)	40. 허백련 (1장)	40. 허백련: 동양화 10대가			
기타 (3명)	7. 김법린 (3장) 27. 양재연 (2장) 34. 김용배 (1장)	7. 김법린: 승려, 독립 운동가, 만당 사건 27. 양재연: 송석하 사위 43. 김용배: 철학		27. 양재연: 「호질(虎叱)」 번역,《현대문학》잡지 수록	27. 양재연: 『여백의사상』, 1962, 감사 인사)

〈작고 문인 사신철〉 분류는 〈첫 번째 이야기〉와 마찬가지로 사신 내용 중 드러난 작가 활동 영역을 기준으로 하여 분류하였다. 실제 근·현대 작가들은 다양한 문학 장르를 넘나들면서 창작 활동을 하였다. 작가들은 창작 활동에서 비평 활동과 소설 창작 활동을 주도적으로 하였으나, 사신에 소설 창작 활동의 내용이 있으면 소설가로 분류하였다. 그리고 사신 내용과 함께 작가의 문학적 특징을 참고할 수 있도록 간략하게 정리하였다.

2. 대상 작가의 사신 기록물 검토

문단 주변에만 알려졌거나 혹은 몇몇 문인들만 공유했던 문단이면사를 당대 같이 활동했던 작가들의 단순히 기억에만 의존하기보다는 작가와 관련된 고증 자료와 작가의 창작 활동 그리고 작품 발표 과정에 대한 객관적인 증거로서 〈작고 문인 사신철〉은 검토의 가치가 있다. 나아가 이의 검토와 연구를 통해 작고 문인의 새로운 지점을 한국문단사와 한국문학사에서 파악하게 된다는 점이 또한 사신 기록물의 가치이다. 이는 과거에 밝혀지지 않았던 작가들의 모습과 창작 활동 등을 확인할 수 있다. 여기에서는 소설가와 시인의 사신 기록물을 중심에 놓고 검토할 것이다.

그 방향을 정리하면 다음과 같다.

1. 1940년대 일제 강점기 시대에 이주 농민을 배경으로 소설을 창작했던 소설가 안수길(安壽吉, 1911~1977)과 국내 농촌의 비극을 담은 소설가 박영준(朴榮濬, 1911~1976)의 사신 기록물을 동시에 놓고 검토가 필요하다. 다만 본고에서는 안수길을 중심으로 사신 기록물을 검토했으며, 박영준의 사신 기록물은 연구 방향에 도움이 될 기초적인 내용만을 참고했다.

2. 친일 작가 논란이 있었던 방인근(方仁根, 1899~1975)과 김용제(金龍濟, 1909~1994)에 대한 쟁점을 다시 정리하고자 한다. 이 두 작가는 일제 강점기에 친일과 창작 활동, 해방 후 다양한 문단 활동을 했으나 방인근은 소설가의 위치에, 김용제는 시인의 자리에 놓고 검토했다.

3. 청마 유치환(柳致環, 1908~1967)과 이영도(李永道, 1916~1976)」의 관계는 사진 기록물을 통해 간접적으로 유추할 수 있다. 그리고 청마와 가까이 지냈던 반희정에 대한 자료를 찾아 함께 정리를 했다. 시대의 고독과 함께 여인에 대한 절대 고독을 읽을 수 있어 흥미롭다. 호남형인 이호우(李鎬雨, 1912~1970)와 함께 이들은 경북 대구 중심의 문단 형성에 주요한 역할을 담당했던 작가들이다.

4. 지역 문단 형성에서 청마 유치환과 이호우의 경북 문단 그리고 청마의 경남 부산 문단에 맞서는 전남 문단의 김현승(金顯昇, 1913~1975)을 검토하고 정리했다. 이들의 문단 활동은 지역 문단 권력화라는 부정적인 면을 볼 수 있으나, 서울 중심 문단과 균형을 유지한다는 점에서 유의미한 측면을 검토할 수 있다. 그래서 전국적인 문단 지형도를 〈작고 문인 사진철〉에서 볼 수 있다.

5. 문단 지형 가운데 김현승과 박봉우(朴鳳宇, 1934~1990)를 통해 1950~60년대 소위 신춘 문예 출신 작가와 《현대문학》의 추천 작가들 사이에서 있었던 문단 세력 형성의 문제를 짚어 볼 수 있다.

6. 병상에서 쓴 김광섭(金珖燮, 1905~1977)의 시 「저녁에」는 김환기(金煥基, 1913~1974)의 〈어디서 무엇이 되어 다시 만나랴〉라는 그림으로 환생한다. 시인과 화가의 영감이 어떻게 접점을 형성하는지를 보여준다.[4] 그리고 이들은 〈작고 문인 사진철〉에서 만났지만, 김환기의 사진 기록물은 어느 순간 사라져 버렸다. 그리고 김광섭은 1941년 일본 형사에 붙잡혀 복역했던 독립투사요 시인이었다. 이와 함께 이 책에서 다룬 친일 문학 활동을 한 김용제의 삶을 비교해 볼 수 있다.

7. 김수돈(金守敦, 1917~1966)의 사진 기록물을 통해 한국시문학사의 확장성을 검토해 볼 수 있다. 정지용(鄭芝溶, 1903~1950)이 추천한

---

4 김환기는 예술의 영감을 백자에서 받을 만큼 애지중지했다. 언론 보도에 따르면, 2023년 10월에 달항아리 '백자대호'가 34억에 낙찰되었다.

시인들은 한국시문학사에서 주류를 형성한 시인들이었다. 가령 1940년대 청록파 일원인 박목월(朴木月, 1916~1978)과 이한직(李漢稷, 1921~1977)[5] 등이 대표적이다. 그런데 정지용이 추천했던 김수돈 시인에 대한 논의는 활발하지 못했다.[6]

8. 수신자 조연현과 인간적인 친밀도가 높은 시인 최인희(崔寅熙, 1926~1958)를 통해 1950년대 문단 활동과 《문예》, 《현대문학》의 역할과 위상 등을 이해할 수 있으며, 비평가 정태용(鄭泰榕, 1919~1972)을 통해 작가들의 출판 관련 문단사의 이면도 파악할 수 있다.

9. 수신자인 조연현은 1981년 사망했는데, 김용제는 1994년에야 작고했다는 점에서 보면, 김용제에게서 '작고'라는 의미는 달리 해석될 수밖에 없다. 김용제를 사망 기준으로 하지 않고, 아마도 작품 활동을 기준으로 정리했을 가능성과 함께 한국문학사에서 중요 작가의 범주로 분류한 것으로 보인다. 그래서 김용제를 문학사적으로 검토가 필요하다.

10. 작가 사신은 작가의 전기적 요소와 문학적 요소가 결부된 문학 연구의 텍스트이다. 이 텍스트에는 작가의 문학적 특징뿐만 아니라 작가가 살아온 삶의 태도와 세계관도 드러나 있어, 이들의 삶을 고찰하여 우리들의 삶의 방향을 찾는 것도 작가 사신 연구의 또 다른 가치이다. 특히 시대의 격변기와 일상의 굴곡(屈曲) 속에서 행동하고 삶의 방향 찾아 치열하게 살다 간 작고 문인들의 흔적을 통해 우리의 삶을 반추(反芻)

---

5 광복 後, 종합잡지 《전망》을 주재했으며, 조지훈(趙芝薰) 등과 함께 《문학예술》의 시 추천위원을 맡았다. 그리고 1960년 문공부의 문정관으로 일본에 건너가 그곳에 삶을 마감했다. 1939년 《문장》의 추천제에 응모해, 5월호에 시 「풍장(風葬)」, 「북극권(北極圈)」이 선정되면서 시작 활동을 시작하였다. 추천자인 정지용(鄭芝溶)은 "패기도 있고 꿈도 슬픔도 넘치는 청춘이라야 쓸 수 있는 시"라고 하면서 "선이 활달하기는 하나 치밀하지 못한 것이 흠"이라는 것과 외국어를 많이 쓴 것을 지적했다. 과작(寡作)의 시인으로 그가 죽은 뒤, 1976년 『이한직 시집』이 발간되었다(박종석, 「이한직론」, 『한국현대시의 탐색』, 역락, 2001, 참고).

6 권도현, 「김수돈론」, 『권도현 평론집』, 문성출판사, 1978.

하는 계기가 된다면 이들이 남긴 사신 기록물을 깊이 읽어야 한다. 무릇 문학과 학문의 길에 서성이는 이들에게는 존경할 수 있는 스승의 모습을 볼 수 있을 것이며, 또한 문학사에 남는 작가로 기억할 것이다.

특히 〈작고 문인 사신철〉에는 「5. 계용묵(桂鎔默, 1904～1961)」, 「15. 전영택(田榮澤, 1894～1968) 그리고 「8. 오상순(吳相淳, 1894～1963)」, 「33. 김현승(金玹燮, 1905～1977)」, 「36. 박목월(朴木月, 1916～1978)」, 「37. 김광섭(金珖燮, 1905～1977)」, 「39. 안수길(安壽吉, 1911～1977)」 등은 동시대 후배 작가들로부터 깊은 존경을 받았다. 김현승은 박봉우(朴鳳宇, 1934～1990)가 중앙 문단에서 빛나기를 기대했다. 박목월은 시를 쓴다는 이유만으로 박용래(朴龍來, 1925～1980)를 가족들과 함께 생활하도록 했으며, 또한 창작의 길을 갈 수 있도록 안내했다. 그래서 박용래는 시인이 되었다. 〈작고 문인 사신철〉의 수신자 조연현도 박재삼(朴在森, 1933～1997)에게 따뜻한 마음을 주었다.

그리고 이 책에서는 다루지는 않았으나, 눈여겨 볼만한 작고 문인은 한국 여성 잡지사에서 중요한 역할을 담당했던 수필가이면서 비구니(比丘尼)인 김일엽(金一葉, 1896～1971)이다. 나혜석(羅蕙錫, 1896～1948), 최정희(崔貞熙, 1912～1990), 박화성(朴花城, 1903～1988) 등과 같은 동시대의 여류작가와 다른 면을 볼 수 있다는 점 때문이다. 그리고 비구(比丘)이면서 독립투사인 김법린(金法麟, 1899～1964)이다.

특히 위와 같은 연구 방향과 내용을 담은 〈두 번째 이야기〉는 ① 작가 사신 연구의 본격적인 단계인 사신 기록물을 통한 작품과 작가 세계의 탐색 그리고 문단 활동 등 ② 심화 단계인 전집과 평전 자료 ③ 문단사와 문학사의 조명까지 논의할 때 필요한 기초적인 연구 자료 역할을 할 것이다. 그리고 작가들에 대한 관심이 많은 독자에게는 문단의 '수수께끼'를 푸는 흥미를 줄 것이다.

Ⅱ

작가별 사진 기록물의 특징

굴곡과 변화가 없는 세계는 없다. 문단과 작가 세계도 예외가 될 수 없다. 굴곡과 변화의 과정은 모든 경우에 일어나는 필연성을 포함한다. 한국문학사의 굴곡과 변화의 기저(基底)에 조연현이 있음을 부정할 수는 없다. 그래서 조연현의 삶과 문학에 대한 공과는 분명히 점검되어야 하고, 특히 그가 남긴 '수수께끼' 같은 〈작고 문인 사신철〉에 대한 분석과 연구의 결과까지는 그의 공과에 포함되어야 한다.

여기서 조연현과 〈작고 문인 사신철〉의 관계에 대해 한 가지 주목할 사실은, 발신자 조연현이 작고 문인들에게 보낸 사신 기록물의 정체이다. 가령 《현대문학》 원고 청탁과 관련해 우리나라 최초의 동인지 《창조》 동인인 전영택(田榮澤, 1894~1968)이나 1950년대 부산 지역에서 활동한 비운의 비평가 고석규(高錫珪, 1932~1958)의 사신 기록물만 보아도 조연현이 먼저 수신자 작고 문인들에게 사신을 보냈을 개연성이 크다. 조연현이 한국현대문학사 집필에 필요한 서적을 작가들에게 요청한 사실이 있는 것으로 보아, 조연현의 친필 사신을 보관했을 가능성이 매우 높다. 『한국현대문학사』 〈서문〉에는 서적과 자료를 빌려준 작가들의 필명이 정확하게 기록되어 있기 때문이다. 수신자 작고 문인들이 발신자 조연현의 사신을 보관하고 있는지를 발굴해야 사신 연구의 상호성 가치가 있다.

조연현은 1940년대 해방기 문단부터 우익에 서서 '적극적 역할'을 한 비평가요, 문학사가이면서 《현대문학》 주간이었다. 이러한 문단 활동을 하지 않았다면, 수수께끼 같은 〈작고 문인 사신철〉이 존재하지 않았을 것이다. 한국문단사에서 조연현의 '적극적 역할'은 무엇일까? 이에 대한 답을 조남현(曺南鉉. 1948~)의 논평에서 빌려 올 수 있다. 한국 비평가들은 종래 작가들(시인 포함)의 보좌역이라는 '소극적 역할'에서 벗어나 이제 실제 잡지의 편집권 행사 같은 것을 통해서 작가들에게 서슴지 않고 방향 제시까지 해내는 '적극적 역할'[1]을 했다는 지점과 이 지점의 선두에 또한 조연현이 있었다.

〈작고 문인 사신철〉은 발신자인 작고 문인들이 《현대문학》의 조연현에게 원고 청탁, 작가 추천평, 원고료 지급 등에 관한 사신을 보냈다. 이와 같은 작고 문인들의 요청을 적극적으로 수용하느냐는 조연현의 역할이 좌우한다고 할 수 있다. 여기에 신인 추천 및 시인 100선과 시조시인 50선(이호우는 30명만 추천함)과 같은 작가 역량을 평가하는 방향을 김현승(金顯承, 1913~1975)과 이호우(李鎬雨, 1912~1970)에게 부탁하는 '적극적인 역할'을 했었다. 이런 '적극적인 역할' 때문에 조연현이 문단 보수화와 권력화를 지향했다는 비판의 소리를 듣게 된다. 그러나 한국 문단의 지형을 확장하는 데 '적극적 역할'을 했다는 점을 부인할 수는 없다. 이런 '적극적 역할'의 증거를 이 자료를 통해 유추할 수 있다.

1 조남현, 「문학 평론과 문학 연구의 불협화음」, 『한국 문학의 사실과 가치』, 서울대출판부, 1995, 282쪽.

1. 1940년대 농민 문학과 친일 논란의 소설가

여기에서는 소설가의 사신 기록물이 검토 대상이다. 〈첫 번째 이야기〉에서 다룬 작가들과의 장르적 연속성 또는 개별 작가들의 특징을 비교할 수 있기 때문이다.

〈첫 번째 이야기〉에서는 염상섭(廉想涉, 1897~1963), 계용묵(桂鎔默, 1904~1961), 전영택(田榮澤, 1894~1968) 등 한국소설 문단의 초창기에 활동했던 작가들을 검토했는데, 〈두 번째 이야기〉에서는 1940년대 일제 강점기 전후 시기에 국내와 만주 등지에서 활동한 안수길(安壽吉, 1911~1977)을 연구 범주로 설정했다. 물론 일제 강점기라는 시대성이 공통점이었지만, 창작 활동에서 그 차이점을 볼 수 있다는 점에서 개별 작가들의 특징이 드러난다. 염상섭은 안수길과 같이 만주에서 활동한 작가이면서 동시에 해방 전후를 기점으로 환도해 서울 문단에서도 활동한 작가이기 때문에 장르적 연속성과 함께 개별 작가의 특징을 비추어 볼 수 있다. 그리고 전영택의 「백치 아다다」와 안수길의 「향수」와 「북간도」는 각각 영화화되었으며, 또한 TV 드라마로 방영되어 대중적인 인기를 얻었다는 점에서 또한 주목할 이유가 있다. 이는 작고 문인 사신에서 출발한 비교 연구라는 점에서 문학사의 과제이기도 하다. 그리고 작가들의 문학성과 문학사의 변곡점에 놓인 문제 작가에서 출발했다.

〈두 번째 이야기〉에서는 1940년대 일제 강점기의 농민 고통을 소설화한 안수길과 친일 작품 발표 논란의 방인근(方仁根, 1899~1975)을 주목했다. 다만 이 두 작가의 사신 기록물 내용이 이들의 문학 활동과는 다소 동떨어진 부분이 있으나. 넓은 범주에서 작가 활동과 일상생활을 보여 주기 때문에 작가 연구의 간접 자료라는 측면에서 검토 가치가 있다.

일제의 국민문학 제창에 따라 당대 문사 가운데 육당과 춘원이 변절했으며, 이에 비해 문학평론가로서 최재서(崔載瑞, 1908~1964)는 평생 자신의 매국 행위를 고통스러워했다. 이러한 굴욕과 강압의 시기에 현대소설의 창작 방법을 부단히 확인해 간 작가들을 김종길(金宗吉, 1926~2017)은 주목했다. 곧 안수길, 박영준(朴榮濬, 1911~1976), 김동리(金東里, 1913~1995), 황순원(黃順元, 1915~2000), 김정한(金廷漢, 1908~1996), 최명익(崔明翊, 1903~?), 최인욱(崔仁旭, 1920~1972), 김광주(金光洲, 1910~1973) 등을 꼽았다. 이 가운데 〈작고 문인 사신철〉에는 안수길, 박영준, 최인욱, 김광주 등 4명의 사신이 포함되어 있고, 또 다른 사신 뭉치에는 김동리, 황순원, 김정한, 최명익 등의 사신이 보관되어 있다. 그래서 〈작고 문인 사신철〉과 〈작고 문인 사신철 뭉치〉의 검토를 통해 1940년대 일제 강점기 시대의 작품 평가와 기존의 문인 지도를 다소 수정할 필요가 있다.

특히 안수길, 박영준은 순수문학의 창작을 추구한 선배 작가로서의 귀감(龜鑑)이 되는 소설가이다. 이런 평가는 그가 남긴 사신 기록물에서도 확인된다. 특히 문인들 사이에서 평가뿐 아니라 주변 인물들을 대하는 인간적인 면에서 충분히 유추되는 이야기들이 사신 기록물에도 남아 있다. 작가의 인격과 인품이 지닌 작가의 성정(性情)이 창작 소설 속의 등장인물과 관련성도 추리할 수 있어 작품 연구의 단서가 되는 것이다. 작가의 성정과 등장인물 간의 관련성 연구가 가능하다면, 한국문학사 정리와 연구 방법론의 주체적인 개방성에 대한 문제의식을 보여 줄 수 있기 때문에 〈작고 문인 사신철〉의 가치를 새롭게 볼 수 있을 것이다.

100여 명의 작가들이 남긴 수백 장의 사신 기록물은 한국 문학의 지도요, 굴곡과 변화를 담은 생생한 문학사요 문단사이다. 이 지점에서 방인근과 김용제를 1940년대 소설사의 한 축을 형성한 작가로 조연현은 기록한 것으로 보인다. 이 두 작가는 친일 문학론에서도 비교 연구 대상이지만 조연현은 두 작가를 정리하지 못한 채 정릉을 떠나, 1981년 일본에서 작고했다. 그런데 사신 기록물에는 방인근과 김용제의 구체적인 친일 문학 활동에 대한 어떤 단서도 남아있지 않다. 두 작가가 조연현에게 보낸 사신 기록물은 통상적인 작품 활동과 관련된 내용뿐이지만, 두 작가와 관련 있는 친일 활동 전후의 창작 활동과 삶의 태도를 확인할 필요는 있다. 이는 한국문학사의 정립 과정에 필요한 연구이며, 이를 통해 한국 문인들의 작품과 작가들의 옥석(玉石)을 가려야 하는 연구자들의 의무이기도 하다. 그리고 친일문학론에 대한 조연현의 의식을 확인할 수 있다는 점 때문이다.

「39. 안수길(安壽吉, 1911~1977)」

김수영이 존경한 망명 문학의 기수(旗手), 제자의 길을 안내하다

Ⅰ. 안수길 문학의 접근 방향

Ⅱ. 〈안수길의 사신 기록물〉 내용 분석

1. 다정다감한 선비의 초상

2. 조연현 저서의 정수(精粹)와 미독(味讀)

Ⅲ. 안수길의 주변과 위치

* 참고문헌

Ⅰ. 안수길 문학의 접근 방향

「제3 인간형」(《자유세계》, 1953년 6월호)과 「북간도」(《사상계》, 1959년 4월호부터 1967년까지 5부작)의 소설가 안수길(安壽吉, 1911~1977)은 함경남도 함흥 출신이다. 함흥, 흥남, 간도 등지에서 성장했으며, 간도 중학교 졸업 후 1931년 일본 와세다 대학 영어과를 다니다가 아버지의 병환으로 가세가 기울어 학비 조달 문제로 자퇴한다. 1932년부터 1945년까지 간도 소학교 교원, 《간도일보》와 《만선일보》 기자 활동을 한 뒤, 1948년 월남한다. 서라벌 예술대학, 이화여대 교수를 역임하였다. 1950년대 불교 문학론을 탐구한 김종후(金鍾厚, 1928~1958)의 스승이기도 하다.

그의 창작 활동은 크게 초기작을 중심으로 한 만주 시기와 월남 이후 시기로 나누어진다. 1935년(25세) 단편 「적십자 병원장」과 콩트(Conte) 「붉은 목소리」 등이 방인근(方仁根, 1899~1975)이 발행한 《조선문단》의 현상 문예 공모에 당선되면서 작품 활동을 시작했다.

《조선문단》은 최서해(崔曙海, 1901~1932)를 비롯해 채만식(蔡萬植, 1902~1950), 박화성(朴花城, 1903~1988) 등 한국소설사에서 중요한 작품 활동을 했던 소설가들이 신인 작가로 등단한 문예 잡지였다. 시인으로는 「진달래꽃」의 민족시인 김소월(金素月, 1902~1934), 이장희(李章熙, 1900~1929), 이은상(李殷相, 1903~1982) 등이 이 잡지를 통해 등단하였다. 이 잡지를 발행한 방인근은 문예 잡지 하나를 발행하고자 고향의 토지 전부를 팔아 상경해, 춘원 이광수(李光洙, 1892~1950)와 늘봄 전영택(田榮澤, 1894~1968)에게 도움을 청하면서 한국 문단에 빛을 보게 된다.

특히 《조선문단》의 추천제는 1924년 창간호 발행 시기부터 최초로 시행되었고, 이후 추천제는 《문장》으로 이어지면서 한국 작가의 광맥을 이어갔다. 이때 추천자는 이광수, 주요한(朱耀翰, 1900~1979), 전영택 등이었다. 이 잡지가 한국문학사에 끼친 영향을 정리하면, ① 당시 기성 문인과 문학 청년들의 작품 발표 지면을 제공 ② 원고료 지급(혹은 요리 대접) ③ 추천제로 신인 발굴 등이 공적이다. 《조선문단》의 발행과 추천제는 1920년대 한국문학의 발전과 작가 발굴에 많은 자극제가 되었다.

안수길은 1936년(26세)에는 만주국 조선계 신문인 《만선일보》[1]의 편집장 염상섭(廉想涉, 1897~1963)과 함께 근무했고, 1940년(30세)에는 「벼」, 「사호실(四號室)」, 「한 여름 밤」 등을 《만선일보》에 발표했다. 그리고 최초의 장편소설 「북향보(北鄕譜)」를 5개월 동안 연재(1944. 12. 1~1945. 7. 4)하였다. 1930~40년대는 작가들의 작품 발표 무대였던 문예지와 신문이 점차 총독부에 예속화되는 현실이었다. 검열 또한 극심하게 되자. 국내외 작가들이 《만선일보》 학예란으로 작품을 발표하게 되었다. 만주에서도 우리말을 아는 일인이 검열을 담당했으나, 국내처럼 가혹하지는 않았다. 1940년 8월 《동아일보》와 《조선일보》가 폐간[2]되면서 또한 어문 말살 정책이 강제적으로 추진됨에 따라 작품 발표가 쉽지 않았다. 국내에서는 겨우 《매일신보》가 있었으나 역시 문학 작품 발표가 쉽지 않았다.

그래서 안수길은 신영철과 함께 '망명 문단을 만들어야 한다. 국내

---

1 2024년 2월 16일(금) 국민대 북악관에서 〈만주학회〉, 〈국민대 민주연구소〉, 〈만선일보〉 연구회 주최로 「복합 민족국가 만주국과 《만선일보》라는 조선인 문화장」 주제로 학술대회 개최.

2 1940년 8월 10일 《조선일보》 태평로 사옥(현 코리아나호텔 자리) 2층 편집국엔 무거운 침묵이 흘렀다. 1920년 3월 5일 창간한 《조선일보》는 이날 마지막 편집회의를 끝내고 폐간호를 찍었다. 지령 6923호였다. 같은 날 《동아일보》도 폐간되었다. 두 민족지의 폐간으로 조선에는 총독부 기관지인 일문판 《경성일보》와 한글판 《매일신보》만이 남게 됐다. 20년 만에 다시 우리 신문 없는 언론 암흑시대가 찾아온 것이다. 일제는 태평양 전쟁을 앞두고 두 신문의 폐간을 강요했다. 1940년 1월 15일 총독부는 《조선일보》 사장 방응모와 《동아일보》 사장 백관수를 불러 자진 폐간을 종용했다. 두 신문이 말을 듣지 않자 총독부는 7월 들어 용지 통제권을 발동하여 신문 용지 배급량을 줄였고 신문사 간부들을 연행하여 폐간을 종용했다. 결국 《조선일보》와 《동아일보》는 8월 10일 일제의 폐간령에 따라 폐간계를 낼 수밖에 없었다.

에서 말살되고 있는 우리 어문을 여기서 지켜야 한다. 그리고 문학을 살려야 한다.'고 비분강개(悲憤慷慨)하면서 재만 문학을 살릴 구체적인 방법으로 신문 지면을 발전시켜 작품집을 발간해야 한다는 의지를 모았다.[3] 그래서 신영철 편의 재만 작품집 『싹트는 대지』(1941년 4월)가 염상섭의 〈서문〉과 이주홍(李周洪, 1906~1987) 장정으로 출판되었다. 여기 7편 중 안수길은 자신의 단편 「새벽」을 발표했다.

염상섭은 〈서문〉에서 '그 어느 작품에서나 만주의 흙냄새 안 남이 없고, 조선 문학의 어느 구석에서도 엿볼 수 없는 대륙문학 일면을 발견할 수 있다. 이것은 전 조선 문학을 위하여 큰 수확이라.'고 밝혀, 당시 국내외 신문과 평론가들이 감격의 글을 쏟아냈다. 이후 《만선일보》에 발표된 작품을 모아 『재만 시인집』(간도에서 인쇄, 이학성 편 / 만주 혹은 주변 문인의 글)과 『재만 조선인 시집』(중국 길촌 인쇄, 박팔양 편 혹은 김조규 편)을 출간하였다. 『재만 조선인 시집』은 특히 지역 상관없이 《만선일보》에 발표된 작품을 출판함으로써 민족의식을 고취하고, 또한 우리 언어를 지키려는 방안으로 창작 열기를 북돋는 역할을 했다. 《만선일보》에 조연현도 평론을 발표했었다.[4] 특히 백철(白鐵, 1908~1985)은 『신문학사조사』에서 『싹트는 대지』는 다루었으나, 두 시집에 대한 평가가 없었음을 안수길은 안타깝게 여겼다.

경성 문단이 간도와 용정으로 옮겨 간 것은 바로 《만선일보》와 관련된 작가군이었다. 고문 최남선, 편집장 염상섭, 학예부장 시인 여수 박팔양(朴八陽, 1905~?)[5] 그리고 기자는 안수길과 손소희(孫素熙, 1917~

---

3 안수길, 「용정·신경 시대」(《대한일보》, 1969. 4. 7~1970. 12. 10 참고) / 강진호 엮음, 『한국문단 이면사』, 깊은샘, 1999, 264~266쪽.

4 강진호 엮음(안수길, 위의 글), 위의 책, 273쪽.

5 『박팔양 시선집』(현대문학, 유성호 엮음, 2009)을 엮은 유성호 교수는 "〈만선일보〉 기자를 시작으로 박팔양은 1945년 광복 후, 북한에 남아 《로동신문》 주필 등을 맡는 등 '해방 후 행적이 간단치 않은 무게를 지닌 인물'임은 틀림없다. 그런 이력 때문에 남한에서는

1986) 등이 활약했었다. 물론 해방 후 간도의 망명 문단은 사라졌지만 안수길이 귀국 후에도 간도 이민사를 소설화함으로써 한국 문학의 영속성과 지속성의 근거를 마련한 것이다.

그리고 만주국 건국(1932~1945) 이후, 조선족 이민 개척사를 다룬 「목축기」(《춘추》, 1943년 2월)를 비롯하여 12편의 작품을 실은 창작집 『북원(北原)』(1944)[6]을 간행했다.[7] 『북원』은 1944년부터 해방까지 거의 유일한 한국인 순수 국문 창작집이었다.[8]

김윤식은 특히 만주국 조선계의 대표적인 작가 안수길이 만주 공간을 배경으로 만주국 건국 이전의 조선족 이민의 비극을 다룬 창작 소설 「새벽」(1935)을 비롯해 그의 대표작 「북향보(北鄕譜)」[9]와 「북간도」[10]에 주목해 정리했었다. 그리고 소설 「북간도」에서는 간도의 역사적 성격을 다루면서 〈백두산 정계비 부근〉 지도와 〈간도 지방 지도〉까지 첨부해 논의를 진행해 눈길을 끌었다. 그의 작품 중 「새벽」은 쪽박과 호미만 가지고 이민 간 조선인이 중국인 지주의 땅을 빌 뿐 아니라 영농 자금까지 빌려 농사를 짓는데, 그 담보는 대개가 아내와 딸이었다. 농사가 뜻대로 안 되

그의 이름 석 자가 '금기시'되어 왔는지 모른다. 그러나 박팔양은 우리 근대시사의 다양한 정신적 단면을 두루 자신의 화폭으로 담아낸 개성 있는 시인이었다. 그의 시적 기조는 한결같이 현실성과 서정성 사이의 갈등과 통합에 있었다."라고 했다. 남북분단의 쓰라린 역사의 근원을 캐고 올라가면 일제 침략의 역사를 기반으로 한다. 그 시기를 살아낸 문학인들의 모습은 모두 다르다. 승려 시인 한용운이나, 소설가이자 시작(詩作)을 한 심훈, 이육사, 윤동주 같은 이들이 있는가 하면 박팔양 같은 시인도 있다. 특히 박팔양 시인의 경우 친일 신문인《만선일보》기자로 살았던 경력이 있다는 점에서 "그의 근대성에 의구심을 갖지 않을 수 없는" 사실은 두고두고 그의 작품과 인생을 논할 때 그림자처럼 따라다닐 수밖에 없을 것이다(이윤옥 기자, 「월북 작가 박팔양 시인, 일본 교토에서 연구발표회 가져」, 《우리문화신문》, 2022년 2월 16일).

6 오양호, 「만주, 그 황야와 고향 – 창작집 '북원'에 나타난 '북향 건설 문제'」, 《작가 연구》(2호), 1996, 35~49쪽.

7 김윤식, 「안수길의 생애 및 작품 연보」, 『안수길』, 지학사, 1985, 290~295쪽.

8 김병익, 「간도의 망명 문단」, 『한국문단사』, 문학과 지성사. 2001, 242쪽.

9 김윤식, 「〈어떻게 쓰느냐〉의 창작 방법」, 앞의 책, 202쪽.

10 이주형, 「'북간도'와 북간도 민족사의 인식」, 《작가 연구》(2호), 1996, 71~94쪽.

거나 어떤 사정이 생겨 빚을 못 갚으면 담보물을 내놓아야 하는 한국 여성의 비극을 다루었고, 「목축기」는 만주국에서 지정한 곳의 돼지를 수입하여 목장을 이루는 과정의 어려움과 그 보람을 내세운 작품으로 목축사업 자체가 만주국 국책인 만큼 그 정당성을 그려낸 일종의 국책문학(國策文學)이었다.[11] 이주 농민들의 고통과 비참함을 그렸다.

1920~40년대는 암흑의 시대였지만 해외 문학의 영향과 시조 부흥과 같이 서구 문학의 수용과 전통론에 대한 쟁점이 문학인들 사이의 화두(話頭)가 되었다. 이때 안수길은 해외 이주민의 현실 상황을 주목해 소설화했다는 점에서 그의 문학사적인 평가가 있다고 할 수 있다.

Ⅱ. 〈안수길의 사신 기록물〉 내용 분석

현재 남아 있는 안수길의 사신 기록물은 작가의 인품을 보여 준다. 안수길은 예의 없기로 소문난 김관식(金冠植, 1934~1970)이나 불의와 부당한 일에 비판의 칼을 내밀었던 김수영(金洙暎, 1921~1968) 등의 젊은 시인들에게는 존경받았다. 〈작고 문인 사신철〉에는 공초 오상순(吳相淳, 1894~1963), 다형 김현승(金珖燮, 1905~1977), 김광섭(金珖燮, 1905~1977) 역시 안수길처럼 존경받는 작가들이 등장한다. 그리고 박목월(朴木月, 1916~1978)도 마찬가지이다. 문학사에서 작품성이 무엇보다도 중요하나, 시대 상황이나 인간관계 속에서 어떻게 행동하느냐에 따라 그 작가와 작품의 가치 평가는 달라진다. 단순히 작품만이 가치를 결정짓는 것은 아니기 때문에 작가의 삶의 행적은 중요하다.

안수길의 사신 기록물을 들여다보면, 문학이 인생이라는 조연현의 문학론을 다시 한번 돌아보게 된다. 현실의 치열한 인식과 창작 활동은

---

11 김윤식, 「소설적 진실과 역사적 진실」, 『한국근대소설사연구』, 을유문화사, 1986, 435~538쪽.

물론이거니와 인연으로 맺어진 후학의 현실적인 삶을 안내할 수 있을 때 작가로서, 한 인간으로서 인품이 드러나는 것이다. 무릇 문학과 학문의 길에 서성이는 이들에게 문학적 스승의 길을 안내하는 작가들이 문학사에도 남았다. 부정과 부당하게 후학을 이끄는 것이 아니라, 역량을 발휘할 수 있도록 격려하고 조언하는 대문인들이 한국문학사에는 남아있다. 한국문학사의 명맥이 유지되는 이유이다.

김현승이 박봉우(朴鳳宇, 1934~1990)를 이끌었고, 이주홍(李周洪, 1906~1987)이 소설가 최해군(崔海君, 1926~2015)을 이끌었다. 지역 문단에서 역량이 뛰어난 후배 작가들을 중앙 문단으로 이끌었다. 박목월은 시를 쓴다는 이유만으로 박용래(朴龍來, 1925~1980)를 가족들과 함께 거주하도록 했으며, 또한 한국 시단에서 문학의 길을 안내했다. 박용래는 좋은 시를 썼고, 독자들은 그의 시를 읽고 있다.

1. 다정다감한 선비의 초상

안수길의 사신 기록물은 현재 2통 3장이 발견되었다. 이화여대에서 소설 창작 강의를 하던 시절에 대한교과서에 제자를 추천하는 사신 1통 2장과 조연현의 문학 관련 저서 출간에 대한 감사 인사의 내용을 담은 1장 1통의 사신 기록물이 남아있다.

〈안수길의 사신 1〉에는 다음과 같은 내용이 있다.

안수길의 사신 1

봄날 같읍니다.

그 동안도 安寧하십니까?

갑자기 죄송스러우나 여기 李信子 양을

紹介합니다. 李양은

今年 梨花女大 國文科 卒業 豫定子이며,

在學時에는 梨花文學會長을 지낸 才媛입니다.

文藝的인 實力은 있으나

사람이 순유하고 검소하고 誠實합니다.

듣건대 大韓 敎科書 株式會社에서

사람을 求한다는

—「전문」 중에서

〈안수길의 사신 1〉에는 이화여대 졸업생 이신자 양이 대한교과서 주식회사의 구인에 적합한 인물임을 추천하는 안수길의 사신 기록물이다. 당시 대한교과서 주식회사가《현대문학》발행에 필요한 경제적인 지원을 했기 때문에 상당한 영향 관계가 있었다. 그래서 주간 조연현을 통해 제자의 일자리를 추천하려고 했었다. 안수길은 이신자를 ① 이화여대 국문과 졸업 예정자, ② 이화문학회장을 지낸 재원(才媛)이며, 문예적인 실력, ③ 사람이 순유(順柔)하고 검소하고 성실하다는 이유로 추천하고자 했다. 즉 학력 사항, 문학적 재능, 인품 등을 꼽았다. 어쩌면 기업에 필요한 보편적인 인재상이라고는 하나, 소설가 안수길의 눈에 비친 한 인간에 대한 인물평이라고도 할 수 있다. 여기에는 제자의 인물평만 아니라 한 인간을 대하는 따뜻한 마음을 느낄 수 있다. 무릇 대작가는 제자를 아끼고 이끈다는 사실을 새삼 깨닫게 된다.

필자가 문학과 학문의 길에서 머뭇거릴 때, 최학출 교수님의 '침묵의 빛'에서 던져진 조언을 들었다. 사실 최학출 교수는 필자와는 아무런

인연이 없었다. 단지 지역 대학의 시론 교수였으며, 원로 학자였기 때문에 문학비평의 길목에서 아둔한 필자가 서성거릴 때 찾았다. 그리고 최학출은 문학과 학문을 따르는 제자의 미래를 늘 걱정하신 평론가였다. 조동일 교수와 짧은 만남에서 필자가 본 것은 학문과 문학의 열정이었다. 무릇 문학적 스승이란 이런 부류의 문인들이었다.

《자유문학》에서 안수길에게 추천을 받았던 서라벌 예술대학교[12] 제자인 박용숙[13]은 스승을 '선비의 초상이 감추어져 있다.'고 회고하면서, 함께 추천받았던 작가 남정현(南廷賢, 1933~2020),[14] 최인훈(崔仁勳, 1934~2018)과 함께 삼총사로 부르며, '끔찍한 사랑'을 베푸셨다고 이야기한다.[15] 그리고 특별히 시인 이열(본명: 이인열)의 재능을 높이 평가했다고 한다. 이처럼 안수길은 제자의 현실적인 삶을 안내하면서 문학의 가치를 옹호하는 대가급 소설가임을 여러 일화를 통해서 전해지고 있다.

물론 직원 채용의 경우는 오늘날의 공정과 상식에서 벗어난 일이기도 하지만 〈안수길의 사신 1〉에는 인물의 됨됨이를 중시하는 안수길의 인품을 볼 수 있으며, 이러한 안목이 소설 창작에서 등장인물의 성격 창조라는 관점과 관련성이 있는지를 모색한다면 흥미로운 주제를 품은 사신 기록물일 수도 있다. 그래서 그의 대표작 「제3 인간형」이 시대 환경에 처한 인간 성격을 유형화했다는 점에서 흥미롭다. 이 작품은 1953년 발표작으로, 6.25 동란 속에 지식인의 삶을 제3 인간형으로 묘사했다는 점에서 1950년대 소설사에서 기념비적 작품으로 평가받는다.

이 사신 기록물은 적어도 1959년(49세) 이후 정도로 추정된다. 안수

12 이 당시 윤백남, 염상섭, 김동리, 박계주, 정비석 등이 교수로 재직함(박용숙, 《작가 연구》(2호), 148쪽).

13 동덕여대 회화과 교수, 미술평론가, 소설가. 황해도 함주 출생(1935~2018). 1959년 《자유문학》에 「부록」, 「이름 없는 훈장」으로 추천.

14 안수길, 「문단의 하늘을 푸르게 하라」, 『분지(糞地)』, 한겨레사, 1987.

15 박용숙, 「가난 속에 꽃다운 산문정신」, 《작가 연구》(2호), 147~160쪽.

길은 1952년 부산 용산고 국어 교사를 거쳐 1954년부터 1956년까지는 서라벌 예술대학에 재직 후, 1959년에 이화여대 국문과에서 소설 창작 강의를 맡게 된다. 이 시기에 다수의 장, 단편을《사상계》와《동아일보》에 연재하는 등 활발하게 창작 활동을 한다. 특히 중편「향수」(1959)는 〈남의 속도 모르고〉라는 영화로도 제작되었고,「북간도」는 이해랑(李海浪, 1916~1989)[16] 연출로 국립극단에서 공연되었다. 그리고 1971년 KBS TV에서 일일 연속극으로도 방영되었다.[17] 그의 작품이 가지는 문학성뿐만 아니라 영상 매체의 대중성의 면모도 볼 수 있다. 영화화되고 TV 드라마화된 계용묵의「백치 아다다」와 비교 연구를 해볼 수 있는 과제이다.

〈안수길의 사신 1〉을 통해 다음과 같은 사실을 확인할 수 있다.

첫째, 사람 됨됨이를 보는 안수길의 안목과 제자에 대한 인간애를 느낄 수 있다. 작가의 일상적인 삶의 모습을 되돌아보게 되며, 또한 작가의 일상적인 삶의 흔적이 언어로 남는다는 명제를 확인할 수 있는 사신 기록물이다.

둘째, 사신 기록물에 등장하는 인물을 통해 발신자 안수길의 삶의 이면을 들여다볼 수 있는 인터뷰 대상으로 특정할 수 있다.

셋째, 안수길이 애정을 가진 인물의 평가가 소설의 등장인물로 재현되는지 궁금하다. 작품에서 인물 평가로 그려진다면, 이 또한 작가 연구 방법론의 시론적 항목에 추가할 수 있을 것이다.

〈안수길의 사신 2〉는 〈안수길의 사신 1〉에 이어지는 내용이다.

---

16 배우·연출가. 본명은 해량(海良). 서울 출생. 고조부 종응(宗應)은 조선조 철종의 사촌이고, 할아버지 재영(載榮)은 왕실 의전실장이었다. 세브란스 의학전문 학교 부속병원 외과 부장을 지낸 근용(瑾鎔)의 장남이다.

17 「특집 - 안수길」,《작가 연구》(2호), 1996, 161~169쪽.

이야기인데

제가 責任지고 李 양을 推薦합니다.

만나 보시고 會社에서 求人하는 게 事實이라면

積極 밀어주시기 부탁드립니다.

된다면 本人은 勿論 會社도 좋을 것이라 생각하오며

저는 榮光이겠읍니다.

二月 十日

安壽吉

趙演鉉 兄 貴下

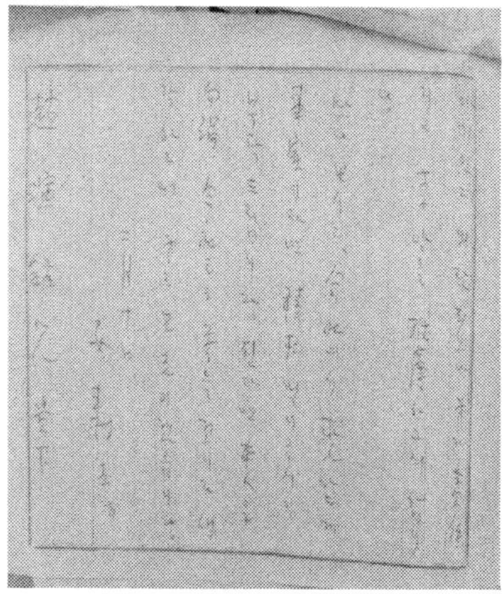

안수길의 사신 2

―「전문」 중에서

제자에 대한 애정 즉 한 인간에 대한 믿음을 보여 주는 사신이다. 특히 '적극 밀어주시기 부탁드립니다.'는 안수길의 말에서 판단과 행동에 대한 자신감을 가진 성격이 드러난다.

안수길은 인정 못지않게 사회의 공익성 추구에 부합하는 인물을 추천한다. 당대 후배 작가들이 왜 안수길을 존경하며 예의를 갖추는지에 대해 해석이 가능한 사신 기록물로 보인다.

〈안수길의 사신 2〉에서는 첫째, 후배 문인들로부터 존경을 받는 이유를 생각해 볼 수 있다. 둘째, 특히 일상의 삶에서 파악한 인간의 모습이 작품에 어떤 인물의 특징을 가지고 등장하는지를 짚어 볼 수 있는 과제를 생각하게 한다.

2. 조연현 저서의 정수(精粹)와 미독(味讀)

〈안수길의 사신 3〉에는 다음과 같은 내용이 있다.

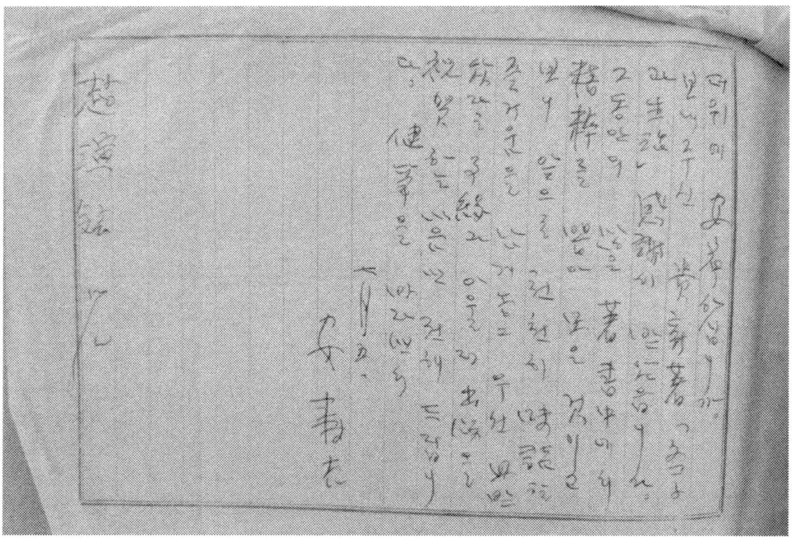

안수길의 사신 3

더위에 安寧하십니까.

보내주신 貴 新著『文學과 生活』感謝히 받았읍니다.

그동안의 많은 著書 中에서 精粹를 뽑아 모은 것이고 보니

앞으로 천천히 味讀할 즐거움을 남겨 놓고

우선 冊 받았다는 因緣과 아울러 出版을 祝賀하는 마음만

전해 드립니다. 健筆을 바라면서.

七月 五日

安壽吉

趙演鉉 兄

—「전문」

〈안수길의 사신 3〉에서 검토할 사항은 첫째, 수신자 조연현의 저서에서 발신 연도를 추정하고, 저서 내용을 통해서는 비평적 시각을 확인하는 작업이다. 둘째, 발신자 안수길의 독서 방법과 저서를 대하는 마음을 볼 수 있다. 조연현의 『文學과 生活』은 1964년 출간된 책이니, 이 사신의 발신 연도는 1964년 7월 5일로 특정할 수 있다. 이 저서 외에도 이 시기에는 그의 대표작으로 꼽는 『한국현대작가론』과 『불혹의 감상』 등도 출간하였다.[18]

출간 도서를 받으면 감사 인사의 내용을 사신으로 보내는 것이 일반적인데, 안수길은 이전에 출판된 저서 가운데서 '정수(精粹: 사물의 중심이 되는 골자 또는 요점)'라고 생각한 부분을 재수록하였다고 하면서 '미독(味讀: 내용을 충분히 음미하면서 읽음.)하겠다는 뜻과 함께 독자로서 예의를 표현한다. 조연현은 전 생애를 거쳐 대략 20여 권을 출간했다. 『文學과 生活』은 조연현이 1964년 이전에 출간한 자신의 저서에서 의도한 바를 가려 뽑았다는 것을 이 사신 기록물에서 알 수 있다. '정수'라는 표현에서 그의 인품을 다시 한번 짐작하게 한다. 조연현의 저서에 대해 장만영(張萬榮, 1914~1975)처럼 직선적이거나 과감하게 저서를 평가하지는 않았다.[19] 안수길은 다정다감한 마음을 표현하는 성격을 가진 작가이다.

작가들의 선집은 작가 정신과 문학정신을 집약해 보여 준다는 점에서 수신자 조연현의 모습을 볼 수 있는 도서이기도 하다. 그는 여기서 무엇을 강조했을까라는 의문에 답하는 과정에서 안수길의 문학적 영향관계를 파악한 것도 작가 연구 방법의 한 영역이다. 안수길은 이 '신저(新著)'에서 무엇을 찾았을까?

---

18 이 시기에 조연현은 일본 〈잡지협회〉 초청으로 일본을 방문함.

19 박종석, 「42. 장만영(張萬榮, 1914~1975): 과감한 성격의 소유자, 애수의 미를 추구한 이미지스트」, 『정릉으로 온 편지』(〈첫 번째 이야기〉) 참고.

〈안수길의 사신 3〉을 통하여 다음과 같은 사실을 확인할 수 있다.

첫째, 안수길은 예의를 지키면서도 조연현의 저서에 대해 비교적 정확하게 파악하고 있었다. 정수(精粹)와 미독(味讀)은 조연현의 저서를 관심 있게 읽고 파악하겠다는 의지와 독서 태도이다.

둘째, 조연현은 1964년에도 두 권의 도서를 출판했기 때문에 이 신저는 그의 문학관과 인생관을 집약한 도서였던 만큼 수신자 조연현 연구의 한 방향을 제시하였다고 볼 수 있다. 즉 1960년대 조연현의 문학세계의 지향점을 볼 수 있다.

셋째, 다만 이 사신 기록물이 안수길의 문학과 직접적인 관련성을 짚지 못하는 아쉬움은 있으나, 한국소설문학사에서 만주국을 무대로 한 민족의 아픔을 그려낸 작가의 사신이란 것만으로도 가치가 있다.

Ⅲ. 안수길의 주변과 위치

안수길 소설은 중국 만주에서 민족의 비극을 다루었다는 점에서 한국소설문학사에서 가치를 논할 수 있다고 판단된다. 1930~1940년대 일제강점기라는 민족적 수난기에 창작 활동에만 머문 것이 아니라 1950~60년대 격동기 속에서 치열하게 창작 활동을 이어왔다는 점에서 그의 문학사적 위치는 재조명되어야 한다. 특히 안수길은 북간도를 무대로 창작 활동을 한 소설가라는 점에서 문학의 공간 지형도를 형성했다고 평가할 수 있다. 김윤식은 한국문학사에서 안수길을 '북간도적 작가군'[20]으로 분류하여, 그가 가진 문학 공간과 민족의 정신적 고통에 방점을 찍었다.

20 국내적인 작가군(염상섭, 한용운, 채만식 등) / 현해탄적인 작가군(춘원, 김동인, 이상, 모더니스트 등) / 북간도적인 작가군(최서해, 단재, 윤동주, 강경애, 현경준, 박계주, 안수길 등)으로 분류함.(김윤식, 「안수길론」, 『(속)한국근대작가론고』, 일지사, 1981, 359쪽).

그가 남긴 사신 기록물에서는 그의 작품 연구 방향을 접하기는 어려우나, 작가의 인품이 소설의 등장인물 혹은 문학 사상과의 관련성을 짚을 수 있을 것이라는 생각을 필자는 한다. 『싹트는 대지』 이후, 1930년대 시인 삼재(三才)로 꼽혔던 이용악(李庸岳, 1914~?, 함북 경성)이 《인문평론》에 근무할 때, 안수길에게 단편소설 청탁과 사신을 보냈다. 안수길은 주을온천 여관에서 일주일간 탈고한 「원각촌(圓覺村)」을 이용악에게 보냈다. 그러나 《인문평론》이 폐간되면서 발표가 되지 않았으나, 《국민문학》으로 재발간되면서 이태준(李泰俊, 1904~1978)의 「석양」, 이무영(李無影, 1908~1960)의 「문서방」과 함께 우리 글로 발표되었다. 물론 이 사신은 어디 존재하는지 모른다. 발굴된다면 작가 사신 연구의 방법론의 가치를 찾을 것이라는 생각이 든다.

타인으로부터 존경을 받는다는 것은 어렵다. 오늘을 살아가는 우리의 삶에서 개성과 개인을 중시하는 시대엔 더욱 그렇다. 그런데 안수길은 문인들의 존경을 받았다. 김수영은 '선비의 초상'으로 살았던 안수길에 대해 존경심을 표현했다. 싫어하는 사람에게 욕설을 퍼붓는 김수영이 극진한 예의를 다했다고 했으니, 안수길의 인품은 작품과 함께 빛난 것이다.

그는 1977년(67세) 만성 폐질환으로 작고한다. 경기도 마석 공원에 안장되었으며, 제자들이 그를 기려 청동 흉상을 제작해 기증하였다.

*** 참고문헌**

강진호 엮음, 『한국문단이면사』, 깊은샘, 1999.

김병익, 「간도의 망명 문단」, 『한국문단사』, 문학과 지성사. 2001.

김윤식, 「안수길론」, 『(속)한국근대작가론고』, 일지사, 1981.

______, 『한국근대소설사연구』, 을유문화사, 1986.

김윤식 편저, 「안수길의 생애 및 작품 연보」, 『안수길』, 지학사, 1985.

박종석, 「42. 장만영(張萬榮, 1914~1975): 과감한 성격의 소유자, 애수의 미를 추구한 이미지스트」, 『정릉으로 온 편지』(〈첫 번째 이야기〉)

오양호, 「만주, 그 황야와 고향 – 창작집 '북원'에 나타난 '북향 건설 문제'」, 《작가 연구》(2호), 1996.

이병기, 백철 공저, 『국문학전사』 , 신구문화사, 1958.

이주형, 「'북간도'와 북간도 민족사의 인식」, 《작가 연구》(2호), 1996.

황금찬, 「축구를 사랑한 안수길」, 『돌아오지 않는 시간의 저편』, 신지성사, 2000.

『한국현대문화사대계(1) 문학, 예술사』, 고려대민족문화연구소, 1975.

2 「31. 방인근(方仁根, 1899~1975)」

신인 추천제로 문단의 활성화, 친일 논란과 병고에 시달리다

Ⅰ. 방인근 문학의 접근 방향

Ⅱ. 〈방인근의 사신 기록물〉 내용 분석

1. 고통 속의 절필(絶筆)

2. 병중(病中)의 대중 소설 전집

Ⅲ. 방인근의 주변과 위치

* 참고문헌

Ⅰ. 방인근 문학의 접근 방향

현대문학사는 일제 강점기의 친일 논란과 해방 공간 그리고 6.25 동란의 혼란기에다 좌우익 이데올로기라는 거대한 정치 상황 속에서, 작가의 활동과 작품 평가는 문학적 담론에 휩싸이게 된다. 일제 강점기의 친일 문학 논쟁(論爭)에서 작가들의 작품과 문단 활동 등이 항상 논의의 대상이 되었고, 좌우 이데올로기에서는 월·납북으로 인한 작가들의 작품 평가와 해방 공간에서의 문학 단체 활동 등이 또한 논쟁의 대상이었다.

일제 강점기 시대의 친일 문학으로 자유롭지 못했던 조연현은 해방 공간에서부터 자유 의지로 삶을 선택했다. 이때부터 삶과 문학의 출발점으로 인식하고 싶어 했다. 구체적으로 말하면 「좌경화된 서울 문단」[1]을 응시하면서 자신의 문학관을 천명한 것이다. 즉 임화(林和, 1908~1953)[2]가 〈문학건설총본부〉의 간판을 내걸고, 예술 단체들을 규합하여 〈문화건설중앙협의회〉의 서기장으로 취임하면서 결국 〈문학가동맹〉까지 결성하는 전횡(專橫)을 저질렀다는 것이 조연현이 인식한 좌경화된 서울 문단이었다.

해방 정국에서 좌익 계열에 대항하는 〈문협〉 결성에 핵심 역할을 했던 때부터 사망에 이르기까지 조연현은 문단 중심에서 활동했다. 그리고 해방 후 순수문학론을 주창했던 비평서 『문학과 사상』(1948)을 출간한다.[3] 〈문협〉 결성과 함께 문단의 대변자로서 순문예지 《문예》(1949)가 창간호로 간행되었다. 이때 모윤숙(毛允淑, 1910~1990) 제안으로 창간

1 조연현, 「좌경화된 서울 문단」, 『내가 남기고 싶은 이야기들』, 부름, 1981, 16~18쪽.

2 김윤식은 "임화의 그림자가 하도 커서 우리 근대문학사 및 비평사에 걸리고 있었을 뿐만 아니라 동시에 우리 현대문학 및 사상사에도 거멀못으로 보였다."고 밝혔다(김윤식, 『임화 연구』, 〈머리말에서〉, 1993).

3 박종석, 『조연현 평전』, 역락, 2006.

된 《문예》를 편집하는 등 실무를 맡았고, 이후 《현대문학》(1955)을 주도하면서 한국 문단의 중심에 나서게 되었다.

〈작고 문인 사진철〉에 등장하는 작가들을 정리하면 한국문학 지도를 그릴 수도 있고, 문학적 논쟁과 함께 작가들의 이면에 숨겨진 일화까지 세세하게 읽을 수 있다. 가령 카프[4]와 해외문학파[5] 논쟁뿐만 아니라 친일 문학 논쟁의 작가들, 좌우 이념의 대결 양상에서 격렬하게 빚어진 〈문맹〉과 〈문협〉 갈등의 작가들 그리고 월·납북 작가 등의 경우이다.

해외문학파인 「30. 이하윤(異河潤, 1906~1974)」은 카프와 해외문학파의 논쟁에서 다룰 작가이며, 친일 문학 논쟁에서는 물론 몇몇 작가들을 제외하고는 이 틀에서 벗어나는 경우는 드물지만 〈작고 문인 사진철〉에서는 방인근과 김용제(金龍濟, 1909~1994), 그리고 좌우 이념의 문학 논쟁에 참여한 작가들이 등장한다. 조연현은 해방 이후부터를 자신의 창작 활동의 출발점으로 산정할 만큼 일제 강점기 시기의 창작 행위 논란에서 벗어나고 싶어 했다. 그런데 문학사 기술에서도 빠뜨린 친일 문학 논란의 작가인 「31. 방인근」과 「44. 김용제」를 〈작고 문인 사진철〉에 정리한 이유가 무엇일까?

어쩌면 조연현은 이 두 작가를 굳이 정리할 필요가 없었을 것이다.

---

4 1925년 카프 결성과 함께 1934년까지 약 10년간 활동한 프로 문학 운동으로 정치 의식과 계급의식을 내포한 목적의식 문학이다. 〈조선 프롤레타리아 예술가 동맹〉 즉 '카프'는 일반적인 문학 단체와는 달리 정치성이 농후한 조직적인 단체이다. '신경향파 문학'과 '프로 문학'이 같은 사회의식에서 출발했지만, 전자가 자연 발생적인 막연한 빈궁과 반항의 문학인 데 대하여 후자는 조직적인 정치투쟁을 의식한 목적의식의 문학이라는 차이가 있다. 1926년 기관지 《문예 운동》을 통해 조직적인 문학 운동을 전개한 것은 프로 문학의 정치성을 말해 준다.

5 해외문학파(海外文學派)는 일제 강점기에 《해외문학(海外文學)》을 중심으로 외국 문학에 대한 이론 및 작품 번역 및 소개에 힘쓰던 시인들을 말한다. 프로 문학 전성기에 문학사적인 반동으로 등장하여 신흥 문학 운동을 전개한 동인들을 말한다. 1927년 도쿄에서 주로 외국 문학도들이 모여 〈해외문학연구회(海外文學研究會)〉라는 동인회를 구성하고, 그 기관지 《해외문학》을 2호까지 냈다.

왜냐하면 친일 문학 논란에 조연현과 일정 부분 동일성이 있다는 빌미가 되기 때문이다. 그런데 이들의 사신을 정리하고 보관한 것에서 어떤 정치적인 난관이 있더라도 문학사의 연속성을 찾으려는 문학사가로서 조연현의 의지를 짐작할 수 있다. 여기에서 문제를 정면으로 돌파하고자 하는 조연현의 성격이 보인다. 문학사가의 정신적 표상을 스스로 인식한 것이다. 즉 작가를 문학사적 관점에서 인식했기 때문에 〈작고 문인 사신철〉에 친일 논란의 두 작가를 보관한 것이다. 방인근과 김용제의 사신 기록물을 보관한 이유는 친일 논란의 인식보다는 문학사가 인식에서 비롯된 것으로, 두 가지를 고려한 것으로 판단된다.

첫째, 좌우익의 혼란스러운 문단 상황에서 문예지를 발간하는 것이 '새로운 나(조연현)의 생활'의 실마리가 되었다고 고백하고 있다. 그 문예지가 바로 《예술부락》(1946)이다. 여기에 해방 직후 문학 역량이 뛰어난 작가들의 필요성을 절감하였다. 창간호에 발표될 기성 작가는 서정주(徐廷柱, 1915~2000)뿐이었고, 겨우 정태용(鄭泰榕, 1919~1972)과 자신의 평문으로 채워 너무나 허술하고 보잘것없다는 점을 절감하면서 역량 있는 작가의 중요성을 인식하게 되었다.[6] 3호로 끝났지만, 시단의 거목인 김수영(金洙暎, 1921~1968)이 제2집에 「묘정의 노래」를 발표함으로써 시인의 길을 걷게 된 계기가 되었다.

그리고 해방 전후와 6.25 전후를 통해 현역 작가들의 필진이 절실했기 때문에 염상섭(廉想涉, 1897~1963)을 비롯하여 황순원(黃順元, 1915~2000)[7] 등과 같은 문학 역량을 갖춘 작가를 찾기 위한 노력이 있었다.

---

6 조연현, 「《예술부락》 창간」, 『남기고 싶은 이야기들』, 부름, 1981, 19쪽.
"내가 《예술부락》을 낼 수 있었던 직접적인 계기는 혜화 전문학교의 동창인 친구인 김영태라는 친구가 해방이 되자, 논밭을 팔아 사업을 해보겠다고 서울로 나를 찾아왔기 때문이다. 나는 그를 가지고 《예술부락》을 내게 했다."

7 1930년부터 동요와 시를 발표하여 등단. 1931년 7월 《동광(東光)》에 실은 「나의 꿈」이 등단작. 일본 도쿄로 건너가 와세다 제2 고등학원 입학 후, 이해랑, 김동원 등과 함께

여기에 카프 맹원과 좌익의 〈문학가동맹〉의 전향 작가까지 포용하면서 한국문학사를 발전시켜야 한다는 책무성을 가진 것으로 보인다.[8] 우리나라 최초의 순문예 동인지인 1919년 《창조》에 작품을 발표했던 방인근의 문학사적인 위치와 문학적 역량을 평가했었다. 그리고 한국 카프 문학에 영향을 준 일본 나프 활동에 참여했던 김용제도 평가하지 않을 수 없었다. 즉 이념 논란의 문제 못지않게 역량 있는 작가라는 점과 문학사의 영속성 연구의 필요성 때문에 두 문인을 〈작고 문인 사신철〉에 보관한 것이다. 물론 조연현은 이들을 친일 문학 논란보다 문학사적으로 연구하고 판단하고 싶어 했다.

둘째, 또 주목한 이유는 이들이 모두 문예 잡지 발행에 직간접인 핵심 세력이었다는 점이다. 문학잡지의 기능을 누구보다도 잘 알았던 조연현이 두 작가에게 가진 관심은 자연스러운 것이다. 방인근은 1924년 발행한 《조선문단》 참여[9]와 1929년 《문예공론》 창간과 발행, 1960년 《신생활》의 운영에 직접적인 관계, 그리고 김용제는 《동양지광》에 참여했으며, 『국민시가』 편집 위원 활동, 1935년 천주교 잡지 《시조(時兆)》 편집장 등의 역임도 고려되었다. 즉 문학사에 남을 작가들에 대한 섭외

극예술 연구단체 〈동경학생예술좌〉를 창립하였고, 이 단체 이름으로 27편의 시가 실린 첫 시집 『放歌』를 간행. 1940년에 『황순원 단편집』을 발표하면서 본격적으로 소설을 쓰기 시작. 그 후에도 단편소설을 주로 쓰며 활동하다가 1942년 이후에는 일본의 한글 말살 정책으로 고향인 빙장리에 숨어 지냄. 8.15 광복 이후 황순원은 평양으로 돌아가지만 북조선이 공산화되면서 지주 계급으로 몰리자 신변에 위협을 느끼고 이듬해 월남. 월남 후 서울고등학교 국어 교사로 재직한 황순원은 지속적으로 단편소설을 발표했고, 1953년 장편 소설 「카인의 후예」를 발표. 1957년에는 경희대학교 국문과 조교수로 전임, 김광섭, 주요섭, 조병화 등 동료 문인들과 교류함.(2023년 11월 13일(화), 〈인터넷 자료 검색〉). 그는 1985년 발표한 산문집 『말과 삶과 자유』를 발표할 때까지 왕성한 창작열을 불태우며 많은 작품을 발표하였다. 그리고 2000년 타계할 때까지 소설은 더 이상 쓰지 않았으나 간간이 시작품을 발표하며 말년을 보냈다. 아들 황동규는 시인이자 영문학자로 활동.

8 조연현, 「압력을 무릅쓰고 전향 작가들 포용」, 『문학과 그 현장』, 관동출판사, 1976, 337~339쪽.

9 조용만, 「방인근과 《조선문단》」, 『30년대 문화 예술인들』, 범양사, 1988, 181~185쪽.

노력, 카프와 좌익에 있었지만 전향(轉向)한 작가들에 대한 적극적인 포용 태도에서도 조연현의 관심 대상이었다.

1920년대 한국문학사는 동인지와 문학잡지로부터 형성되었다. 즉 《창조》가 창간되면서 현대문학 운동의 횃불을 들었고, 이에 자극을 받아 《폐허》, 《백조》, 《개벽》, 《조선문단》 등 동인지와 월간지가 창간되면서 새로운 문예 운동과 창작들이 쏟아졌다.[10] 특히 1920년대 한국 잡지사의 두 기둥 역할을 했던 종합지 《개벽》과 문예지 《조선문단》이 끼친 영향을 고려하지 않을 수 없다.[11] 다양한 장르의 작품과 함께 1920년대 중반 한국의 사상계와 문예계에서 논쟁의 중심인 카프 논쟁의 사회주의 필자들이 등장했던 《개벽》과 달리 민족주의 입장이었던 《조선문단》의 가치를 고려했음은 자명했다. 여기서 《조선문단》의 영향력을 보여 주는 당시의 상황을 짚어 볼 수 있다.

방인근은 이광수의 집에 거주하면서 그에게 《조선문단》의 편집 방향과 추천 작품까지를 부탁해 창간호(1924년 10월)를 간행하자, 1천 부가 소진되면서 재판까지 판매되었다. 이후 2호, 3호가 3천 부씩 판매로 이어지면서 일약 돈벌이와 유명세를 탔다.[12] 그러나 《조선문단》이 문학사에 끼친 영향은 한국의 대표적 작가를 양산했으며, 당시 조선의 모파상이라 불렸던 상허 이태준(李泰俊, 1904~1978)의 《문장》과 함께 한국 문단의 전성기를 이루었다. 여기에 방인근의 문학사적 위치가 있다는 점을 조연현이 간과(看過)할 리가 없다. 그를 〈작고 문인 사신철〉에 보관한 이유는 충분하다. 그러나 방인근의 지나친 술버릇과 방만한 경영으로 인해 판권이 남진우(南進祐)에게 넘어가고 말았다.

그리고 문예지와 작가 역량 차원에서 두 작가를 정리한 것으로 추측

---

10 조연현, 『한국현대문단사』(1부) 참고.

11 김병익, 「종합지 《개벽》과 문예지 《조선문단》」, 『한국문단사』, 문학과 지성사. 2003.

12 조용만, 「방인근과 《조선문단》」, 『앞의 책, 182~184쪽.

되는 또 다른 이유가 있다. "만일《문예》만이 없어지고 그 뒤에《현대문학》이 나타나지 않았더라면, 이 사람들(필자: 작가)의 장래와 함께 우리 문학의 오늘의 현황은 또 어떤 모습으로 되어 있었을 것인가"[13]라고 한 데서도 문예지와 작가의 불가분성을 조연현은 누구보다도 잘 알고 있었다. 작가 역량을 통해 문예지의 권위와 위상을 갖추는 것이고, 신진 작가들의 문학적 역량을 확대하면서 한국 문학의 확장성을 염두에 둔 문학사가의 시각이 아닌가 한다.

이 두 작가에 대한 본격적인 작가론이나 문학사 기술에서 다루지 않은 것은 한국문학사가 안고 있는 근본적인 딜레마로 보인다. 조연현은 이 두 작가의 친일 문학 논쟁보다는 문학 활동을 중심으로 한 문학사 기술을 염두에 둔 접근으로 보인다. 즉 조연현이 동인 활동과 문예지를 중심으로 한국문학사를 기술한 데에서도 엿볼 수 있다. 방인근의 종합 월간 문예지《조선문단》,《문예공론》발행과 함께 그의 창작 활동에 무게 중심을 둔 경우이다.

1955년 창간과 동시에 한국문학의 창작 공간 팽창의 독무대는《현대문학》이었다. 폐허가 된 1950년대 초 '문단의 큰 권력 기관'으로 자리매김한《현대문학》에 작품을 발표하는 작가는 소위 '고등고시'를 통과하는 정도의 영광이었다. 심지어 추천 작가들도《현대문학》을 통과하는 일이 최고의 영예로 알았던 시대였다. 동시대의《문학예술》과《자유문학》은 4년 혹은 7년 정도로 단명했으나,[14] 주간 조연현과 편집장 오영수(吳永壽, 1914~1979)의 안목과 추천위원의 권위가《현대문학》의 장수에 한몫을 한 것이다.[15]

---

13 조연현, 「《문예》의 폐간」, 『남기고 싶은 이야기들』, 부름, 1981, 111쪽.

14 《문학예술》과《자유문학》에 관한 논의는 『해방 문단 20년』(한국문인협회, 정음사. 1966) 참고.

15 이성교, 「1950년대의《현대문학》출신들과 명동 풍경」, 『문단유사』, 한국문인협회, 2002, 71쪽.

이러한《현대문학》의 위상은 서울대라는 특정 대학 출신들의 문학적 모험과 작가적 열의로 뭉친《창작과 비평》그리고《문학과 지성》이 한국문학사에 진입하게 되는 계기를 제공했다고 볼 수 있다. 소위 문학잡지에도 지향하는 가치관을 기준으로 양분되면서 발전하는 방향으로 나아가게 된다. 여기에 이어령(李御寧, 1933~2022) 주간의《문학사상》이 또한 한 축을 이어가게 된다.《문예중앙》이 또한 그 역할을 분명히 했다. 1960~1970년대의 한국 문단의 판은《창작과 비평》,《문학과 사회》의 양대 문예지가 그 자장(磁場)을 넓혔기 때문에 어느 한쪽에 끼이지 않으면 작가들은 제대로 작품을 발표하기도, 평가받기도 어려운 상태였다. 작가들은 두 문학 계간지에 작품을 발표하지 못한다면 '작가'로서의 간판을 달지 못한다는 인식으로 엄청난 스트레스를 받았다. 이 두 문예지를 통해 작가의 역량을 충분히 보여준 작가들이 있었기 때문에 그 영향력은 무시할 수 없었다.[16]

물론 조연현도《문예》와《현대문학》등단 작가들을 일일이 거명하면서 한국문학사에서 이들의 문학적 역량을 높이 평가했다. 그러나 조연현의 사망 전후를 기점으로 문단에서의 영향력과 평가는 주춤하게 되었다. 사망 이전 조연현의 이름은 한국문학사의 주춧돌이었다는 사실은 누구도 부인하기 힘든 '문학적 현실'이었다. 다만 공과가 있을 뿐이었다.

Ⅱ. 〈방인근의 사신 기록물〉 내용 분석

춘해 방인근은 1899년 충남 예산 출생으로 시, 소설, 희곡, 평론 등 다양한 분야에서 활발하게 활동한 작가이다. 이광수(李光洙, 1892~

---

16 정중수, 「《문예중앙》의 젊은 작가 재발굴 작업」, 앞의 책, 331쪽. 하창수, 이순원, 박상우, 구효서, 윤대녕, 유하 등이 배출되었다.

1950), 나도향(羅稻香, 1902~1927), 현진건(玄鎭健, 1900~1943) 등과 함께 종합 월간 문예지《조선문단》을 창간하여 민족주의 문학을 육성하면서, 최서해(崔曙海, 1901~1932), 채만식(蔡萬植, 1902~1950) 등의 문인을 배출시켰다. 방인근이 자신의 시골 땅을 팔아 만든《조선문단》은 종합지 성격의《개벽》(1920)과 함께 1920년대 후반 문단 형성뿐만 아니라, 200자 원고지 12장에 50전씩 원고료를 지급하여 문필가의 상품 가치를 파격적으로 인정했었다.[17]

조연현의 저서에서

조연현의 저서에서

방인근의 기본 학력 사항은 1910년 온양공립보통학교(溫陽公立普通學校)를 졸업한 후, 1914년 공주 영명학교(永明學校)를 졸업했다. 서울로 올라와 1917년 배재고등보통학교(培材高等普通學校)를 마치고, 일본으로

17 김병익,「종합지《개벽》과 문예지《조선문단》」(95~93쪽)과「잡지 경영과 원고료」(99~103쪽),『한국문단사』, 문학과 지성사. 2003. 저자가 한국문단사를 정리하면서 친일 논란의 작가 방인근의 도움에 대한 감사의 말을 이 책에 담았다.

건너가 아오야마학원[靑山學院] 중학부 5학년에 편입한 후 이듬해 졸업하였다. 그리고 그의 문단 활동은 초창기 잡지《창조》제6호에「눈 오는 밤」을 투고하며 등단했으며, 1919년 귀국해 1920년 평안북도 영변에 있는 숭덕중학교(崇德中學校) 교감으로 근무하기도 했다. 그리고 1922년 일본으로 재차 건너가 주오대학[中央大學] 독문과에서 수학하였고, 1923년 8월《신생명》에 시「하늘과 바다」를 발표했다.

방인근의 문예 잡지의 경력은 1924년 10월 귀국해 종합 월간 문예지《조선문단》을 창간하였으나 1927년에 폐간되었다. 1929년 기독교신보사(基督教申報社)에 입사해 기독교 소설「새 나라를 찾아서」를 연재하였고, 1929년 5월 평양에서《문예공론》을 발행하였지만, 같은 해 7월 통권 3호로 종간되었다. 1931년《신생(新生)》의 편집장을 지내기도 하였다. 1932년 11월부터 1933년 6월까지《동아일보》에 장편소설「마도(魔都)의 향불」, 1933년 6월부터 11월까지《매일신보》에「방랑의 가인(歌人)」등을 연재하면서 대중 작가의 명성을 얻었다. 1935년 천주교 잡지《시조(時兆)》편집장 등을 역임하며, 1935~1936년 장편소설「홍운백운(紅雲白雲)」,「쌍홍무(雙紅舞)」,「새벽길」등을 발표하였다. 이처럼 그는 해방 전후에 수많은 작품을 발표하는 열정적인 작가이다. 다만 그가 친일 문학론에서 벗어나지 못함으로 인해 한국문학사에서 부정적인 평가를 받았다.

그는 1939년 10월 국민문학의 건설, 내선일체(內鮮一體)의 구현, 총력전 수행에 적극 협력할 것을 목적으로 설립된〈조선문인협회〉발기인으로 참여하였으며, 1940년대 초부터 친일적인 집필 활동과 방송 활동에 의욕을 보였다. 1941년 1월호《삼천리》에「신동아 건설의 작품에」를 발표하고 같은 해 11월〈조선문인협회〉주최로 열린 내선 작가 간담회에 참석하였다. 1943년부터 경성 방송국 촉탁으로 활동하며 4월〈조선문인보국회(朝鮮文人輔國會)〉가 발족하자 6월부터 소설·희곡부회 상담역을 맡았다. 같은 해 8월《매일신보》에 징병제를 지지하는「눈물겨운 자랑」

을 기고하기도 하였다. 1943년 12월부터 1944년 5월까지 『방송지우(放送之友)』에 장편소설 「모자(母子)」를 연재하였다.

그러나 해방 후 창작 터도를 탈바꿈하여 1946년 3월 〈전조선문필가협회〉 결성에 참여하였고, 1949년 12월 〈한국문학가협회〉에도 관여하며 애정과 추리 관련 대중 소설을 주로 발표하였다. 그리고 창작 활동과 문단 활동 외에도 1954년에는 영화사 〈춘해(春海) 프로덕션〉을 설립하였고, 1960년 잡지 《신생활》을 운영하기도 하였으나, 그의 문학과 삶은 1975년 1월에 마감하였다.[18]

특히 1920년대 동인지 활동의 폐쇄성을 탈피하여, 외부 원고 청탁 및 원고료 지급, 다양한 장르의 작품을 수록한 민족주의적 성격의 《조선문단》과 사회주의 필자가 중심인 《개벽》이 끼친 영향을 비교하면서 조연현은 자신의 저술 활동의 자료로 참고하였다. 이러한 문예지 성격을 파악한 조연현은 《문학예술》, 《문예》, 《현대문학》을 발행하여 성과를 거두었고, 또한 《현대문학》에 역저 『한국현대문학사』의 원고를 집필하는 것으로 이어졌다.

---

18 『친일문학론』(임종국, 민족문제연구소, 2013), 『친일인명사전』(민족문제연구소, 2009), 『한국근대문인대사전』(권영민, 아세아문화사, 1991), 『한국문단사』(김동인 외, 삼문사, 1982), 「방인근의 기독교 소설」(신춘자, 『인문과학논총』 2, 1997).
주요 작품 중 단편으로는 1923년 「분투(奮鬪)」, 1924년 「어머니」·「비오는 날」·「살인(殺人)」, 1925년 「죽지 못하는 사람들」, 1926년 「외로움」·「최박사(崔博士)」·「노총각」·「강신애(康信愛)」·「자기를 찾은 자」, 1927년 「반동(反動)」·「순간의 낙원」·「살인방화(殺人放火)」·「백의인농민(白衣人農民)」·「금비녀」, 1930년 「행진곡」, 1932년 「울며 세배받는 이」·「눈물 지팡이」·「바다를 건너서」·「모뽀이 모껄」, 1933년 「평화로운 봄」, 1935년 「박철(朴哲)」·「새길」, 1936년 「그 후의 방랑의 가인(歌人)」, 1941년 「은행나무」 등이 있다. 중편으로는 1939년 「슬픈 해결(解決)」이 있으며, 장편으로는 1934년 「마도(魔都)의 향불」, 1935년 「화심(花心)」, 1936년 「춘몽(春夢)」, 1939년 「쌍홍무(雙紅舞)」·「방랑의 가인(歌人)」, 1942년 「젊은 아내」, 1944년 「동방의 새봄」, 1947년 「명일(明日)」, 1955년 「여인풍경(女人風景)」, 1954년 「인생극장(人生劇場)」, 1955년 「청춘야화(青春夜話)」, 1956년 「동방춘(東方春)」 등이 있다. 이 밖에 1932년 희곡 「금십자가(金十字架)」를 발표.(〈한국민족문화대백과사전(방인근(方仁根)〉에서).

특히 역량 있는 다수의 필진 구성과 원고료에 의존하는 작가 생업의 문제를 해결해야 할 과제라는 사실을 조연현은 방인근 활동을 통해서 절감했다. 그래서 작가 추천제를 문예지에서 적극 활용했으며, 방인근과 김광섭(金珖燮, 1905~1977) 등 경제적인 고통을 겪은 작가들을 실질적으로 돕는 일에 앞장선다. 이와 관련된 작가들의 사신 기록물을 조연현은 보관해 둔 것이다. 현재 보관 중인 방인근의 사신 기록물은 육체적 고통으로 인한 절필과 창작열을 불태우는 내용을 담은 것이 남아있다.

1. 고통 속의 절필(絶筆)

〈작고 문인 사신철〉의 「31. 방인근」으로 2통 2장의 사신 기록물이 남아있다.

〈방인근의 사신 1〉에는 다음과 같은 내용이 있다.

> 이번 모임에
> 몸이 또 괴로워 가지못해
> 罷接[19] 未安합니다.
> 下請하소서.
> 絶筆을 容恕하소서.
> 十二月 三十日
> 方仁根
>
> —「전문」

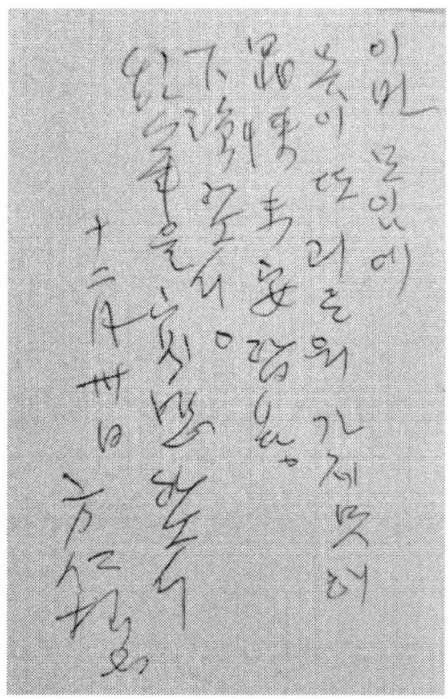

방인근의 사신 1

19 罷接(파접): 글을 짓거나 독서의 모임을 마치고 헤어지던 일.

수신자 조연현은 100인 정도의 문인으로부터 받은 사신 가운데 경제적인 고통이 가장 딱했던 방인근의 사연을 공개했다.

방인근의 건강 상태와 경제적인 어려움을 호소하는 「방인근 선생의 편지」[20](『내가 남기고 싶은 이야기들』)가 공개되었다. "제는 병중에 누워 있읍니다. 여러 가지 병이 병발해서 날마다 괴롭게 지냅니다. (중략) 조금은 수명을 연장할 것 같은데 그런 비용이 없어 날마다 울음으로 세월을 보냅니다. 형이여, 나를 좀 어떤 방법으로든지 도와주실 수 없겠읍니까?"라고 절박한 현실의 고통을 조연현에게 전달했다.

〈방인근의 사신 1〉에는 자신의 처지에 대해 '下請(수급인이 맡은 일의 전부 또는 일부를 다시 제삼자가 하수급인으로 맡다.)'해 달라는 뜻도 전달한다. 이러한 방인근의 처지에 대해 "아무리 대중 소설이라 해도 칠십 평생 문학을 하고 노년에 이렇게 된다는 것은 문인들의 공통적인 슬픔"이라고 안타까워했다. 이러한 고통에 놓였던 김광섭과 이봉구(李鳳九, 1916~1983)[21]까지 조연현이 언급하면서 당시 문공부 장관 유주열에게 '문인 연금법' 제정을 제안하기도 하였다. 그러나 그 결과를 얻지는 못하였다.

〈방인근의 사신 1〉에는 방인근의 육체적 고통이 느껴진다. 그리고 방인근의 사신을 들여다보면 매우 난해(難解)하다는 생각이 든다. 문체가 고답적(高踏的)이거나 현학적(衒學的)이어서가 아니라 거칠게 혹은 바르지 못한 글씨체 때문이다. 아마도 그가 육신의 고통 때문에 글씨가 바르지 못한 것이 아닌가 할 정도의 고통이 묻어난다. 조연현이 책에서 언급한 그 고통까지 전달되는 느낌이다. 1899년 출생과 1975년 사망 연

---

20 필자는 2022년 11월 11일까지 사신 원본을 확인하지 못한 상태이다.

21 경기도 안성 출생. 안성보통학교를 거쳐 1933년 중동학교를 중퇴한 뒤, 낙향과 더불어 농촌 계몽운동을 시작하였다. 이후 일본으로 건너가 메이지[明治]대학에서 수학(청강)하였고, 1938년 귀국하여 오장환(吳章煥)·김광균(金光均)·서정주(徐廷柱) 등과 『시인부락』·『풍림』·『자오선』 등의 동인으로 활동[《네이버 지식백과》].

도를 기준으로 하여, 칠십 평생을 산정해 보면 적어도 70세가 되는 해를 전후하면 이 사신 기록물은 1969~1975년 사이 발신한 것으로 추정된다.

〈방인근의 사신 1〉에는 다음과 같은 의미가 있다.

첫째, 발신자 방인근의 고통을 짐작할 수 있으며, 고통과 절필(絶筆) 사이에서 고뇌하는 작가의 모습이 절절하게 떠오른다.

둘째, 방인근의 사신 기록물을 정리한 것으로 보아 친일 문학에 대한 작품 분석보다는 문예 잡지 활동과 그의 문학 활동이 갖는 문학사적 의미를 중심으로 접근하려는 수신자 조연현의 시각을 추정할 수 있다.

2. 병중(病中)의 대중 소설 전집

〈방인근의 사신 2〉에는 다음과 같은 내용이 있다.

방인근의 사신 2

그 동안 安寧하십니까. 저는 如前히 病中입니다.

그래서 荊妻를 보내오니 잘 相議하소서. 다름 아니라 저의 小說을

七十 餘 篇 中 嚴選해서 大衆小說로써의 價値 있는 것

六十 篇을 全集으로 發行코저 합니다. 죽기 前에 이것이라도

나와야 내가 눈을 감을 것 같읍니다.

그래서 여기저기 ○○을 받아서 自費 出版을 하려고○○

오랫 ○○ ○○○○.

생각다 못해 兄에게 말하오니 語文閣이나

어디나 紹介해서 되도록 해주소서. ○○○ ○○○○ ○○사옵니다.

이북 ○○도 못하게 되었읍니다.

條件은 아무래도 좋으니 좋도록 해주소서.

大衆小說로서 잘 팔릴 것도 있읍니다.

가서 뵙고 이 얘기를 해야 올치만 ○○을 못해서 할 수 없이

代身보내오니 兄만 믿고 잘 해줄 것을 바랍니다.

마지막 所願을 成就케 하여주소서.

더 길게 쓰지 않고 絶筆을 容恕하소서.

二月 十三日

方仁根

趙演鉉 貴下

—「전문」

〈방인근의 사신 2〉에서는 자신이 위독한 상태인데 대중 소설은 물론 자신의 창작품을 모아 전집을 내는 것을 도와달라면서 조연현에게 간청(懇請)하는 내용이다. 구체적으로 어문각 출판사를 거명한 것은《현대문학》의 경영권이 있는 대한교과서(주)와 관련된 출판사이기 때문이다. 이는 문학적 삶을 전집으로 마무리하고자 하는 방인근의 작가적 욕

망을 표현한 것이다.

특히 방인근은 《조선문단》으로 문학적인 삶의 부침(浮沈)이 있었으나, 통속소설 작가로 대중들에게는 인기가 많았다. 「마도의 향불」, 「방랑의 가인」 등과 같은 통속소설로 명성을 얻었다. 6.25 전쟁 후에는 장편소설 창작에 열정을 쏟았다. 일정 부분 작가로서 성공과 명성을 근거로 방인근은 조연현에게 상업적인 출판사 섭외를 간절하게 부탁한 것이다. 안수길(安壽吉, 1911~1977)도 김윤식(金允植, 1936~2018)을 만났을 때, 자신의 전집을 출판할 수 있는 출판사 섭외를 타진하기도 했다.[22] 작가 정신을 집약한 책을 출판하거나 전집은 대개 작가들의 소망이기도 하다.

〈방인근의 사신 2〉에는 다음과 같은 의미가 있다.

첫째, 방인근은 대표적인 대중 소설가로 꼽힌다. 그래서 대중 소설의 상업성을 근거로 자신의 책을 출판하려고 했다. 물론 이는 경제적 이윤을 고려한 것이다. 즉 순수 창작 소설보다는 경제성이 있는 대중 소설의 현실적인 가치를 지향한다는 의미이다.

둘째, 작가의 현실적 고통을 듣게 된 수신자 조연현의 안타까움이 언뜻 보인다. 그래서 동료 문인이기도 하지만 〈문협〉의 행정가로서 '문인 연금법'을 제안했었다. 하지만 정부로부터 그 결과를 얻지 못했다.

Ⅲ. 방인근의 주변과 위치

〈문인협회〉 이사장 조연현은 방인근을 비롯해 60대 이상 와병(臥病) 중인 김광섭, 박기원, 이봉구 등 동료 문인에게 경제적인 도움을 주어야 한다는 절실함을 가지고 있었다. '대중소설이라 해도 칠십 평생 문학을 하고 노년에 이렇게 된다는 것은 문인들의 공통된 슬픔'[23]을 누구보다도

---

22 김윤식, 「안수길론」, 『(속)한국근대작가론고』, 일지사, 1985, 356쪽.

잘 알고 있었다. 개인적인 생활의 문제도 있지만, 원고료가 전부인 작가의 삶이 어떠한지를 조연현은 알고 있었다. 그래서 문인들에 대한 물질적인 보상책은 개선되어야 한다는 데[24] 앞장섰다. 조연현이 〈문협〉 이사장의 책임에서 행동한 것이 아니라 본래 문인들에게 인정적인 성품의 소유자였다라는 생각이 든다. 문인 복지 차원에서 제안했지만 방인근으로부터 비롯되었다는 점에서 보면, 조연현이 그의 사신 기록물을 보관해 정리했던 이유를 설명할 수 있다.

친일 문학론에 휩싸인 방인근에 대한 조연현의 시각은 당연히 논의되어야 할 문학사의 숙제이다.[25] 일제시대 상황 속에서 작가들이 친일 활동과 친일 작품 창작으로 이어지는 경우와 저항에서 절필로 이어지는 작가들도 있었기 때문에 문학사의 옥석(玉石)은 가려져야 한다. 계용묵(桂鎔默, 1904～1961), 김광섭(金珖燮, 1905～1977), 김춘수(金春洙, 1922～2004)를 들 수 있는데, 고석규(高錫圭, 1932～1958)[26]와 동인 활동을 했던 김춘수는 일본대학 재직 시절 일본 천황 비방 혐의로 밀고되어 감옥에서 시간을 보낸 적이 있었다. 결국 대학에서 퇴학당하면서 불령선인(不逞鮮人)으로 1943년 추방되었다. 그는 해방까지는 '두더지 같은 생활'을 했다.[27]

---

23 조연현, 「방인근 선생의 편지」, 『남기고 싶은 이야기들』, 부름, 1981, 198쪽.

24 조남현, 「문인연금제 회의가 갖는 의미」, 『한국문학의 사실과 가치』, 서울대학교출판부, 1995』, 285쪽.

25 오세영, 「8. 40년대 시와 그 인식」, 『20세기 한국시 연구』, 새문사. 1991, 232～272쪽.

26 김정한의 「요절한 혜성 석규 군을 생각한다」과 송영택의 「감상과 야심 속에서 간 고석규」(『고석규 문학의 재조명』, 세종출판사, 2000, 참고)

27 이유경, 「외롭고 심심해진 팔순의 시인」, 『시인의 시인 탐험』, 월간조선일보사, 2002, 104쪽.

*** 참고문헌**

김병익, 「잡지 경영과 원고료」, 『한국문단사』, 문학과 지성사. 2003.
김용직, 「일제 암흑기 문학인들의 의식과 행동」, 『한국현대시 해석, 비판』, 시와시학사. 1993.
김윤식, 「안수길론」, 『(속)한국근대작가론고』, 일지사, 1985.
김 철, 『국문학을 넘어서』, 국학자료원, 2000.
오세영, 「8. 40년대 시와 그 인식」, 『20세기 한국시 연구』, 새문사. 1991.
이유경, 「외롭고 심심해진 팔순의 시인」, 『시인의 시인 탐험』, 월간 조선일보사, 2002.
이성교, 「1950년대의 《현대문학》 출신들과 명동 풍경」, 『문단유사』, 한국문인협회, 2002.
임종국, 『친일문학론』, 동화출판사, 1966.
정중수, 「《문예중앙》의 젊은 작가 재발굴 작업」, 『한국문단사』, 문학과 지성사. 2003.
조남현, 『한국문학의 사실과 가치』, 서울대학교 출판부, 1995.
조연현, 「좌경화된 서울 문단」, 『내가 남기고 싶은 이야기들』, 부름, 1981.
______, 「작가와 고료와 생활」, 《경향신문》(1966년 4월 11일).
조용만, 「방인근과 《조선문단》」, 『30년대 무화예술인들』, 범양사, 1988.
한수영, 『친일문학의 재인식』, 소명, 2005.

2. 해방 전후 시인의 지형도

여기에서는 해방 전후의 시인 지형도를 볼 수 있는 시인들이 남긴 사신 기록물을 연구 대상으로 삼았다. 앞에서도 언급했듯이, 이유는 〈첫 번째 이야기〉에서 다룬 작가들과의 장르적 연속성 그리고 개별 작가들의 특징을 비교할 수 있다는 점 때문이다.

첫째, 「바위」와 「생명의 서」로 알려진 유치환(柳致環, 1908~1967)은 〈첫 번째 이야기〉에서 언급했던 해방 전후 개성파 시인과 함께 이어지며, 또한 그의 문학적 운명으로 회자(膾炙)된 시조 시인 이영도(李永道, 1916~1976), 그리고 오빠인 이호우(李鎬雨, 1912~1970)도 〈두 번째 이야기〉의 대상으로 삼았다. 유치환의 시사적 위치는 1930년대 생명파(生命派) 일원이었지만, 사신 기록물은 주로 1950~60년대의 것이고, 창작시의 발표 활동 및 문단 활동, 이영도와 인간적인 교유 관계 등을 파악할 수 있다. 그리고 대구 경북 문단의 시조 시인 이호우와의 청마, 이영도와의 관계를 볼 수 있다는 점에서 검토의 필요성이 있었다.

둘째, 작가와 화가가 어떤 영감으로 예술 세계의 접점이 이루어지는지를 시인 김광섭(金珖燮, 1905~1977)과 화가 김환기(金煥基, 1913~1974)를 통해 알게 되었다. 그 계기는 바로 김광섭의 사신 기록물 1장 때문이다. 물론 1장의 사신은 김광섭의 고통과 현실적인 어려움을 담은 내용이었으나, 김광섭의 사신 연구 과정에서 두 예술가의 만남을 알게 되는 증거가 될 수 있다는 점에서 사신의 가치가 있었다. 또한 김광섭이 겪었던 병마 속의 시적 영감을 알 수 있는 사신 기록물이라는 점에서 실증적인 자료이다. 다만 구체적으로 시적 이미지가 어떻게 평면으로 입체화 되었는지는 김환기의 그림에서 해석할 과제이다.

셋째, 활발한 지역 문단 활동을 보여준 김현승(金顯承, 1913~1975) 시인과 최인희(崔寅熙, 1926~1958)의 역할을 볼 수 있다. 특히 김현승은 전남 문단을 기반으로 적극적인 창작과 문단 활동을 전개하여 지역 문단을 활성화하는 데 앞장섰다. 강원도 중심의 창작 및 동인 활동을 알린 최인희와 정지용의 추천 시인인 창원의 김수돈(金守敦, 1917~1966) 또한 발굴하여 지역 문단의 전개 양상을 정리하여 한국시문학사를 새롭게 모색할 수 있다는 점에서 검토하였다.

넷째, 소설가 방인근(方仁根, 1899~1975)과 함께 시인 김용제(金龍濟, 1909~1994)는 친일 문학론 논의가 필요하다. 특히 방인근과 김용제의 사신 기록물을 보관한 조연현의 의식과 시각이 어떤지 궁금하기 때문이다. 그런데 이들이 남긴 사신 기록물에는 경제적인 고통과 창작에 대한 열정이 남아있지만, 친일 논란에 대한 어떤 논의와 언급은 없다. 그래서 이들의 사신 발굴이 필요하며, 주변 자료도 찾아 연구가 필요하다.

「2. 유치환(柳致環, 1908~1967)」

경남 통영의 문사(文士), '자유무애(自由無碍)'한 삶과 '휑한 눈'의 이상을 만나다

Ⅰ. 유치환 문학의 접근 방향

〈작고 문인 사신철〉의 두 번째 작가는 시인 유치환(柳致環, 1908~1967)이다.[1] 첫 장은 김동인(金東仁, 1900~1951)을 한국 근·현대 소설사에서 분수령 역할을 했다고 평가한 비평가이자 「표본실의 청개구리」 저자인 소설가 염상섭(廉想涉, 1897~1963)이다.

김종길(金宗吉, 1926~2017)[2]과 김용직(金容稷, 1932~2017)[3]이 한국시사에서 유치환을 대가급 시인으로 평가한 것을 참고하면,[4] 조연현이 〈작고 문인 사신철〉에 정리해 보관한 이유는 설명될 수 있다. 젊은 시절 대구에서 청마와 어울렸던 시인 허만하는 "청마는 시 정신을 오로지 맑고 곧은 이념의 푯대 끝에 매단 한국시에 남성미를 도입한 거목"[5]이라고 평가했다. 이러한 평가에는 그의 작품이 품고 있는 시 정신과 문단 활동에서 묻어나는 독특한 향기 때문이다.

청마(靑馬), 그는 중·고교 교장으로 재직하면서 많은 시집과 수상록을 간행하였다.[6] 허무와 낭만의 절규를 역설적 미학으로 노래한 그의

---

1 졸저 『조연현 평전』(2006)에서 필자는 조연현을 한국 현대문학사의 길목에 새겨진 문패(門牌)라고 평가하였다. 정릉 문패를 읽고 들어가면 〈작고 문인 사신철〉이 보인다.

2 2007년 제8회 청마 문학상 수상자. 시인이며 영문학자. 경북 안동 출생으로, 1947년《경향신문》신춘문예에 「문」이 입선. 시집으로 『성탄제』(1969), 『하회에서』(1977), 『황사 현상』(1986) 등. 한국시인협회장과 고려대 교수를 역임.

3 『한국 현대시 연구』(1974), 『한국 문학의 비평적 성찰』(1974), 『전형기의 한국 문예비평』(1979), 『한국 문학의 흐름』(1980), 『한국 근대문학의 사적 이해』(1982), 『한국 근대문학논고』(1985), 『한국 근대시사 상/하』(1986), 『임화 문학연구』1991), 『한국 현대시사 1·2』(1996), 『해방기 한국 시문학사』(1999), 『한국 현대시인 연구』(2000), 『한국 현대 경향시의 형성 전개』(2002), 『김태준 평전』(2007), 『한국 현대문학의 좌표』(2009) 등.

4 김종길, 「청마 유치환」, 『시에 대하여』, 민음사, 1986, 199쪽과 김용직, 「절대 의지의 미학-유치환론」, 『한국 현대시사』(하), 한국문연, 1996, 332쪽 참고.

5 조향래, 「백기만과 유치환」, 『향촌동 소야곡-낭만의 대구 문단 일화』, 시와 반시. 2007, 58쪽.

6 필자의 석사학위 논문은 청마였다. 소월의 시의 여성 화자에 대해 일제 강점기 북만주를 유랑했던 청마의 깊이를 남성 화자로 규정하여 논의하였다. 이후 사신기록물을 통해 청마를 다시 읽었다. 삶의 시를 읽었다.(2022년 9월 19일).

대표작 「깃발」을 비롯하여 북만주 유랑으로 많은 작품을 창작하였다. 다만 친일 시 논란이 일었던 「수」, 그리고 억만년의 침묵을 깬 「바위」 등과 같은 명시를 남겼다. 그러나 유치환은 명시를 남긴 채 1967년 2월 13일 부산에서 교통사고로 사망하였다. 서정주(徐廷柱, 1915～2000)의 추도사와 박종화(朴鍾和, 1901～1981)의 추도문이 가는 자와 머무는 자들의 마음을 위로했다.

조연현 자택 서가에 꽂힌 유치환의 『청마시초』

1968년 2월 13일, 드라마 센터에는 〈청마 추도회〉가 300여 명이 넘는 사람들이 모여 성황이었다. 조연현은 '온종일 한기가 들고 미열이 계속되었지만 끝까지 버티면서' 〈청마 추도회〉를 진행했다.[7] 그의 창작 공간이었던 경주, 부산 그리고 통영에 시비가 세워졌다.[8] 그리고 오랜 세월 동안 시조 시인 이영도(李永道, 1916～1976)에게 보낸 사랑의 편지 중 200통을 추려 모은 서간집 『사랑했으므로 행복하였네라』(1967)는 대중들에게 많은 인기를 모았다. 지금도 마산에는 청마의 사랑을 전하는 우체통 거리가 아름다운 흔적으로 남아있다.

7 조연현, 「세월의 앙금」, 『내가 살아온 한국문단』(전집 1), 어문각, 1977, 210쪽.

8 문덕수, 『청마 유치환 평전』, 시문학사, 2004.

Ⅱ. 〈유치환의 사신 기록물〉 내용 분석

조연현은 1967년 12월 7일 연합통신사 문화부 기자에게 자신이 보관 중이었던 작고 문인 몇몇을 열람시키고 복사해 주었다. 그리고 공표하지 않은 사신도 언젠가 필요하다면 발표해도 좋다고 했다. 이것이 1967년 조연현의 생각인데, 지금이 2022년 9월 28일이면 55년이 지난 시점이다.[9] 유족의 판단과 필자 연구로 세상에 공표하려고 한다.

〈작고 문인 사신철〉은 총 6통 9장의 사신 기록물을 먼저 열람(2022년 8월 1일)하였고, 여기에 추가로 1통 1장을 발굴(2022년 10월 1일)하였다. 그리고 이영도의 '계명암'을 방문해 직접 써준 1장(2024년 1월 19일, 민병도 시조 시인 보관)도 있었다. 민병도에게서 이영도와 관련된 자료를 더 이상 열람하지는 못했다. 유치환은 시조 시인 이영도의 원고가 《현대문학》에 발표될 수 있도록 조연현에게 부탁하는 사신 기록물도 남겼다. 그리고 청마 사신에는 이영도의 원고 소개뿐만 아니라 자신의 문단 활동 중단 및 절필을 선언하는 내용도 있었다. 염상섭, 김환기처럼 유치환의 사신 기록물도 몇 장이 사라진 것으로 보인다. 물론 막내딸이 머물렀던 정릉에서는 더 이상 찾기 어려운 사정이 있었다.

1. 시적인 문체와 이영도의 창작 활동

총 6통의 사신 기록물 중에 〈유치환의 사신 1~3〉은 1통의 사신 기록물이다.

9 이 논의를 다시 시작한 때는 2023년 8월 7일(월) 오후 11시이다. 이 사이의 시간에 〈작고 문인 사신철〉을 연구하고 있다.

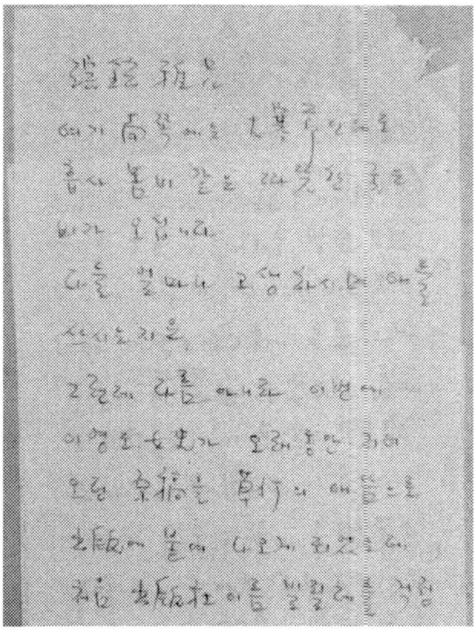

유치환의 사신 1

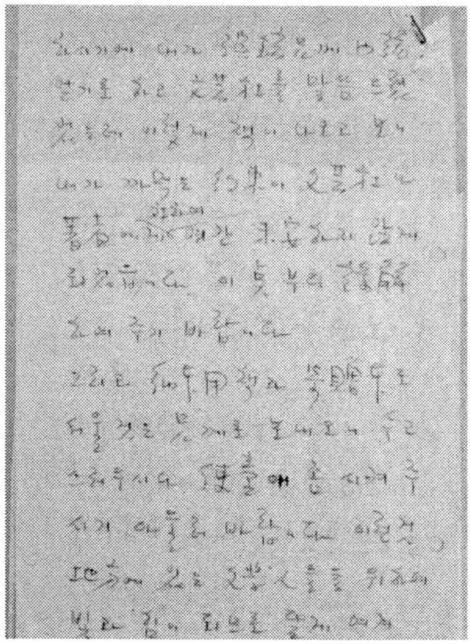

유치환의 사신 2

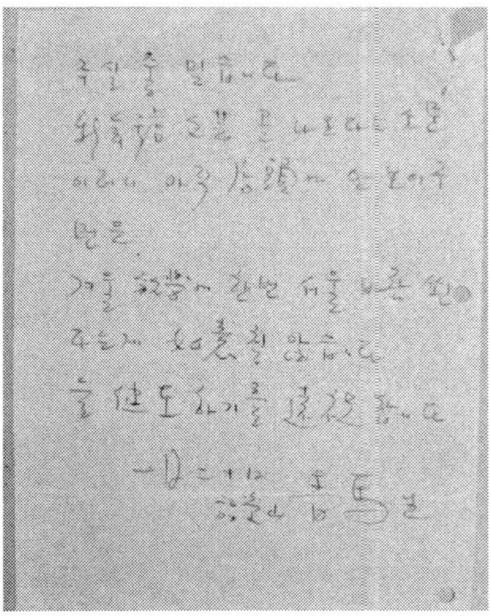

유치환의 사신 3

〈유치환의 사신 1〉에는 다음과 같은 내용이 있다.

> 여기 南쪽에는 高氣壓인데도
> 흡사 봄비 같은 따뜻한 궂은
> 비가 오십니다.
> 다들 얼마나 고생하시며 애를
> 쓰시는지요.
> 그런데 다름이 아니라 이번에
> 이영도 女史가 오래 동안 지녀오던
> 原稿를 草汀의 애씀으로
> 出版에 붙여 나오게 되었는데
> 처음 出版社 이름 빌릴 데를 걱정
>
> —「전문」 중에서

대개 사신 기록물의 첫머리는 '제번'(除煩: 간단한 편지의 첫머리에 쓰는 말. 번거로운 인사말을 덜어 버리고 바로 할 말을 적는다는 뜻)으로 시작한다. 그런데 청마는 남쪽의 아름다운 풍광을 '여기 南쪽에는 大氣壓인데도 흡사 봄비 같은 따뜻한 궂은비가 오십니다.'라고 표현하여, 그가 시인임을 새삼 느끼게 한다. 그리고 청도의 시조 시인 이영도가 시집을 출판했다는 내용도 보인다. 이영도의 첫 시조집은 1954년(39세) 1월, 『청저집』을 문예사에서 발간한다. 이 사신 기록물과 관련성이 있다면 발신 연도는 1954년 전인 1953년도로 추정된다.

청마는 자신의 창작 활동과 문단 활동 이야기를 사신에 담았을 뿐만 아니라, 굳이 이영도의 문학 활동까지를 언급하는 것을 보면 문단 주변에서 맴돌았던 두 문인 간의 감정을 읽을 수 있다. 청마가 이영도 집을 방문해 〈애일당지〉에 남긴 메모에서도 이 같은 감정이 확인된다.[10] '애일당'은 이영도가 1956년(41세) 부산여대 강사로 부임하면서, 부산 동래 온천장 후생 주택에 거주할 때 지어 부른 당호이다. 이 시기에 청마가 '애일당'의 이영도에게 써준 사신이 남아있다.

> 당신의 芸!
>
> 당신이 애정에서 아무리 그렇게 해 달라기로니 글에서까지 이래라저래라하는 행위는 당신을 내가 함부로 대하는 것 같은 감이 없지 않으며, 또한
>
> 먼 후일 우리의 이 글들이 세상에 나가는 기회가 있다면 내가 얼마나 무안하겠읍니까? 그러니 당신도 내 마음을 용납해야 합니다.
>
> 사랑한 나의 芸! 당신의 거소 지금의 애일당을 생각만 해도 어느 성스러운 곳처럼 내 마음까지가 환히 정결해지는 것입니다. 당신은 어쩌면 내가 사랑하는 금단의 수녀요 애일당은 승원(僧院)인 느낌입니다. 그래 내가 그 지엄(至嚴)한 금단을 범하고 있는- 착한 범인(犯人)인 것입니다. 선을 범하는 범인은 곧 선한 범인이 아니겠습니까? (...중략...) 그런데 「전쟁과 평화」 같이 봅시다고 하던 당신 말을 내가 잊지 않고 있으리란 것 알겠지요? 그러나 내가 내일 토요일쯤 또 당신에게로 간다면 당신이 좀 곤란하겠지요? 그래 안 가고 참겠습니다. 어제는 학교에 다녀오느라고 피곤하지 않았읍니까?
>
> 5월 30일
>
> 당신의 馬
>
> —「전문」

발신 연도는 불분명하나, 대략 1956년 전후일 것이다. 사신의 해석은 분분할 수 있으나, 창작 작품에 대한 의견 논의와 두 문인 간의 감정

10 이 원고를 1차 완성한 뒤, 이영도 제자인 민병도(시조 시인, 청도군 궁천면)가 보관하고 있는 〈애일당지〉에서 청마가 이영도 집을 방문해 남긴 메모를 열람할 수 있었다.(2024년 1월 19일, 금요일).

교유 그리고 애일당 거주와 이영도의 부산여대 강사 부임 등을 알 수 있는 사신이다. 이런 사신은 작가 평전 집필의 근거이며, 또한 작가 연구 방법론으로 접근할 수 있는 자료이기도 하다.[11]

〈애일당지〉의 표지화 글씨는 경남 통영 출신의 시조 시인 초정(草丁) 김상옥(金相沃, 1920~2004)이 1957년(정유년) 춘(春) 3월에 부산 동래를 방문해 써 준 '초정제첩(艸丁題簽)'이다.[12]

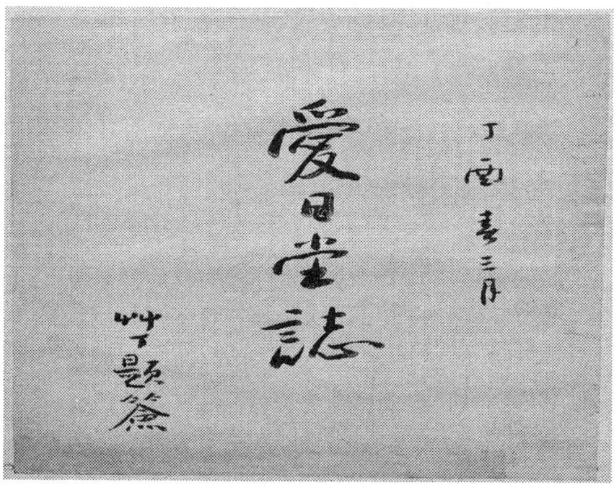

김상옥이 이영도에게 써준 글

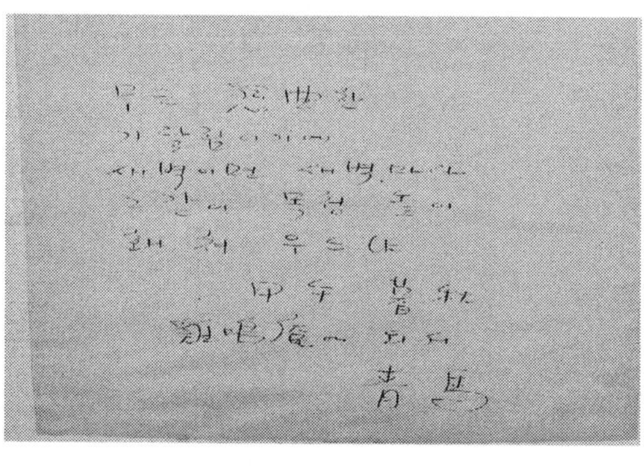

이영도에게 쓴 유치환의 글

---

11 졸저, 『작가 연구 방법론』 참고.

12 민병도 시조 시인이 확인한 내용임.

그리고 '계명암(鷄鳴庵)에 와서'라는 문구를 볼 때, 갑오년(1954년)에 청마가 이영도가 머물렀던 '계명암'을 방문했을 때 쓴 것이다.[13] 이영도가 김춘수 시인도 만난 것으로 보이는 글도 〈애일당지〉에 남아있다. 아마도 주변에 많은 예술인들과 교유한 것으로 보인다.

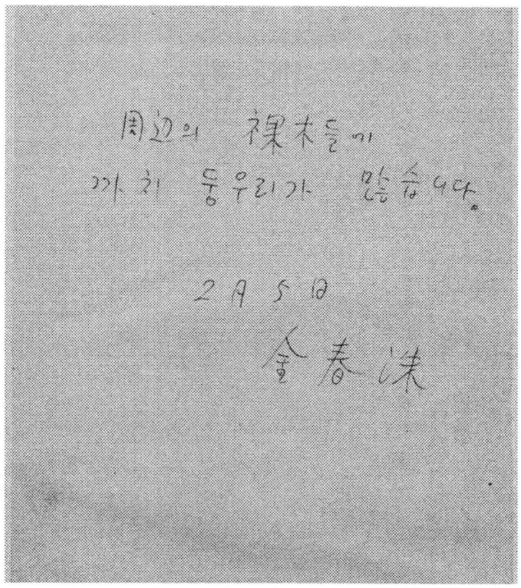

〈예일당지〉에 남아 있는 김춘수의 글

〈유치환의 사신 1〉에서는 몇 가지 사실이 파악된다.

첫째, 청마가 시인이었음을 다시 한번 볼 수 있는 사신 기록물이다. 사신에 시적(詩的)인 표현이 눈에 들어오기 때문이다.

둘째, 이영도 작품집을 출판하는 데 있어 조연현에게 도움을 청하는

---

13 1955년(40세) 폐로 인한 고통을 치료할 목적으로 휴양을 겸해서 마산 성지여고 교사로 부임했으며, 이때 사택에 거처하면서 '계명암'이라는 당호를 지었다(김정현, 「그리움의 모성적 실현 – 이영도론/이영도의 생애 및 작품 연보」, 『한국전후 문제시인 연구(2)』, 예림기획, 2005, 513쪽). 〈이영도에게 방문해 쓴 유치환의 글〉에 대해 김정현의 조사와 민병도의 인터뷰 차이가 있다. 김정현에 따르면, 1954년 10월에 폐침윤이 재발했다고 했으며, 이 질병 이후에 마산 성지여고에 부임한 뒤 '계망암'의 당호를 지었다고 한다. 그런데 '계명암'의 당호와 정유년이 1954년인 점으로 비교해 봐도 모순이 생긴다. 적어도 이 글은 1954년 갑오년에 쓴 것만은 분명한 사실이다.

것으로 보아, 이영도에 대한 마음을 읽을 수 있다. 물론 이영도의 치열한 문학성을 본 청마의 안목도 있었을 것이다. 그 치열함을, '이영도 여사가 오랫동안 지녀오던 원고'라고 설명했다.

〈유치환의 사신 2〉에는 다음과 같은 내용이 있다.

> (걱정)하시기에 내가 演鉉 兄께 ○○ 얻기로 하고
> 文藝社를 말씀 드렸었는데 이렇게 책이 나오고 보니
> 내가 까먹은 約束이 文藝社나
> 著者에게 文士라며 여간 未安하지 않게 되었읍니다.
> 이 點 부디 諒解하여 주시기 바랍니다.
> 그리고 納○用 책과 ○贈○도
> 서울 것은 兄께 보내오니 수고스러우시나
> 使喚 애 좀 시켜주시기 아울러 바랍니다.
> 이런 것 地方에 있는 文學人들을 위하여
> 빛과 힘이 되므로 달게 여겨 (주실 줄 믿읍니다.)[14]
>
> —「전문」

청마가 조연현에게 이영도 시조 시인의 책 출판과 책 홍보까지 부탁하는 내용이다. 알려진 대로 두 예술인의 아름다운 만남의 일화를 증명하듯, 청마가 이영도를 위해 애쓰는 모습이 드러나 있다. 1965년 유치환과 이영도는《부산문예》2월호에 나란히 작품을 발표한다. 이영도는「무제」를, 청마는「나의 생활과 시작」을 발표한다. 같은 해 8월에는 이영도의「목련화」가《현대문학》에 발표된다. 이 역시 청마가 조연현에게 사신을 보낼 때, 이영도의 작품 원고 수록을 부탁한 적이 있는데, 이 작

14 (주실 줄 믿읍니다.)은 다음 〈유치환의 사신 3〉으로 이어짐.

품인지는 궁금하다.

〈유치환의 사신 2〉에서는 몇 가지 사실이 파악된다.

첫째, '地方에 있는 文學人들을 위하여 빛과 힘'이 될 수 있다는 점에서 당시 조연현과 《문예》에 대한 기대치가 높았다는 점을 확인할 수 있다.

둘째, 〈유치환의 사신 1〉과 마찬가지로 이영도에 대한 애정이 묻어나는 사신 기록물이다.

〈유치환의 사신 3〉에는 다음과 같은 내용이 있다.

> 特輯號 文藝 곧 나온다는 소문이러니
> 아직 店頭(점두: 가게의 앞쪽)에
> 안 보이는구먼요.
> 겨울 放學 한번 서울 바람 쐰다는게 如意치 않읍니다.
> 늘 健康하기를 遠祝합니다.
> 一月 二十日

—「전문」

위 사신에 '특집호 문예'에 대한 언급이 있는 것으로 보아, 《문예》가 "1949년 8월 창간호를 거쳐 1954년 3월까지 통권 21호까지 낸 데 불과하지만, 햇수로는 5년 내외 긍하여 이 5년 동안의 간행 횟수"[15]를 참고해 보면, 이 사신 기록물은 적어도 1954년 3월 이전(사신 기록물의 날짜 1월 20일을 더하여 계산해 보면, 신년호에 해당하는 것이 아닌가 한다.)

---

15 조연현, 「《문예》의 폐간」, 『남기고 싶은 이야기』, 부름, 1981, 110쪽. 구체적으로 정리해 놓았다. 1949년－8 , 9, 10, 11, 12월호(5권) / 1950년－1, 2, 3, 4, 5, 6월호, 전시판(7권) / 1952년－1, 5, 6 합병호(2권) /1953년－신춘호, 초하호, 9, 10, 송년호(5권) / 1954년－신춘호, 3월호(2권) 총 21권 출간함.

인 것으로 추정된다.

여기에다 청마가 '겨울 방학'을 언급한 것과 학교에 근무했던 시기를 산정하면, 구체적인 발신 연도를 확정할 수 있다. 1953년(46세)에는 경북대학교 문리대 강사를 역임(1954년까지)했고, 안의 중학교 교장 재직 기간인 1948년(41세)부터 부임해 1955년(48세)에 사임했다면, 1954년 1월의 사신 기록물로 추정된다.[16]

여기에 사신 내용상 이영도의 책 발간 연도를 추정치에 넣어야 한다. 이영도는 6.25 동란 이후 1954년 시조집 『청저집』을 발간했으며, 그 이후 1958년 수필집 『춘근집』을, 1966년 수필집 『비둘기 내리는 뜨락』을 출판한 것을 참고하면, 청마의 근무 시기가 겹치는 1954년으로 추정된다. 청마와 이영도의 조우는 1946년 통영여고 교사로 재직(1948년까지)할 당시였다.[17] 천상병(千祥炳, 1930~1993)과 함께 동백림 사건의 주역(主役)이었던 윤이상(尹伊桑, 1917~1995)도 여기에 근무했었다.[18]

---

16 박철석, 「청마 유치환 생애 연보」, 『새발굴 청마 유치환의 시와 산문』, 열음사. 1997, 537~574쪽.
정현기의 「유치환 연보」(『청마 유치환 전집(3)』, 정음사, 1985, 347쪽.)에 따르면, 청마는 1955년(48세)부터 경주고 교장(1955~1961)을 재직했음. 《문예》 폐간 직전으로 보아 1954년 신춘호 발간일인 1954년이었을 가능성이 높다.

17 이영도가 출간한 책을 참고하면, 발신 연도를 산정할 수 있다. 시조집 『청저집』(1954), 수필집 『춘근집』(1958), 수필집 『비둘기 내리는 뜨락』(1966), 이호우와 공동 시조집 『석류』(1968), 수필집 『머나먼 사념의 길목』(1971), 수필집 『애정은 기도처럼』(1975), 시조집 『언약』(유고집) 등을 남겼다. 《현대문학》이 1955년부터 발행했음으로 볼 때, 시조집 『청저집』(1954) 출판으로 보기 어려우며, 물론 이호우와 공동 시조집 『석류』(1968)와 시조집 『언약』(유고집)의 시기는 해당하지 않는다. 또한 이영도의 생몰연대(李永道, 1916~1976)를 참고하면, 1975년 이전 시기로 볼 수 있다.

18 동백림 사건(東伯林 事件) 또는 동베를린 사건(東Berlin 事件)은 1967년 7월 8일, 중앙정보부에서 발표한 간첩단 사건이다. 당시 중앙정보부는 대한민국에서 독일과 프랑스로 건너간, 194명에 이르는 유학생과 교민 등이 동베를린의 북한 대사관과 평양을 드나들고 간첩 교육을 받으며, 대남 적화 활동을 하였다고 주장하였다. 중앙정보부가 간첩으로 지목한 인물 가운데 유럽에서 활동하던 작곡가 윤이상과 화가 이응노, 천상병 시인도 동백림 사건에 연루되어 고문을 당하였다. 1967년 12월 3일 선고 공판에서 관련자 가운데 34명이 유죄판결 받았으며, 윤이상은 무기징역을 선고을 받았는데, 유럽에서 활동하는 음악인과

〈유치환의 사신 3〉에서는 몇 가지 사실이 파악된다.

첫째, 문학잡지에 대한 당시 문인들의 관심과 전국 판매 유통망을 가늠할 수 있다.

둘째, 서울을 방문하면 조연현과 교유할 정도로 관계가 오랫동안 지속되었다. 물론 중앙 문단의 깃대종[19] 역할을 한 조연현과의 관계 유지도 지역 문인으로서 필요함을 청마는 알고 있었을 것이다.

2. 시 추천 위원과 시작 활동

다음은 1통 1장의 사신 기록물이다.

〈유치환의 사신 4〉에는 다음과 같은 내용이 있다.

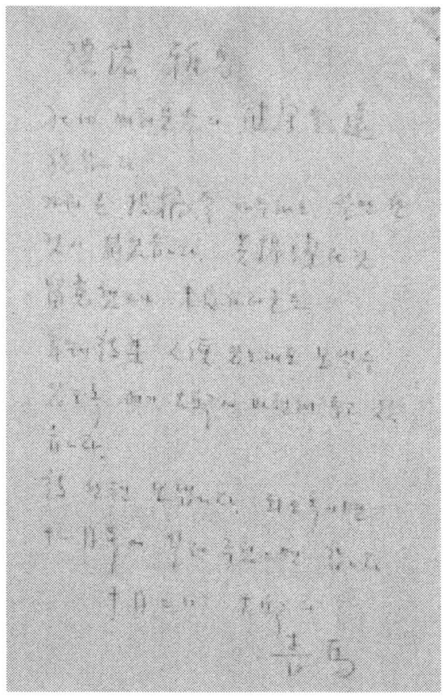

유치환의 사신 4

社內 여러분 健康을 遠祝합니다.

가져온 原稿를 아무래도 쓸 만한 것이 없었읍니다.

黃錦燦의 것 留意했으나 未及(미급: 아직 미치지 못함)하

독일연방공화국 정부가 박정희에게 항의하여 복역 2년 만에 석방되었다. 국가정보원 과거 사건 진실규명을 통한 발전위원회는 2006년 1월 26일에, 당시 정부가 단순 대북 접촉과 동조행위를 국가보안법과 형법상의 간첩죄를 무리하게 적용하여 사건의 외연과 범죄사실을 확대·과장했다고 밝히고, 사건 조사 과정에서의 불법 연행과 가혹행위 등에 대해 사과할 것을 정부에 권고했다.

19 깃대종(flagship species): 유엔 환경 계획이 만든 개념으로서, 특정 지역의 생태계를 대표할 수 있는 주요 동·식물을 뜻한다.

더군요.

年刊 詩集 人便으로 보낼 수 있도록 여기 大邱에 마련해 두고 있읍니다.

詩 한편 보냅니다. 되도록 十一月 號에 실려 주셨으면 합니다.

十月 二日 大邱서

青馬

—「전문」

유치환은 대구에서도《현대문학》시 추천위원으로 활동했다. 〈유치환의 사신 4〉에 등장하는 시인은 작품 추천 대상작으로, 그의 수준이 '미급'하다고 하여 회신하면서 자신의 시 한 편을 보내니,《현대문학》11월호 수록을 부탁한다는 내용이다. 그리고 대구에서 사신을 보낸 사실로 보아, 1956년 전후의 사신 기록물로 보인다. 왜냐하면 청마가 대구에서 활동했던 때였기 때문이다.[20]

청마가 대구를 처음 밟은 것은 1946년이었고, 박목월(朴木月, 1916~1978)을 따라 대구 백구 세탁소 2층 다다미방에 세 들어 이사한 것은 경북대학교 문리대의 시론 강의 때문이었다.[21] 1956년 대구에서 경북문화협회를 결성, 제1회 경북문화상을 이호우와 함께 수상하면서 대구 예술인들과 갈등이 있었고, 1959년 9월《대구매일신문》논설위원을 역임하였으며, 1964년 대구여고 교장을 끝으로 대구를 떠났다. 이런 사실로 볼 때 1955년 경주고 교장으로 부임한 때, 발간된《현대문학》으로 볼 수 있다.

그래서 위 사신 기록물의 발신 연도는 1955년 1월 이후로 추정된다.

---

20 『작가 사신 연구 방법론』에서 발신 연도와 발신 공간이 중요하다. 그리고 작가 사신 원본을 확정한 후, 발신 연도에서는 작가의 문단 활동을, 발신 공간에서는 문단 활동 공간을 확인할 수 있기 때문이다.

21 조향래의 「백기만과 유치환」(앞의 책, 53~58쪽)을 참고.

시 1편을 보내니, 특정한 날짜에 게재되기를 희망한다고 밝히고 있다. 조연현은 문학적 위치나 시 추천 위원인 청마의 청을 거절하기는 쉽지 않았을 것이다. 그래서 작품이 수록되었다고 하면 《현대문학》에 발표된 시 작품 목록으로 발신 연도를 추정할 수 있다.

《현대문학》에 발표된 청마 시의 작품 목록

연번	제목	발표 연월일	편집장 / 시인
1	「대공사속습」	1955년 1월호(통권 1)	오영수
2	「잠자리」	1955년 4월호(통권 4)	오영수
3	「미루나무의 노래」	1955년 8월호(통권 8)	오영수
4	「휴전선에서」	1955년 12월호(통권 12)	오영수
5	「관목림」	1955년 4월호(통권 16)	오영수
6	「상화이제」	1956년 9월호(통권 21)	오영수
7	「당신」	1958년 4월호(통권 40)	오영수
8	「아브라함의 일족」	1958년 9월호(통권 46)	오영수
9	「단장」	1959년 1월호(통권 49)	오영수
10	「비오 십이세」	1959년 3월호(통권 51)	오영수
11	「비극은 없는 것인가?」	1959년 11월호(통권 59)	오영수
12	「지령」	1960년 3월호(통권 63)	오영수
13	「귀로」	1960년 5월호(통권 65)	오영수
14	「사월애가」	1960년 7월호(통권 67)	오영수
15	「무위초」	1960년 9월호(통권 69)	오영수
16	「무위초(4)」	1960년 12월호(통권 72)	오영수
17	「좌사리의 제도」	1961년 1월호(통권 73)	오영수
18	「서열」	1961년 7월호(통권 79)	오영수
19	「눈엽」	1962년 1월호(통권 85)	오영수
20	「조장」	1962년 11월호(통권 95)	오영수
21	「산속에는」(특)	1963년 4월호(통권 100)	오영수

22	「호모 사피엔스의 나무」	1964년 1월호(통권 109)	오영수
23	「영가」	1964년 6월호(통권 114)	오영수
24	「근작삼제」	1966년 3월호(통권 135)	김수명
25	「바람」	1966년 6월호(통권 138)	김수명
26	「괴변」외 2편	1967년 2월호(통권 146)	시인 사망
27	「유고(遺稿) 삼편(三篇)」(특)	1967년 4월호(통권 148)	시인 사후
28	「청마시 이전 41편」	1993년 5월호(통권 461)	시인 사후

위 표를 참고하면, 청마의 사신 기록물은《현대문학》창간호인 1955년 1월 이후부터 청마 사망일인 1967년 2월 13일(음력) 이전으로 특정할 수 있다. 여기에 청마가 원했던 게재일을 참고해 '11월호'에 실렸다면, 가깝게는 1955년 12월 혹은 1959년 11월, 1960년 12월, 1962년 11월로 추정할 수 있다.

여기서 황금찬(黃錦燦, 1918~2017) 시인의 추천 과정을 짚어야만 발신 연도 추정이 가능하다. 그는 강원도에서 1952년 〈청포도〉 동인을 활동했으며, 1953년《문예》(「경주를 지나며」)로 문학계 등단한 뒤,《현대문학》에 1955년(「접동새」, 「여운」)부터 시작해 1956년(「문」)까지 작품을 기고해 추천 완료하게 된다.[22] 「접동새」(1955년 10월호, 통권 10)」는 심사위원이 박두진(朴斗鎭, 1916~1998)과 유치환, 「여운」(1956년 4월호, 통권 16)은 심사위원이 박두진, 「문」(1956년 6월호, 통권 18)은 유치환이었다. 따라서 발신 연도는 대략 1955년 10월 전부터 1956년 6월 이전으로 볼 수 있다. 다만 유치환이 황금찬의 시 작품이 미급하다고 했지만, 이미 천료되었기 때문에《현대문학》에 다시 추천받겠다는 그 이면(裏面)이 궁금하다.

〈유치환의 사신 4〉에서는 몇 가지 사실이 파악된다.

22 황금찬, 「문학의 길」, 『돌아오지 않는 시간의 저편』, 신지성사, 2000, 154~155쪽.

첫째, 유치환이 대구에 거주할 때도《현대문학》시 추천 위원으로 활동했다. 이는 지역 문단 활동과 서울 문단 활동의 균형 역할을 했다는 점에서 청마의 위치를 짐작할 수 있다.

둘째, 시 추천 위원으로 활동하면서도 '시 한 편'을 보낼 정도로 끊임없이 창작 활동을 하는 현역 시인으로서도 생명력을 보여주었다. 만주에서나 부산, 경주, 대구에서나 자신이 머문 어떤 시공간에서든 창작에 몰두한 시인이었다.

다음은 1장 1통의 사신 기록물이다.

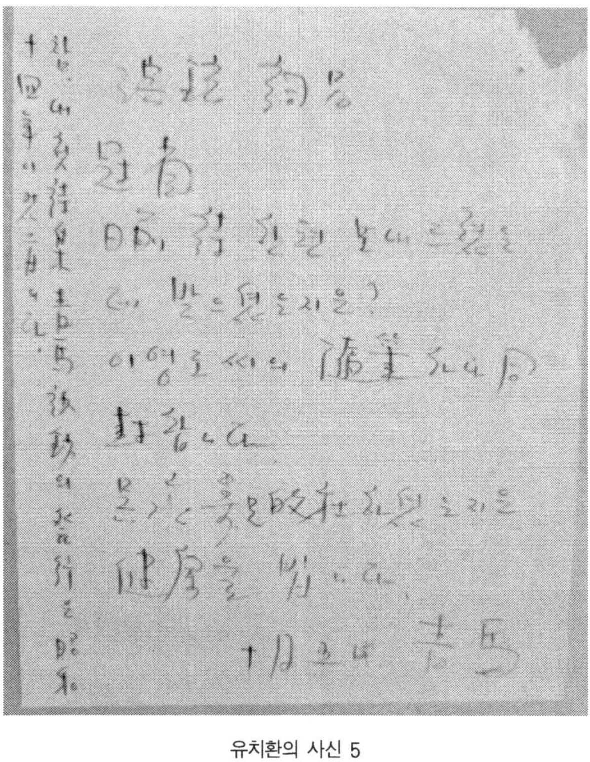

유치환의 사신 5

〈유치환의 사신 5〉에는 다음과 같은 내용이 있다.

日前 詩 한 편 보내드렸는데 받으셨는지요?

이영도 氏의 隨筆 하나 同封합니다.

吳永壽 兄 退社 하셨는지요

健康을 빕니다.

十月 六日 靑馬

—「전문」

청마 사신에 보였던 이영도에 대한 배려가 다시 한번 보인다. 오영수(吳永壽, 1914~1979) 퇴사 여부를 묻는 것으로 보아 사신 기록물의 발신 연도를 어느 정도 추정할 수 있다. 오영수 편집장의 퇴사 연도인 1966년 전후의 사신으로 보인다. 오영수는 1954년《현대문학》준비 시기(1955년 1월 창간호《현대문학》)부터 1966년까지 재직했고, 이후 김수영(金洙暎, 1921~1968)의 누이 김수명이 1966년 2월에서 1974년까지 재직했다. 김수명이 조연현에게 보낸 사신 기록물에 따르면 연말까지 근무하겠다고 했으니, 1974년까지는 근무했다고 가정하더라도 〈유치환의 사신 5〉는 1966년 전후일 것으로 추정된다. 〈유치환의 사신 5〉에도 청마의 창작 활동이 보인다. 자신의 시 한 편과 이영도의 수필을《현대문학》에 보낸 것으로도 확인이 된다. 청마의 창작 활동을 보여주었으며, 또한 이영도를 문우(文友)로도 인식했음도 확인할 수 있다.

〈유치환의 사신 5〉에서는 몇 가지 사실이 파악된다.

첫째, 유치환 자신의 시 작품 수록에도 이영도의 수필까지 동봉하는 것에서 청마의 마음을 읽을 수 있다.

둘째, 오영수의 퇴사 여부를 묻는 것은 그와의 유대 관계를 생각해볼 수 있다. 물론 단순한 안부 정도의 물음이 아니라면, 이는 작가와 문학잡지 관계자의 영향 관계를 엿볼 수 있다.

3. '자유무애(自由無碍)'한 인생과 '까마귀 같은 휑한 눈' 이상

다음은 1장 1통의 사신 기록물이다.

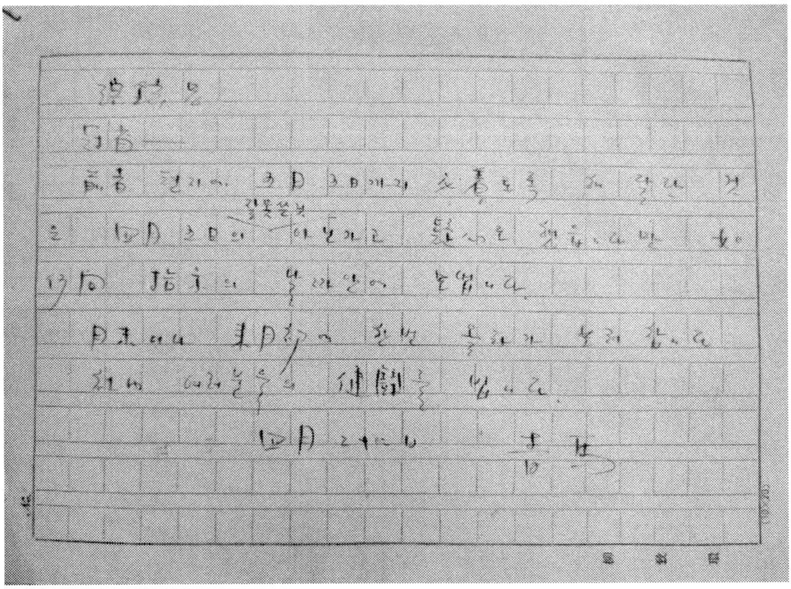

유치환의 사신 6

〈유치환의 사신 6〉에는 다음과 같은 내용이 있다.

> 前番 편지에 五月 三日까지 必着토록 해 달라 것은
> 四月 五日의 잘못 쓴 것 아닌가고 疑心도 했읍니다만
> 如何間 指示의 날짜 안에 보냅니다.
> 月末이나 來月初에 한번 올라가 볼려 합니다.
> 社內 여러분들의 健鬪를 빕니다.
> 四月 二十二日 青馬

—「전문」

청마가 서울로 올라가면 만나는 작가는 이상(李箱, 1910~1937), 정지용(鄭芝溶, 1903~1950), 김소운(金素雲, 1907~1981)[23] 등이었다. 청마는 이 세 작가에 대한 인상기를 남겼는데, 이상을 '까마귀 같은 휑한 눈에 커다랗게 입을 벌린' 인물로 그리고, 정지용은 '쨍쨍 울리는 금속성(金屬性)의 목청에 무엔지 애조(哀調)를 띤 음성을 가지고 혼자서 가만히 소리로 시구를 곧잘 외웠다.'고 한다. 김소운은 '언제나 두목처럼 고자세인 태도로 이상, 정지용과 다변(多辯) 속에 묻히어 그 속에서 어쩔 수 없는 절망감 같은 것을 술보다 더 많이 마셨다.'고 그의 「예지(叡智)를 잃은 슬픔」에서 적고 있다.[24] 검은 안경테를 낀 청마의 모습은 언제나 고고한 자태로 보인다.

소설가 이호철(李浩, 1932~2016)에 따르면, 1950, 1960년대 청마가 부산에서 서울에 올라오면 꼭 〈문예 싸롱〉에 들렀고, 당시 문인들의 단골 술집이었던 명천옥의 '주호회(酒豪會)'에도 참석했다고 한다. 유치환은 몸집이 크고 상체가 떡 벌어져 김동리(金東里, 1913~1995)보다는 장대했으나 무척 수줍음을 탔다.[25] 청마 유치환이 만주로 가기 전, 명천옥의 주호회에 김동리, 박재삼을 만났으며 그리고 이호철은 처음이자 마지막으로 만났다.

조연현과 가장 가까웠던 비평가 정태용(鄭泰榕, 1919~1972)은 6.25

---

23 시인·수필가·번역문학가. 본명 교중(教重). 광복 후 소운(素雲)으로 개명. 호는 소운(巢雲), 필명은 삼오당(三誤堂). 부산 영도 출신으로 청마의 시집 『청마시초』를 발간함. 좌우 이념의 혼란기에 위험에 빠진 청마를 도왔다(통영 시인이며 〈한빛문학관〉 관장인 차영한의 회고담, 2022년 9월 25일 일요일).

24 이어령, 「유치환」,『한국작가전기연구』, 33~34쪽.

25 이호철, 「명천옥과 주호회」, 『문단골 사람들』, 프리미엄북스, 1997, 211쪽.
필자는 송욱 연구를 위해 이호철을 만났다. 2022년 지금 생각해 보면, 문단의 어른이셨는데, 선생님을 서울 교대역에서 만났지만 소홀하게 대한 것 같아 죄송스러운 마음이 든다. 만나는 날도 산에 가야 한다고 30분 시간을 내셨는데, 1시간 정도를 지체하도록 붙잡았다. 산을 좋아해 호도 견산(見山)이었나 보다(『송욱 평전』, 2000, 좋은날).

전란 후부터 청마 시를 읽었고, 환도(還都) 후에는 금성(金星)에서 이영도를 자주 찾는 청마의 모습을 보았다고 한다. 그러나 청마는 누구에게나 그리 다정한 편이 아니요 나 또한 그러한지라, 인사는 하면서도 깊은 사귐을 못되었다고 회고한 정태용은 향파 이주홍(李周洪, 1906~1987)은 칠촌(七寸)이나 구촌(九寸)이고 이보다 더 먼 감을 주는 분이라고 말했다. 그리고 사랑하는 사이가 아니라면 마음 터놓고 청마에게 속속들이 심중(心中)을 호소하는 사람은 없지 않을까, 누구든지 가까이 느껴지지 않는 분이 청마가 아닐까 하는 인상기를 적었다.[26] 이처럼 청마는 행동이나 성격으로 보아 문단 교유가 많았다고 볼 수 없는 시인이었다.

그리고 생각이 나면 구두(口頭)보다는 문장(文章)으로 발표하는 청마였다. 이런 청마가 '친절하고 상냥하면서도 고집이 세기로 일품(一品)인 정운(丁芸) 이영도'와 감정 교류가 있었다니, 참으로 아이러니할 뿐이다. 한국 문단에서 여류 문인은 최정희(崔貞熙, 1912~1990)가 매력적이라면, 남성 문인은 유치환이라고 회고한다. 특히 유치환과 이영도를 '숙명'으로 결론지었다.

〈유치환의 사신 6〉에서는 몇 가지 사실이 파악된다.

첫째, 유치환은 성격상 문단 교유가 적을 뿐, 서울로 가면 충북 옥천 출신인 정지용과 이상, 김소운 등 몇몇만이 어울렸다는 사실을 파악할 수 있는 사신 기록물이다.

둘째, 이영도에 대한 청마의 감정이 묻어나 있으며, 《현대문학》 편집장 오영수와 인간적인 유대 관계를 알 수 있다.

다음은 1장 1통의 사신 기록물이다.

---

26 정태용, 「유치환론」, 『한국현대시인 연구 – 기타』, 어문각, 1976, 193쪽.

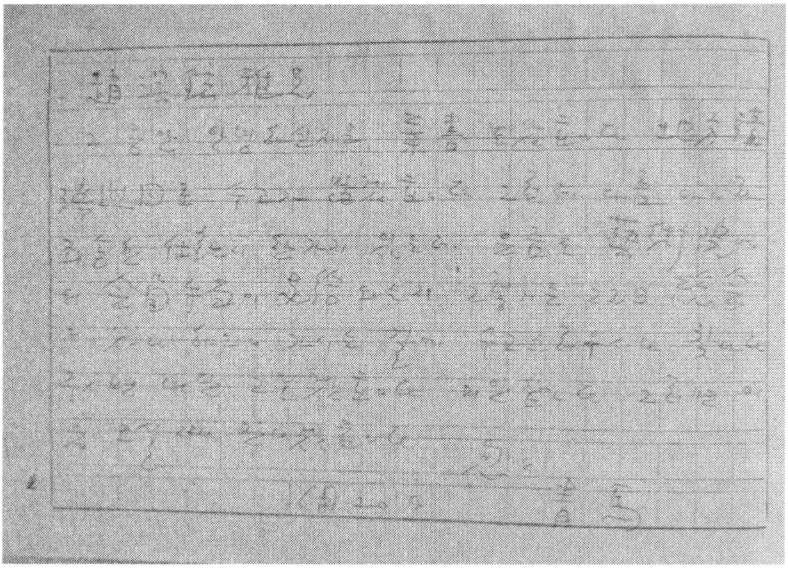

유치환의 사신 7

〈유치환의 사신 7〉에는 다음과 같은 내용이 있다.

趙演鉉 雅兄

그 동안 안녕하신지요. 著書 보았읍니다.

地方 巡廻講演回로 수고 많겠읍니다. 그런데 다름 아니고

죄송한 付託 한 가지 있는데, 요즘도 藝術院에서

會員 手當 支給되는지 그렇거든 22일도 總會도 있다 하오니

가시는 길에 수고스러우시나 찾아와 주시면 대단 고맙겠읍니다.

미안합니다. 그러면 이곳 오실 때 만나겠읍니다.

忽忽

6월 20일

—「전문」

예술원 회원인 유치환이 회의 참석 수당을 조연현에게 수령해 주길 부탁하는 사신이다. 그러나 유치환은 4.19를 기점으로, 수당이 권력층에서 부당하게 지급되는 사실을 지적하면서 반성과 함께 문단 활동 중단을 선언했었다.

1960년대 초, 문단의 중심 세력 문인들에게 5.16 군사 쿠데타 정권이 자신들의 정당성을 직간접적으로 지지하기를 요구하자 이에 야합(野合)한 문단은 점차 권력화와 보수화가 되었다. 그리고 문화 예술 정책에 따라 예술계의 통합을 위한 포고령 6호를 1961년 6월 17일에 발표하게 된다. 해방 전후, 좌우 문단의 이데올로기를 두고 서로의 비방과 반목의 현실을 소위 질서라는 명목으로 정리가 되었다고는 하나, 정권의 예속화라는 부정적인 면이 여진으로 남게 됨으로써 문단의 파란이 일었다.

이 포고령에 따라 〈한국자유문학자협회〉와 〈한국문학가협회〉는 자진 해체되었다. 해체되면서 〈한국문인협회〉가 결성되었지만, '작가 원고료 15% 과세와 〈한국문인협회〉 부이사장직 사퇴' 사건이 또 한 번 문단의 파란이 일었다. 여기에 박정권은 원고료에 대한 과세를 철회하면서 일단락되었지만, 이에 반대하는 문인들이 〈한국문인협회〉를 관제(官製) 기관으로 비판하기도 했다.[27] 하지만 〈문협〉 회장인 목사 작가인 전영택(田榮澤, 1894~1968)에서 박종화(朴鍾和, 1901~1981)로 이어지면서 실질적인 문단 업무를 보았던 부이사장인 김동리, 서정주와 평론분과장인 조연현 등이 1970년대까지 〈문협〉을 장악했었다. 문단이 정비되자, 문학 강좌, 시화전, 문인극을 열어 〈문협〉을 활성화했으며, 연간 작품집이 쏟아졌고 문학 행사 경비 염출 문제도 해결했었다.[28] 물론 조연현의

---

27 정규웅, 「5.16과 문단 활동」, 『글동네에서 생긴 일』, 문학세계사, 1999, 93쪽.

28 가령 문교부 주관의 5월 문예상(창작 의욕 고취), 공보부 주관 신인예술상(신인 발굴), 문화예술계 행사에 경비 보조, 그리고 1964년 세종로의 예총회관 건립 등이 있었다(위의 책, 102쪽).

전국 순회 강연회 활동도 자신의 문단 활동을 모색하는 방안이기도 했지만, 문단 활성화에 긍정적인 작용도 했었다.

시간이 지나면서 이 두 세력 간의 다툼은 1968년 1월 27일 제7차 〈문협〉 정기 총회에서 조연현을 중심으로 한 문단 세력이 축출됨과 동시에 대거 탈퇴하면서 문단 파동이 있었다. 이때 조연현은 《현대문학》을 활용해 자신의 문단 세력을 확충해 갔던 것이다.[29] 유치환은 1967년에 사망했기 때문에 이 사건의 소용돌이에서 벗어나 있었다. 따라서 〈유치환의 사신 7〉은 1967년 이전의 사신 기록물로 볼 수 있다.

1950~1960년대는 작가의 원고료만으로 생활하기 어려운 시대였다. 이 당시 유치환의 경제적 어려움은 반희정의 사신에서 확인된다. 작가들은 창작을 생계의 '업(業)'으로 삼았지만, 원고지조차도 구하기 어려운 현실이었다.[30] 여기에 더해 문학 단체의 각종 관행은 오히려 작가들을 분노케 했었다. 청마의 사신 기록물은 이러한 문단의 문제 상황을 잘 보여주고 있다. 현실에서 치열하게 살면서 닭으로 생계를 꾸렸던 김수영(金洙暎, 1921~1968)이 《평화신문》에 근무할 당시에 원고료를 받지 못하자 소설가며 기자인 이봉구(李鳳九, 1916~1983)에게 항의했다는 일화에서도 당시 문단의 관행을 알 수 있다. 물론 원고료는 동료 작가들의 술값으로 지출되는 것이 대부분이었지만 김수영은 생활이었고, 소위 삶의 '글값'으로 인식했었다.

〈유치환의 사신 7〉에서는 몇 가지 사실이 파악된다.

첫째, 작가들의 원고료와 협의회 수당 지급으로 빚어진 문단 갈등을 볼 수 있는 사신 자료이다. 그리고 문단의 불협화음이 작가의 창작에

29 위의 책, 「한국문인협회의 주도권 다툼」, 256~269쪽.

30 〈유치환의 사신 7〉의 아래쪽에는 '柳致環'이라고 적혀 있는데, 이는 경제적인 여유 혹은 원고지에 대한 남다른 애정의 표시로 보인다. 평생 원고지 타령이었던 채만식과 달리 비교적 경제적인 여유가 있었던 계용묵 용전(用箋)을 보면 이해할 수 있다.

어떤 직접적 영향을 미치는지 보여주는 사례이다.

둘째, 문학 강연회가 전국적으로 확장되면서 문학의 저변 확대와 〈문협〉의 위상을 높이는 기회가 되었다.

〈유치환의 사신 8~9〉는 1통 2장이다.

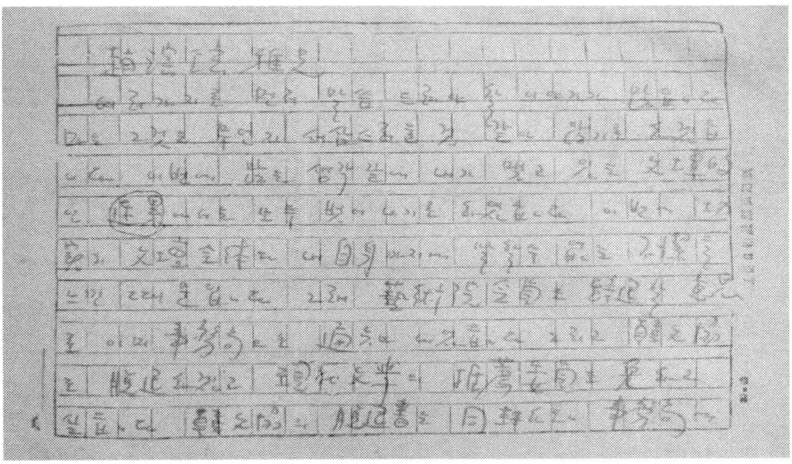

유치환의 사신 8

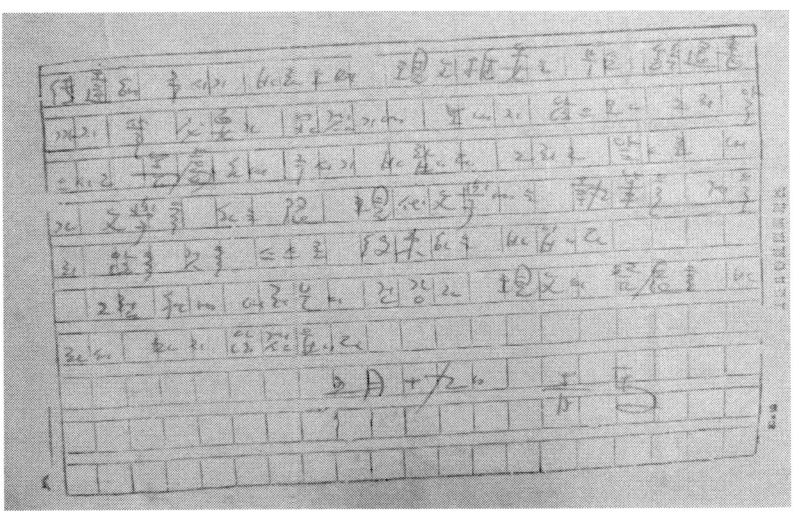

유치환의 사신 9

〈유치환의 사신 8〉에는 다음과 같은 내용이 있다.

> 趙演鉉 雅兄
>
> 여러 가지를 먼저 말씀드려야 하는 이야기가 많읍니다마는
> 그것은 무언지 새삼스러울 것 같아 않기로 하겠읍니다.
> 이번에 많은 생각 끝에 내가 맡고 있는 文壇的인 連累에서는
> 모두 벗어나기로 하겠읍니다.
> 이번에 공연히 文壇 全體와 내 자신까지 말할 수 없는
> 不潔을 느낀 때문입니다. 그래 藝術院 會員도 辭退할 意思로
> 事務局으로 通知 내었읍니다. 그리고 韓文協도 脫退하겠고
> 現代文學의 推薦委도 免하고 싶읍니다.
> 韓文協의 脫退書도 同封하오니 事務局으로
>
> —「전문」 중에서

청마는 자신을 포함한 문단에 대해 '불결(不潔)'하다고 판단해 〈문협〉과 《현대문학》에 관련된 일에 관여하지 않겠다고 선언할 만큼 매우 화가 난 상태이며, 단호한 목소리가 담겨 있다. 어떤 모종의 사건이 계기가 되었음을 알 수 있다. 모종의 사건은 예술원의 부당 지급이었고, 이를 받았던 유치환은 불결(不潔)함을 느꼈다. 그 결과 청마는 1. 예술원 회원 사퇴, 2. 한문연 탈퇴 3.《현대문학》 추천위원 면함 4.《현대문학》 집필에 참여하지 않겠다(앞 〈표〉에서도 정리했듯이, 그의 사망 시기인 1966년까지 《현대문학》에 작품을 발표함.)는 의지를 분명하게 표출한다. 그래서 문단에 대한 불쾌감의 표시로 자신이 맡은 공식적인 직책을 사퇴하겠다고 밝힌다.

우선 〈예술원〉 발족에 관한 논란을 정리하면 다음과 같다. 1954, 1955년 예술원 발족을 계기로 하여 박종화, 김동리, 조연현, 서정주, 조

지훈(趙芝薰, 1920～1968) 등과 모윤숙(毛允淑, 1910～1990), 이헌구(李軒求, 1905～1983), 백철(白鐵.1908～1985) 등으로 갈라졌지만, 결국은 김동리와 1955년 창간한 《현대문학》의 조연현이 좌지우지하게 된다. 이에 맞서서 모윤숙(毛允淑, 1910～1990)과 김광섭(金珖燮, 1905～1977) 등이 1958년 《자유문학》을 창간해 대항했으나, 곧 폐간되면서 갈등은 표면적으로는 일단락되었다.[31]

그리고 〈유치환의 사신 8〉에서 보인 청마의 실망감과 분노의 감정을 조연현에게 보낸 사신은 문단의 중대 사건과 관련이 있어 보인다. 소위 문단 파동은 해방 전후한 좌우 이데올로기의 대립이 있었고, 5.16 군사 쿠데타에 의한 정치적 세력에 야합한 문단 파동이 있었다. 그리고 1968년(49세) 〈문협〉 파동이 일어난다. 이 파동 시기에 청마와 조연현의 관계를 살펴볼 필요가 있다. 특히 5.16 군사 쿠데타 세력에 문단 지도자들이 공식적이든 비공식적이든 지지하고 나섰다.[32] 소위 이승만 정권을 지지했던 과거의 '만송족'이 부활한 것이다. 여기에 조연현의 위치가 보였다. 이 점 때문에 문학비평가로서의 위치와 《현대문학》의 역할과 위상으로 공고화되었던 그의 문단 활동의 평가가 반감되었다. 이는 한국문학사의 정치적 상황 속에서 안게 된 태생적 고통이며, 해결의 실마리를 찾기 어려운 뇌관이기도 했다. 여기에 앞장서서 비판한 문인은 신동문(辛東門, 1928～1993)과 조지훈(趙芝薰, 1920～1968)이었다.

조연현은 1968년(49세) 〈문협〉 파동이 발생하면서 김동리와 갈등이 생겨 잠시 〈문협〉을 탈퇴하기도 했다. 그리고 1971년(52세) 〈한국문인협회〉 부이사장직에 피선되었고, 1973년(54세) 〈한국문인협회〉 이사장직을 수락하면서부터 4년 동안 각종 〈문협〉 문제가 발생했다.[33] 청마가 1967년

31 이호철, 「바뀌는 문단 판도」, 『문단골 사람들』, 프리미엄북스, 1997, 281～282쪽,
32 정규웅, 「5.16 문단 활동」, 『글동네에서 생긴 일』, 문학세계사, 1999, 90쪽.
33 조연현, 「문학 세미나」, 『내가 남기고 싶은 문단 이야기』, 부름, 1981, 209쪽.

에 사망했기 때문에, 1968년 〈문협〉 파동과는 거리가 있다.

〈유치환의 사신 9〉에서는 몇 가지 사실이 파악된다.

첫째, 청마는 〈문협〉과 조연현에게 불쾌한 감정이 있었으며, 그 결과로 이해되는 사신 기록물이다.

둘째, 1967년 청마가 사망했기 때문에 이 이전에 발신한 사신 기록물로 보인다.

〈유치환의 사신 9〉에는 다음과 같은 내용이 있다.

> 처리해 주시기 바라오며 現文推諉는 무슨 辭退書까지
> 쓸 必要가 없겠기에 보내지 않으니 그리 아시고
> 善處하여 주시기바랍니다.
> 그리고 앞으로 내가 文學을 하는 限 現代文學에는
> 執筆을 거들지 않을 것을 스스로 約束하는 바입니다.
> 그럼 社內 여러분 健康과 現文의 발전을 바라마지 않겠읍니다.
> 五月 十九日
> 靑馬

—「전문」 중에서

작가들의 사신 기록물은 한국문단이면사와 문학사의 확장성을 찾는 자료이며, 고증적인 근거이다. 특히 유치환의 사신 기록물은 한국 문단의 방향에 영향을 끼치는 사신 기록물이라는 면에서 깊이 검토해 보아야 한다.

유치환은 예술원 회원을 초대부터 제3대(1954년부터 1960년)까지 지방에 머물면서 그 지위를 유지했었다. 그러나 1960년 4.19 직후, 문단과 결별을 선언하면서 예술원 회원을 탈퇴했다. 그는 일간지 《동아일보》에 공식적으로 「문단과 결별」(1960년 5월 29일)을 선언한 것이다. 그래서 〈유치환의 사신 8, 9〉는 1960년 5월 19일 발신한 것으로 판단된다. 4월 19일 이후 한 달이 지난 시점이고, 《동아일보》에는 또 한 달에다 10일이 지난 시점에 공식화한 것이다.[34]

'4월 혁명은 정치에만 아니라 여러 가지 방면에 커다란 쇄신의 기틀을 주었지만, 내게도 뜻 아닌 상쾌한 바람이 되었다.'고 하면서 7년간 예술원 회원이 '나의 자존심을 더럽히고 온 것'으로 반성하면서 한국문협이 권력 속에 부패했음을 자인한 셈이다. 특히 〈유치환의 사신 7〉에서 보듯이, '藝術院에서 會員 手當 支給'을 받아왔다는 사실에 청마는 극도의 자괴감(自愧感)을 느끼고 있었다.

> 사실로 필자가 예술원 회원의 이름으로써 수모(受侮) 아닌 그 무엇을 입었다면 그것은 수당(手當)이랍시고 매 회원에게 나오는 다달이 국폐(國幣) 만환 내외의 금전뿐일 것이다. 그러나 필자가 구차하므로 얻어 받기는 하였으되 국민의 세금으로써 나오는 것인 줄은 알면서도 필자가 혐오(嫌惡)하는 자의 손을 거쳐 받는다는 것에 종시 고마울 줄을 몰랐다. 이러한 필자의 심정이 들어 필자가 관계한 단체나, 또 누구가 애국의 이름 아래 행(行)하는 사업이나 행사 따위도 그것이 결국 양두구육(羊頭狗肉)적인 사이비 민주주의 독재정부 아래에서는 그 정권(正權)에 부동(附同)하고 첨화(添花)하는 일밖에 아니 되는 것이므로 항상 필자는 불찬(不贊)이었던 것이다.
>
> –문덕수, 「제11장 죽음도 삶의 한 양식」, 『청마 유치환 평전』, 309쪽.

양두구육(羊頭狗肉)식 사이비 민주주의 독재 정권이 지급하는 수당 앞에서 초라한 자신의 마음을 공개적으로 드러내면서 깊이 성찰한 글이다. 그래서 그가 관계했던 문단 활동에서 벗어나 '자유무애(自由無碍)'한

34 박철석, 「청마 유치환 생애 연보」, 『새 발굴 청마 유치환의 시와 산문』, 열음사. 1997, 435쪽 참고

인생과 문학의 길을 가고자 했으나, 청마의 현실은 그렇지 못했다. 이러한 행동의 모순을 어떻게 평가할 것인가? 전기나 평전 집필에 그리고 문단 활동 및 창작 활동에 어떤 영향을 미쳤는지 파악할 필요가 있다.[35]

청마는 '자유무애(自由無碍)'한 인생과 문학의 길을 가고자 조연현과 문학 단체와 결별하였다. 하지만 사망 직전인 1966년까지 《현대문학》에 시 작품을 발표했다. 그리고 〈유치환의 사신 8, 9〉와 《동아일보》에 발표한 자신의 의지대로 행동하지 않았다. 청마는 또 1962년 7월에 제7회 〈예술원상〉을 수상한다. 또한 한국예술단체 총연합 경북 지부장도 맡는다. 이러한 청마의 문단 활동을 어떻게 설명할 것인가? 그렇다면 청마가 용인할 만큼 어떤 이유가 있는지가 궁금하다. 이 궁금증을 설명한 글이 있어, 여기에 인용한다.

> 1966년 3월 15일 예술원 임시총회를 개최하고, 제4대 회원을 선출했다. 임명 회원(종신회원)을 제외한 추천 회원 전원을 선출했는데, 문학분과에는 박종화 등 12명이 선출되었다. 이때 청마도 회원으로 선출되었으며, 1967년 별세 때까지 그 자격이 계속 유지되었다. 예술원 탈퇴를 선언한 후였지만 5.16 군사 쿠데타로 예술원의 존폐 위기라는 새로운 국면을 맞아, 사퇴 의사의 철회 권유를 받고 그 결정을 유보하게 된 것이 아닌가 생각된다.
>
> 문학 단체에 대해서도 가능한 한 관계하고 싶지 않았지만, 그도 거주하고 있는 그 지역과 전적으로 절연할 수 없었기 때문에 형식으로나마 관계를 유지했던 것 같다. 야박하고 매정스럽지 못한 청마의 일면을 이런 점에서도 볼 수 있다.
>
> -문덕수, 「제11장 죽음도 삶의 한 양식」, 『청마 유치환 평전』, 309쪽.

---

35 청마 평전을 쓴다면, 이 문제를 집중적으로 조명할 필요가 있다. 작가의 현실적인 삶과 창작 활동의 관계 그리고 이영도와 반희정의 관계도 고려해야 하기 때문이다.

청마는 모든 문학 단체 활동을 중단하려고 했으나 그렇게 하지 못했고, 또한 〈문협〉 부산지부장(1964)으로 재추대까지 되었지만, 이는 모두 청마의 자의적인 결정은 아니라는 것이다. 그러면 《현대문학》에 작품을 발표한 것도 자의적 결정이 아니라는 말인가? 유치환은 사망 직전인 1966년까지 《현대문학》에 작품을 발표했었다.

청마가 예술원 회원이면서 또 〈예술원상〉을 수상한 데에는 문덕수의 생각처럼 청마의 인간적인 면도 있다고 볼 수 있고, 또한 그의 포용성 혹은 개인의 생각이 담긴 문단의 위치 때문이라고 판단할 수 있다. 하지만 청마의 경제적인 궁핍 때문에 현실적으로 타협해서 문단과 절연할 수 없었던 것이 또 하나의 이유가 아닐까? 이러한 물음의 답을 반희정의 사신에 나타난 그의 궁핍에서 해석할 수는 없을까? 1960년 5월 19일 유치환이 조연현에게 발신하기 이전, 1960년 5월 29일 《동아일보》 발표보다 앞서, 4월 23일 반희정에게 보낸 사신이 있다. 반희정이 먼저 청마에게 사신을 보냈고 이에 대한 답장인 셈이다. 엄청난 역사의 변혁기에 행동과 의지를 공식적으로 표출하기 전 사적인 한 여성에게 먼저 보냈다는 점에서 설명이 필요해 보인다. 그렇다면 이영도에게도 이러한 사신을 보냈을 가능성이 있어 보이며, 발신 일시 또한 궁금하다. 4.19 당시 청마가 반희정에게 보낸 사신의 일부를 여기에 인용한다.[36]

> 청하! 먼저 글 주셔서 고맙습니다. 기다리던 당신이 오셨는데, 이런 소릴 하면 노여워하실는지 모르지만 내가 말라 있었으므로 당신을 죄금도 환대치 못한 채 보내고 말았읍니다. 첫째로 그렇지 않았던들 당신을 그날 보내

---

36 청하(반희정의 아호): 깃발이 나부끼고, 노도와 같은 함성이 일고 있었다. 깃발의 물결은 걷잡을 수 없이 방방곡곡에서 흘러 넘쳤다. (..중략..) 이윽고 바리케이드는 무너져 버리고 함성은 우리에게 이런 교훈을 남겨 주었다. 「정의(正義)는 언제나 승리할 것이다. 과거에도 그랬고, 현재도 그렇고, 미래에도 그럴 것이다.」(반희정, 「4월의 깃발을」, 『청마와 사색의 그림자』, 174~175쪽). 이러한 내용과 함께 청마의 답신이 실려 있다.

지 않았을 것입니다.

내가 성서를 받고 그 뜻을 느꼈던 것이 당신의 의도에 맞았군요. 여하튼 그렇게도 쉬운 것입니까? -4월 23일 靑馬

-반희정, 「4월의 깃발을」, 『청마와 사색의 그림자』, 174~176쪽.

대구를 찾은 반희정을 만나지 못하고 대신 "내가 말라 있었으므로 당신을 죄금도 환대치 못한 채 보내고 말았읍니다."고 말한 부분과 반희정이 들었다는 청마의 경제적 어려움에서 청마의 문단 활동의 모순과 행동을 엿볼 수 있다.

반희정이 대구에 갔을 때, 친구에게서 청마와 이영도 여사와 오랫동안 가까운 사이로 지내고 있으며, 이제는 둘의 사이가 퍽 열렬한 관계라는 것이 많은 사람들 사이로 파다하게 퍼져 있었고, 이 사실은 청마 선생님의 사모님도 알고 있었다는 것을 반희정은 들었다. 이보다는 친구가 '아마 요즘은 끼니도 궁하신가 봐. 글 쓰는 분들은 모두가 그런가 부지…'라는 말 듣고 정말이냐고 반문할 정도로 청마의 궁핍함에 반희정은 놀랐다. 그래서 그녀는 7월 어느 날, '경제적 여유를 가졌을 때 해 입으려고 마련해 둔 값진 옷감 한 벌'을 들고 대구에서 만난 친구에게 팔아 현금을 손에 쥐고, '흰 봉투에 「전완식」이라고 써 보냈다. 그는 그것이 돈이라고는 꿈에도 생각지 않았으리라'고 밝혔다. 물론 궁핍(窮乏)으로만 청마의 모순된 행동을 판단하기는 어려우나, 경제적 현실이 어떤 영향을 미쳤을 것이라는 판단은 이 시대의 작가들에게서 읽을 수 있는 삶의 모습이다.

청마는 자유무애한 문학과 삶을 지향했으나, 실천했다고 보기는 어렵다. 시인의 의지와 현실의 괴리를 확인할 수 있는 사신 기록물이 남아 있기 때문이다. 1966년, 다시 예술원 파동이 일어났는데, 이때 〈유치환의 사신 9〉를 조연현에게 보낸 것이 아닌가 하는 고민이 생긴다. 그러나

'필자가 관계하는 문단적인 모든 연루(連累)에서 벗어나'(「문단과 결별」)고자 천명한 시기로 보아, 1960년 사신 기록물로 특정할 수 있다. 다만 1960년과 1966년 사이의 시대와 문단 환경의 요인이 있었기 때문에 청마가 한 발짝 물러선 것이 아닐까? 그것은 문단의 절연보다는 포용성일 수도 있고, 현실적 궁핍에 대한 타협일 수도 있다.

자신이 속한 단체를 비판한 청마의 사신 기록물을 수신자 조연현이 왜 보관했을까? 한편으로는 청마의 모순을 공박하기 위한 근거로 남겼을까? 이에 대한 첫 번째 답은 문단사와 문학사를 굴곡 없이 정리하고 검토하고자 한 문학사가인 조연현의 의식 때문으로 보인다. 조연현은 솔직하고 직선적인 성격의 소유자이기 때문에 불편한 현실 문제를 외면하지 않았다.

〈유치환의 사신 9〉에서는 몇 가지 사실이 파악된다.

첫째, 문단 활동을 접었을 만큼의 사건이 청마의 창작 활동에 미친 영향이 컸다. 물론 청마의 사신 기록물을 보면, 당시의 문단 상황이 극심했다고 할 수 있다. 이는 문단이면사를 밝혀야 하는 이유가 된다.

둘째, 조연현의 문단 위치가 곤란한 처지에 놓였다는 점은 짐작되나, 이에 대응하는 조연현의 의식과 태도에 대해서도 궁금하다.

4. 청마의 창작 열정과 반희정

다음은 2022년 10월 1일 정릉 자택에서 추가로 발굴한 사신 기록물이다. 조연현의 기록을 참고하면, 현재 발견되지 않은 작가들의 사신 기록물이 분명 어딘가에 존재해 있을 것으로 판단된다.[37]

---

37 서울 정릉 자택을 방문한 2022년 8월 1일에는 〈유치환의 사신 10〉이 공개되지 않았으나, 〈국립한국문학관〉 서영인 박사와 서울대 김유중 교수, 그리고 필자가 10월 1일 방문했을 때 또 다른 서류철에서 열람했다. 조연현의 기록을 참고하여 지속적인 발굴이 필요하다.

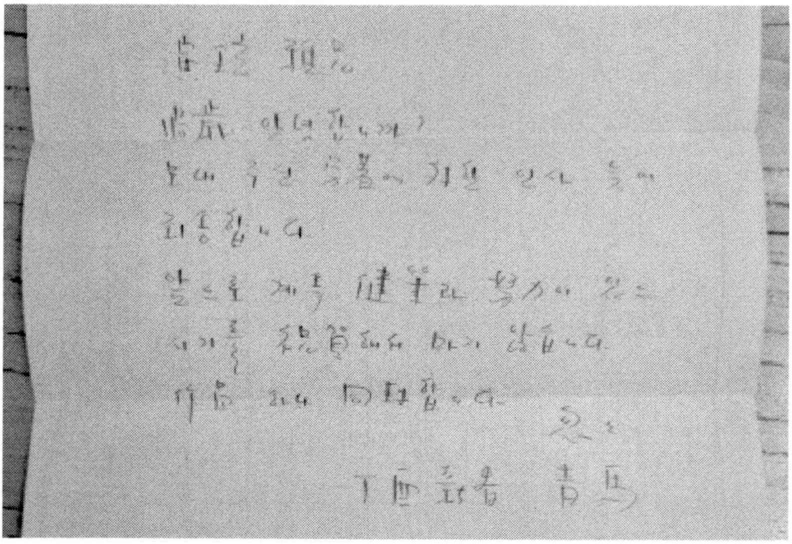

유치환의 사신 10

〈유치환의 사신 10〉에는 다음과 같은 내용이 있다.

演鉉 雅兄

○○ 안녕합니까?

보내주신 著書에 對한 인사 늦어

죄송합니다.

앞으로 계속 健筆과 努力이 있으시기를

祝賀해서 마지 않습니다.

作品 하나 同封합니다. *怱怱*

青馬

—「전문」

다수의 평론과 문학론을 출간한 조연현에게 보낸 유치환의 축하 인사를 담은 사신이다. 여기에 유치환은 시 작품을 동봉함으로써《현대문학》을 통해 적극적으로 창작 활동을 전개했음이 확인된다. 앞에서 정리된 작품 목록에 따르면, 1966년 이전의 사신 기록물임을 특정할 수 있다. 물론 조연현의 저서를 알면, 당연히 발신 연도를 추정할 수 있지만, 어떤 저서를 보냈는지를 알 수 없다. 다만 발신자 청마의《현대문학》발표 작품 목록과 수신자 조연현의 저서 출간 연도를 산정해 추정할 수 있다. 조연현은 1955년《현대문학》창간 후부터 1966년도 사이에『한국현대문학사』(1956)부터『한국현대 소설의 이해』(1966)까지 1년 단위로 총 13권을 출간했다. 따라서〈유치환의 사신 10〉의 발신 연도는 대략 1955년부터 1966년 사이로 추정할 수 있다.

다만 이 사신이 청마의 절필 선언 전후인지가 불분명하다. 그래서 작가 사신 연구에서는 발신 연도 추정이 매우 중요하다. 절필 이후의 사신 기록물로 특정된다면, 생각할 지점이 있기 때문이다. 절필을 선언했던 청마가《현대문학》에 계속해 작품을 발표한 것을 보면, 문단 활동의 현실적인 의지와 창작 활동의 실천에 있어 괴리감이 느껴진다. 그래서 몇 가지 의문이 생긴다. 문우들과의 교유 관계를 끊지 못한 '청마의 포용성'인가? 예술원 수당 지급과 중앙 문예지의 발표 지면을 외면할 수 없는 현실적 타협인가?

〈유치환의 사신 10〉에서는 몇 가지 사실이 파악된다.

첫째, 발신자 유치환은 1960년 이후에도《현대문학》을 통해 지속적으로 창작과 작품 발표 활동을 하였다.

둘째, 수신자 조연현은 문학론 관련 저서 출간을 통해 대학교수로서, 평론가로서의 자장(磁場) 형성을 꾸준히 하고 있다.

청마는 여성들과 많은 사신을 주고받았다. 가령 최정희(崔貞熙, 1912~1990)와 박화성(朴花城, 1903~1988) 그리고 이영도와 같은 문인들도 있었다. 이들의 사신 기록물도 연구할 수 있다면, 이들의 문학적 삶도 파악할 수 있을 것이다. 여기에 청마의 문학과 삶의 의미를 지닌 반희정의 사신도 있다. 이에 관련된 이야기를 정리한 문덕수(文德守, 1928~2020)의 『청마 유치환 평전』(2004)을 참고하면 다음과 같다.

청마가 별세한 그해에 최계락(崔啓洛, 1930~1970)과 이영도 편의 『사랑했으므로 행복하였네라』(1967), 반희정과의 편지는 『청마와 사색의 그림자들』(1970)이라는 단행본으로 각각 나왔다. 이 두 서한집(書翰集)을 면밀하게 살펴보았지만, 남녀 간의 차원에서의 개인적, 사적 밀담(密談)은 어느 구석에도 발견하지 못했다고 밝히고 있다.[38] 다만 공감하기 힘든 부분은 '특정인에게 보낸 사랑이나 그리움이라는 말이 편지에 있으면, 그에게만 특별히 고백한 은밀한 편지라고 생각하는 것은 착각이다. 이 두 권의 서한집에 포함된 청마의 자연 묘사나 우주에 대한 사색의 깊이와 넓이, 인간으로서의 어떤 고뇌 등은 특정 개인 간의 사적, 은밀한 차원을 훨씬 넘어선 보편성을 띠고 있음을 발견하게 된다.'는 해석 부분이다.

그러나 사랑과 그리움은 청마의 감정 부분이고, 자연 묘사나 우주에 대한 사색 등은 청마가 현실과 세계를 바라보고 지향하는 문학관으로 해석하는 것이 타당하다고 생각한다. 분명한 것은 청마는 사랑과 그리움 그리고 자연이나 우주 등에 대한 감정을 언어로 표현했다는 점이다. 여기서 청마와 사신을 주고받은 내용을 정리한 반희정의 책을 읽을 필요가 있는 것 같다.

이영도와 사신 교환은 세간에 알려져 있으나 반희정에게 보낸 사신은 비교적 연구자만 공유한 사실일 것이다. 반희정은 경북 영천에서 출생했으며, 적십자 간호학교를 졸업했고, 1969년도 《여원》에 「2차 대전 체험기」를 연재했다. 이후 그녀는 『청마와 사색의 그림자들』을 출판할 당시인 1970년, 일본에 체류 중이라고 밝혔다. 다음은 『청마와 사색의 그림자들』에 수록되어 있는 자료이다.

---

38 문덕수, 「여성들과 관계」, 『청마 유치환 평전』, 318~319쪽.

반희정, 『청마와 사색의 그림자』 표지

반희정 사진

오른쪽은 1970년 책이 출판되기 전의 저자 사진이며, 1960년대 여성으로서는 상당히 세련된 옷차림으로 보인다. 짧은 치마와 구두를 패션 감각으로 이해한다면 그래도 필자의 판단으로는 '신여성'이라는 생각이 든다.

반희정은 〈머리말〉에 이 책의 의미를 밝히고 있다. 이 책의 출간에 도움을 준 '존경하는 청마 선생님의 미망인(未亡人) 권재순 여사와 김성욱(金聖旭) 선생님'의 깊은 배려에 대한 감사의 글과 함께 '청마 선생님의 시의 세계를 새로운 관찰로 투시하여 문학사적 정리를 시도한 평론가 홍기삼(洪起三, 1940~) 선생님께 감사'하는 인사를 표했었다.

청마 유치환

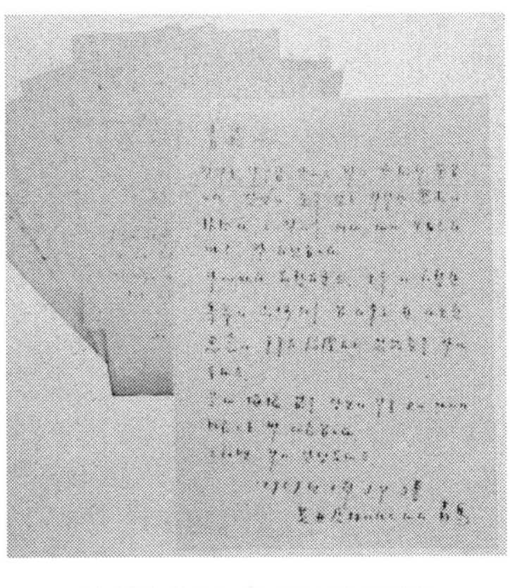

반희정에게 보낸 청마의 사신들

책의 전체 내용을 〈머리말〉에 정리해 놓았다.

솔직히 말해서 나는 오랫동안 어떤 착각 속에 빠져 있었습니다. 아주 우연한 인연으로 하여, 청마 선생님이 내게 남기고 가신 그 많은언어들이 나만이 간직할 수 있는 하나의 은밀한 내용이라고 나는 생각하고 있었습니다.

청마 선생님이 나에게 주신 글월들은 결코 어떤 개인적인 사연이 아니라는 것을.

그것은 그대로 그분 자신의 언어였으며, 무엇보다도 그분 자신의 시의 세계라는 것을.

(...전략...) 그것은 시였습니다. 어느 한 사람을 위해서 씌어진 시가 아니라, 같은 시대를 살고 있었던 같은 시대의 사람들에게 바쳐진 청마 그분의 육성이었습니다.

반희정은 청마의 사신이 '은밀한 내용'이 아니라 '청마의 언어'요, '같은 시대 사람들에게 바쳐진 육성'이라고 애써 강조하고 있다. 반희정의 사신에 담긴 청마에 대한 감정과 판단은 의미가 있으나, 책의 사신 전부를 읽다 보면 청마에 대한 감정을 희석한 것으로 판단된다.

앞에서도 언급했듯이 1960년 4.19 의거를 계기로 문학 단체 활동과 작품 발표 활동을 중단하겠다고 선언했던 시기의 청마 행동과 의지를 근거로 반희정 자신에게 보낸 사신의 의미를 해석한 부분이 있어 보인다. 청마의 사신은 "특히, 50년대 말과 60년대의 초기는 이 나라가 커다란 시련을 겪고 있지 않았습니까. 이 시련의 시기를 똑바로 들여다보면서 누구보다 올바르게 살아 보려고 진심으로 저항한 청마 그분의 증언 그것"이 있었다고 정리하였다. 청마의 생각을 피력한 반희정은 "그것이 어떻게 어느 한 사람만이 소유할 수 있는 은밀한 내용이라고 단언할 수가 있겠습니까."라고 반문한다.

반희정 생각의 흐름을 읽는 것도 독자 몫이다. 결론은 내린 저자와 달리 책의 내용에 대한 독자들의 해석은 달라질 수 있다. 반희정은 어느 시골 교회의 교사와 전도사로 일하던 오누이의 어머니요, 전쟁 미망인이었다. 간호 장교로서, 전쟁 미망인인 까닭에 「2차 대전 체험기」를 연재하는 것은 처절한 체험적 글쓰기라고 볼 수 있다. 글을 쓴다는 점에서 청마와의 운명적인 만남의 계기가 된다. 그녀는 시를 쓰는 문우들의 모임에서 청마에게 강연 요청을 하고자 편지를 보내 첫 만남이 1956년에 이루어졌다고 밝혔다. '문학에의 향수' 때문에 청마를 만났다는 고백이다. 그녀는 청마보다 14살이나 아래였기에 청마는 대략 오십에 가까운 48세이고, 반희정은 34살 정도였다.

〈1956년 12월 8일 조조 청마〉 편지에는 '오늘 새벽은 동쪽에 고운 은월이 걸린 것을 보았습니다. 당신의 지극히 조용한 맑은 모습 같더군요.'와 같은 글귀에서 청마의 심리를 어떻게 해석할 것인가? 여기에 반희정은 '나는 문득 그의 더할 수 없이 분방해 보이던 이마의 경사와 눈매를 떠올렸다. 나를 뒤흔드는 그의 격정적인 글월들, 신에 대한 과감한 도전, 이러한 것들이 당시 나를 짓누르고 있던 교회의 몹시 폐쇄적인 분위기와 답답함에 한 가닥 청량한 바람을 불러일으키기 시작했다."고 심리적 동요가 있음을 밝혔다. 그러나 이러한 심리적 동요를 붙잡고, 청마가 붙여준 '청하(靑霞) 반희정'은 다가오는 청마에게 '그를 만나지 않기로 결심해 버렸다.'고 하였다. 반희정은 청마의 사신을 '시적 아포리즘이며 인간의 근원적인 세계'를 표현한 것으로 평가하였다. 그리고 반희정 스스로 청마에 대한 감정은 착각이었다고 고백하면서 청마와의 편지 그리고 사색을 책으로 엮었다고 고백하였다.

이러한 반희정에게 보낸 내밀한 생각과 청마의 언어 그리고 시 세계를 종합적으로 검토하고 분석할 필요가 있다. 그렇다면 ① 반희정에게 보낸 사신 기록물을 분석하고 검토했으면 하는 생각이 든다. 즉 사신의 내용을 엄밀하게 분석해야 한다. ② 반희정에게 사신을 보낸 시기의 청마 시를 연결해 분석할 수 있다. ③ 이영도와 반희정에게 보낸 사신을 비교해, 여기에 담긴 심리적 언어를 살펴볼 필요가 또한 있다. ④ 남성 화자로 굳어진 청마의 시에 여성 화자가 등장할 가능성은 없는지가 궁금하다. 여기서 나아가 이들에게 보낸 사신이 청마 시에 어떤 영향을 미친 것인지도 궁금하다.

Ⅲ. 유치환의 주변과 위치

수신자 조연현은 〈청년문학가협회〉와 〈문필가협회〉, 〈한국문학가협회〉, 〈문총〉 등 여러 단체와 학술원, 예술원의 장을 거치게 된다. 그리고 4.19와 5.16을 거치면서 1961년 12월 30일 새로 결성된 〈한국문인협회〉의 이사장 4선, 〈한국문학평론가협회〉 회장 등의 직함을 가지게 된다. 이외에도 많은 직책을 맡으면서 "문단의 최정상에 올랐다. 작은 사람이 감투 욕심이 너무 많다."[39]는 소리를 들으면서까지 자리를 고수했기 때문에 문학적 공과에 대한 논의에서 빠져나갈 수 없다. 이와 같은 문단 위치에 있는 조연현에게 문제를 제기한 유치환을 검토할 수밖에 없다. 두 문인은 각각의 영역에서 작가의 위치가 문학사로 평가되었으나, 유치환의 사신 기록물에 나타난 문단 갈등 그리고 《현대문학》의 작품 발표 등 조연현과 결부되는 부분이 많기에 재평가해야 한다.

〈작고 문인 사신철〉의 첫 번째는 소설가 염상섭, 두 번째 위치에는 유치환이 정리되었다. 홍기삼은 현대시 영역을 ① 죽음의 문제 ② 인간 사회(인간 관계)의 문제 ③ 자연의 문제 등으로 구분하면서, 청마 시는 크고도 본질적인 문제 어느 것 하나 소홀히 다룬 것이 없는 시인으로

---

39 김시철, 「김시철의 내가 만난 문인들 – 18, 평론가 석재 조연현」, 《시문학》, 2006. 3, 170쪽.

평가했다.[40] 그러나 1960년 4.19를 전후해 예술원, 문학 단체 그리고 조연현과 절교 선언한 사신 기록물이 남아있다. 이는 한국 문단과 청마의 관계를 밝힐 수 있는 귀중한 자료이며, 발신자 유치환과 수신자 조연현의 문학적 궤도를 비교할 수 있는 사신이기도 하다. 특히 그는 문단의 병폐를 질타(叱咤)한 시인으로, 그리고 불운한 시대에 어떤 양심과 의지를 가져야 하는지를 보여 준 시인이다. 그래서 1960년대 한국시문학사의 정립에서 신동문, 조지훈과 함께 청마 시는 재론되어야 한다.

지금까지 논의된 청마의 사신 기록물 내용을 정리하면 다음과 같다.

첫째, 한국시단에서 청가와 이영도의 관계에 대한 문단 활동과 교유 관계를 엿볼 수 있다. 《현대문학》에 이영도의 작품이 발표될 수 있도록 청마가 기회를 제공했다는 사실에서 확인된다.

둘째, 조연현과의 교유 관계를 확인할 수 있으며, 1960년대 당시 문단 파벌의 부당함과 문단의 병폐를 비판한 강인한 청마의 모습이 비친다. 그래서 유치환은 《현대문학》 관련 문단 활동, 예술원 회원 등에 대한 자신의 거취를 단호하게 결정한 것이다. 이는 부정과 불의에 대한 비판 정신과 올곧음의 '청마 정신'을 볼 수 있다.

셋째, 〈문협〉과 갈등 그리고 《현대문학》과 불통으로 이어졌을 가능성을 시사하는 사신 기록굴이다. 〈문협〉의 일방적인 문단 권력화와 보수화는 피할 수 없는 과정이며, 예술원 활동비 또한 회계의 불분명함에 대해 폭발한 것으로 보인다. 이를 대하는 청마의 태도를 볼 수 있다.

넷째, 《현대문학》과 문단 갈등의 요소가 무엇인지, 4.19 시점의 청마 시에 대한 새로운 탐구는 필요한 과제이다. 즉 '청마 정신'의 정립이 필요하다.

---

40 홍기삼, 「청마론 – 그의 시와 사상」, 『청마와 사색의 그림자들』, 현암사, 1970, 322쪽.

* 남은 과제

다음은 유치환의 사신 기록물과 함께 보관된 사신 3장에 대한 이야기이다. 이유는 〈작고 문인 사신철〉의 「2. 柳致環」과 함께 보관되어 있었기 때문이다(물론 유족들이 중간에 정리하는 과정에서 혼란스러워 같은 서류철에 보관했을 수도 있지만, 아마도 조연현이 보관한 대로 유지했을 것이다.). 우선 궁금한 것은 첫째, 〈작고 문인 사신철〉에 보관된 유치환의 사신 기록물과 서체가 다르고, '靑馬'라는 필명 대신 이름이 있다는 점이다. 그리고 반희정의 책에 실린 유치환의 필명 역시 〈작고 문인 사신철〉의 것과 동일하다. 그런데 의문의 사신 3장이 서체와 필명이 평소 유치환이 사용했던 글씨체요 서명이라고 보기에는 혼란스러운 것이 사실이다. 사신 기록물의 서체와 내용은 쉽게 분석하기 어려운 점 때문에 치밀한 고증과 연구가 진행되어야 할 것으로 보인다. 그래서 참고 사료로 덧붙여 놓았다.

〈유치환의 추정 사신 1-1〉에는 안부 인사와 함께 조연현 출간 저서에 대한 감사 인사 내용이 보인다. 〈유치환의 추정 사신 1-2〉에는 사신 기록물의 끝에 '柳生致環(?)'으로 보이는 서명이 보이기 때문에 친필 사신으로 추정된다.

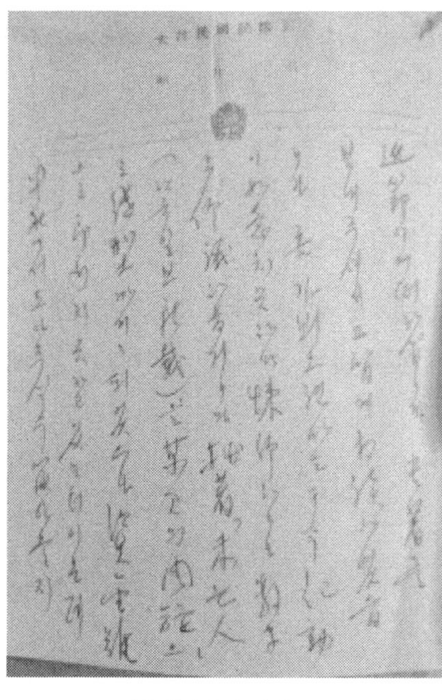

유치환의 추정 사신 1-1

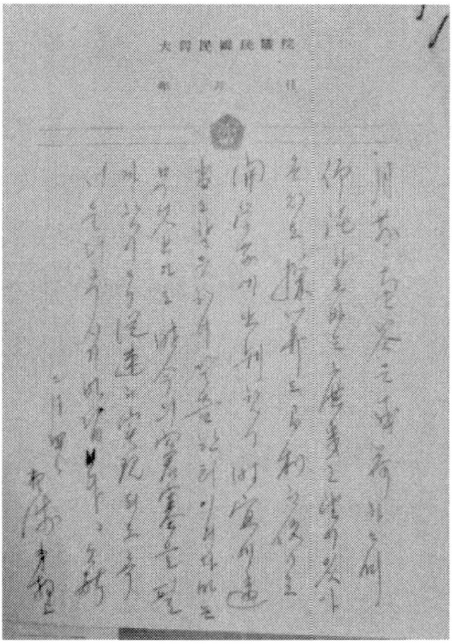

유치환의 추정 사신 1-2

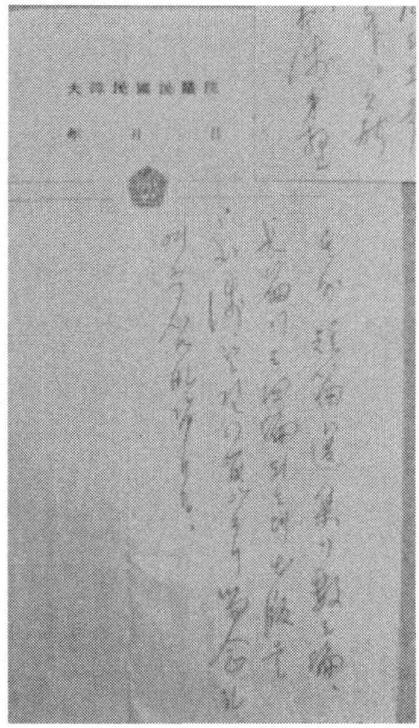

유치환의 추정 사신 1-3

〈유치환의 추정 사신 1-3〉에는 단편선집 수 삼편과 장편이 3, 4편이라는 언급이 나온다. 이에 대한 구체적인 정보를 파악하면, 이 사신 기록물의 발신 연도와 그 전후 내용을 어느 정도 파악할 수 있다.

다만 발신 연도를 추정하는 방법 중, 사신 사용 용지를 특정해 추론하는 방법이 있다. 위 사신 기록물은 '大韓民國 民議院'이라는 기관이 보이기 때문에, 이와 관련된 자료를 찾으면 대략 발신 연도를 특정할 수 있다.

민의원(民議院)은 1952년부터 1961년까지 대한민국 국회의 하원이었던 기관이다. 민의원은 1952년 7월의 발췌 개헌 당시 헌법 제31조 제2항에 상원인 참의원과 함께 규정되었으나, 제1공화국에서는 참의원의 선거가 이루어지지 않아 실지로는 단원제로 운영되었다. 대한민국에서 양원제가 실행된 것은 제2공화국뿐으로, 대한민국 국회는 1963년 12월부터 시행된 제3공화국 헌법 이후 단원제로 운영되었다.

따라서 이 사신 기록물의 발신 연도는 대략 1952년에서 1963년 사이로 추정된다. 여기서 《현대문학》의 창간 연대를 제하면, 1955년 1월 이후라고 볼 수도 있다. 왜냐하면 조연현이 주재했던 《현대문학》과의 관련성 때문이다. 물론 이 사신 기록물의 내용과 《현대문학》이 관련성을 있을 경우에만 가능한 추정이다. 유치환의 생몰 연대(1908~1967)를 계산해 보면, 1952년 44세이고 1963년 59세로 사망 4년 전의 친필 사신으로 볼 수 있다. 그렇다면 이 시기 이전에는 '靑馬'로 사용했고, 52년 이후에는 사신 기록물에 보이는 서명을 썼다는 것인가?

유치환이 이영도에게 보낸 사신에는 '靑馬', '당신의 馬' 또는 '당신의 靑馬', '芸의 馬'라고 사용했으며, 반희정 그리고 《현대문학》과 조연현에게는 '靑馬'의 필명을 사용했었다. 반희정에게는 항상 '靑馬'라고만 필명을 써 보냈다. 유치환 추정의 사신 기록물은 ① 필명으로 원본 확인이 가능한지 ② 사신의 구체적인 내용 확인 여부 ③ 작품과 작가 연구 가능성 등 가치 여부를 판단할 필요가 있다.

청마는 1967년 부산의 시내버스를 타고 한국시사를 떠났다. 그는 독자들에게 「깃발」과 「바위」를 남겼지만, 스스로에게는 「죽음 앞에서」라는 태작(駄作)을 남겼다.

그날 絶壁 같은 너의 죽음 앞에서
다시도 안 열릴 石門을 붙들고
아무리 불러 號哭한들
내 소리 네가 들으며
네 소리 내게 들리랴

–「죽음 앞에서」, 《현대문학》, 1964년 10월호.

*** 참고문헌**

강준만 외, 『문학권력』, 개마고원, 2001.

김시철, 「김시철의 내가 만난 문인들 - 18, 평론가 석재 조연현」, 《시문학》, 2006. 3.

김용직, 「절대 의지의 미학 - 유치환론」, 『한국현대시사』(하), 한국문연, 1996.

김종길, 「청마 유치환」, 『시에 대하여』, 민음사, 1986.

문덕수, 『청마 유치환 평전』, 시문학사, 2004.

박종석, 『작가 사신 연구 방법론』, 월인, 2023.

______, 『한국 현대시의 탐색』, 역락, 2001.

박철석, 「청마 유치환 생애 연보」, 『새발굴 청마 유치환의 시와 산문』, 열음사. 1997.

반희정, 『청마와 사색의 그림자들』, 현암사, 1970.

이어령, 『시 다시 읽기』, 문학사상사, 1995.

이호철, 「명천옥과 주호회」, 『문단골 사람들』, 프리미엄북스, 1997.

유치환 외, 『나의 시 나의 시론』, 신흥출판사. 1960.

정규웅, 「5.16 문단 활동」, 『글동네에서 생긴 일』, 문학세계사, 1999.

정태용, 「유치환론」, 『한국현대시인 연구 - 기타』, 어문각, 1976.

정재완, 「유치환론」, 『현대시인론』, 형설, 1994.

조남현, 『한국문학의 사실과 가치』, 서울대학교출판부, 1995.

조향래, 「백기만과 유치환」, 『향촌동 소야곡 - 낭만의 대구 문단 일화』, 시와 반시. 2007.

최계락·이영도 편, 『사랑했으므로 행복하였네라』, 중앙출판공사, 1967.

홍기삼, 「청마론 - 그의 시와 사상」, 『청마와 사색의 그림자들』, 현암사, 1970.

허만하, 『청마풍경』, 솔, 2001.

황금찬, 「문학의 길」, 『돌아오지 않는 시간의 저편』, 신지성사, 2000.

❷ 「35. 이영도(李永道, 1916~1976)」

경북 청도의 여류 시조 시인, 병마 속에서 창작열을 꽃 피우다

Ⅰ. 이영도 문학의 접근 방향

Ⅱ. 〈이영도의 사신 기록물〉 내용 분석

1. 청마(靑馬) 영향력과 창작 의지

2. 병마(病魔) 속의 창작열

Ⅲ. 이영도의 주변과 위치

* 참고문헌

Ⅰ. 이영도 문학의 접근 방향

경남 통영의 청마 유치환(柳致環, 1908~1967)과 경북 청도의 정운 이영도(李永道, 1916~1976), 두 시인의 관계를 작곡한다면 아름다운 한 편의 가곡이 완성될 것이라는 생각이 든다. 두 문인에 대한 세간의 관심이 앞섰기 때문에 이들의 치열한 문학성과 작가 정신, 그리고 문단에서의 위상 등에 대한 평가가 뒤로 물러난 느낌이다. 이영도의 사신 기록물에는 세간에 알려진 청마와의 관심보다는 그가 시조에 대한 나름의 식견을 갖추고 문학 강연을 하며, 병마에 시달리면서도 시조 창작에 열정을 불태운 이야기를 담고 있다.

이영도가 시조 시인으로 등단한 데에는 청마 유치환과 이호우의 영향이 없었다고 보기는 어렵다. 이영도는 1945년 12월 창간호《죽순》에 시조「제야(除夜)」로 등단했는데,[1] 이때 청마가 필진으로 있었기 때문으로 본다.[2] 그런데 청마의 사신에는 정운이 등장하지만, 이영도의 사신에는 청마가 등장하지 않는다. 청마의 사신 기록물에는 두 문인에 대한 새로운 면이 드러날 수 있다고 판단된다. 이영도가 청마를 만난 것은 통영여고에서 자수 교사로 근무할 때였다. 유치환은 국어 교사로, 윤이상(尹伊桑, 1917~1995)은 음악 교사로 있었다. 결혼 8년 만에 남편 박기주가 1945년 8월 10일 위궤양으로 사망했으며, 1945년 10월에 언니 이남도의 권유로 통영여고 교사로 부임하면서 거주지를 옮겼다.[3] 청마와 대

---

1 김정현,「'그리움'의 모성적 실현 – 2) 작품 연보」,『한국 전후 문제시인 연구(2) – 이영도』, 예림기획, 2005, 518쪽.

2 조향래,「이호우와 이영도」, 59쪽.
조향래와 달리 조현경은『이영도 평전』(영학출판사, 1984, 270~271쪽)에서 1945년 12월「제야」를《죽순》에 발표하면서 등단했다. 이후 1946년 언니 이남도의 권유로 통영여고 교사로 재직하면서 윤이상, 청마와 근무하게 되었다고 한다. 연구자 김정현은 1945년 8월 10일 남편이 위궤양으로 사망했으며, 1945년 10월에 언니 이남도의 권유로 통영여고 교사로 거주지를 옮겼다고 함.

구에서 어울렸던 허만하는 이들의 만남을 '숙명'으로 표현했다.[4]

30대 청상 과부의 삶과 아버지의 외유로 어머니와 함께 지내면서 겪은 그녀의 고독과 고난을 이겨나가는데 청마의 관심과 사랑이 정신적 지주가 되었고, 청마를 향한 그리움이 그녀의 문학을 시들지 않게 한 자양분이 되었을 것이라는 생각에 잠시 머물 수밖에 없다. 현실적인 삶에서는 그녀가 강인하고 주체적인 삶을 살 수밖에 없는 환경에 놓인 것이다. 8년 동안 남편의 병간호 후에 사별하면서 딸아이를 데리고 여성이 살아야 하는 현실적인 삶 또한 고난의 삶이다.

유치환이《현대문학》에 발표할 시 작품을 보낼 때, 이영도의 작품이 게재될 수 있도록 요청하는 문구도 적어 보냈다. 이영도에 대한 청마의 마음을 담았다고 생각된다. 그러나 이영도의 사신 기록물에는 시조 시인으로서의 면모를 잃지 않았다는 것을 볼 수 있다. 오히려 병마 속에서도 문학적 열정을 볼 수 있다. 3권의 시조집과 4권의 수필집을 창작했으며, 〈한국문인협회〉 이사와 〈여류문인협회〉 부회장 등 다양한 문단 활동을 통해 문단의 위치를 확고하게 잡았다. 그리고 이영도는 오빠인 시조 시인 이호우(李鎬雨, 1912~1970)와 함께 『석류』(1968)라는 공동 시조집을 발간하기도 했다.

Ⅱ. 〈이영도의 사신 기록물〉 내용 분석

1. 청마(靑馬) 영향력과 창작 의지

사신 기록물은 3통 4장이 남아있는데, 1통은 2장 또 다른 2통은 각각 1장씩 남아있다.

---

3 김정현, 「'그리움'의 모성적 실현 - 1) 생애 연보」, 앞의 책, 512쪽.

4 조향래, 앞의 책, 71쪽.

〈이영도의 사신 1〉의 내용은 다음과 같다.

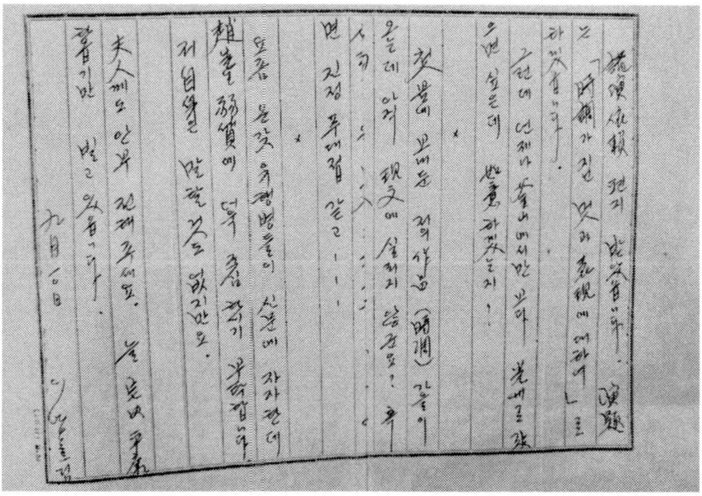

이영도의 사신 1

講演 依賴 편지 받았읍니다.

演題는「時調가 가진 멋과 表現에 대하여」로 하겠읍니다.

그런데 언제나 釜山에서만 보다 光州로 갔으면 싶은데

如意하겠는지?

첫 봄에 보내둔 저의 작품 〈時調〉 가을이 오는데

아직 現文에 실리지 않군요? 혹시 ○○○○

면 진정 푸대접 같고...

요즘 온갖 유행병들이 신문에 자자한데

趙 先生 弱質에 더욱 조심 하시기 부탁합니다.

저 自身은 말할 것도 없지만요.

夫人께도 안부 전해주세요. 늘 ○○○○ 하옵기만

빌고 있읍니다.

九月 十日

이영도

—「전문」

이영도에게 전국 문학강연을 요청했다는 것은 조연현이 그의 문학적 역량을 평가한 것이다. 부산에서 몇 차례 강연했고, 또 광주에서 강연하려는 뜻을 이영도는 전달한다. 주어진 강연 요청에 자신이 강연지를 지정하는 의지를 확고하게 표현하는 성격임이 드러난다. 또한 작품이 《현대문학》에 오랫동안 실리지 않는 데에 대해 푸대접이라고 노골적인 불만을 표현할 정도로, 청마의 배려에서 벗어나 자신의 문학적 위치를 확보했다고 볼 수 있다. 물론 잡지사의 사정도 있었을 것이다.

《현대문학》에 발표된 이영도의 작품 목록

연번	제목	발표 연월일	편집장
1	「시조삼수」	1956년 3월호(통권 15)	오영수
2	「시조이제」	1956년 11월호(통권 23)	오영수
3	「지리산 시초」	1957년 8월호(통권 32)	오영수
4	「한라산」	1958년 5월호(통권 41)	오영수
5	「설옥산 시초」	1959년 9월호(통권 57)	오영수
6	「사월의 하늘 아래서」	1960년 6월호(통권 66)	오영수
7	「경주시초」	1961년 4월호(통권 76)	오영수
8	「목련화」	1965년 8월호(통권 128)	오영수
9	「수혈」	1965년 12월호(통권 132)	오영수
10	「나목」	1967년 3월호(통권 147)	김수명
11	「백록담」(특)	1968년 3월호(통권 159)	김수명
12	「시특집」	1969년 1월호(통권 169)	김수명

〈이영도의 사신 1〉에서 '첫 봄'에 보낸 작품이 '가을'이 와도 게재되지 않았다는 점으로 보아, 작품 발표가 되었다면 대략 1956년 11월에서 1969년 1월 이전으로 판단된다. '시조' 제목으로 된 작품을 위의 표에서 확인하면 1956년 3월과 11월이고, 이 중 가을 이후로 발표되었다면, 1956년 11월인 것으로 추정된다.

〈이영도의 사신 1〉에서는 몇 가지 사실이 파악된다.

첫째, 시조에 대해 전국 강연회를 할 정도라면, 언변뿐만 아니라 시조에 대한 나름의 문학론을 정립했다고 볼 수 있다. 시조 강연과 관련한 문학론 원고를 조사해 시조 작품 해석 연구에 활용하는 방안도 생각해 볼 수 있다.

둘째, 자신의 작품 활동과 문단 활동에 대해 확고한 생각을 드러내는 성격임을 알 수 있다. 그렇다면 문단에서 청마가 배려했던 시기와 그 이후 이영도의 시조 세계의 변화와 문단 활동의 계기가 있었을 것이라는 생각이 든다.

2. 병마(病魔) 속의 창작열

문단 활동에 있어 유치환의 도움이 있었다고는 하나, 시조 창작론과 창작 활동의 열정이 없이는 이영도의 문학적 위상은 존재하지 않는다. 문학적 위상이 있었기 때문에 전국 문학 강연이 이루어질 수 있었다.

〈이영도의 사신 2〉의 내용은 다음과 같다.

> 그새 안녕하셨읍니까?
>
> 많이 바쁘시지요. 日前 現文 別冊에 넣겠다고
>
> 사진을 보내라기에 아무거나 보냈는데
>
> ○○ 오늘 수첩 속에서 발견된 사진이

적당할 것 같아 보냅니다.

먼저 보낸 것을 빼고 지금 보내는 것으로 써 주세요.

그럼 내내 安寧히 계시고 오래오래 살도록 부탁드립니다.

三月 一日

이영도

—「전문」

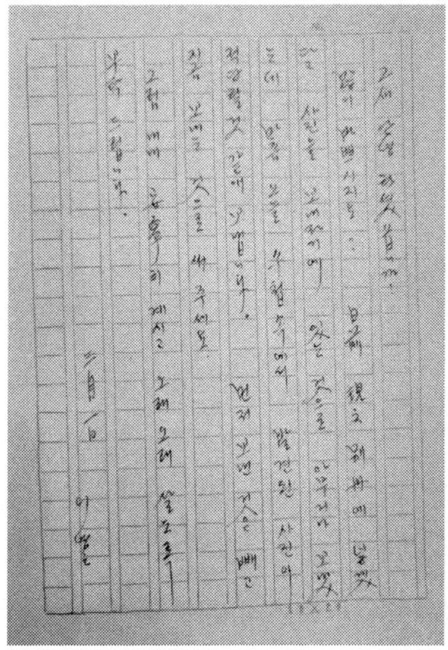

이영도의 사신 2

조연현은 종종 저서에서 작가의 사진, 작품의 간략한 소개와 작가 연보를 정리해 출판한다. 『한국 현대소설의 이해』(1966)는 염상섭(廉想涉, 1897~1963) 등 작가들의 사진과 작품, 작가 연보를 넣어 엮은 책이다. 장만영(張萬榮, 1914~1975)이 조연현의 저서를 받고 봉투를 든 조연현의 사진이 좋다거나 저서의 사진이 책을 부드럽게 한다고 평가한 사신 기록물이 남아있다.[5] 장만영의 의견에 따르지 않는다고 하더라도 비교적 많은 사진이 그의 저서에 실린 것만은 분명하다. 이런 측면에서 이영도의 사진도 설명할 수 있다.

〈이영도의 사신 2〉에서는 몇 가지 사실이 파악된다.

첫째, 이영도가 자신의 사진을 새로 보낸다는 것에서도 판단과 의지가 강하다는 것을 알 수 있다.

둘째, 《현대문학》에서 작가에 대한 사진 등록으로 편집 방향을 알 수 있다. 조연현은 작품 외에도 작가 관련 자료의 가치를 중요시한다는

5 『정릉으로 온 편지』(첫 번째 이야기) 참고.

것이다.

이영도의 사신 3과 4는 1통 2장의 사신 기록물이다.

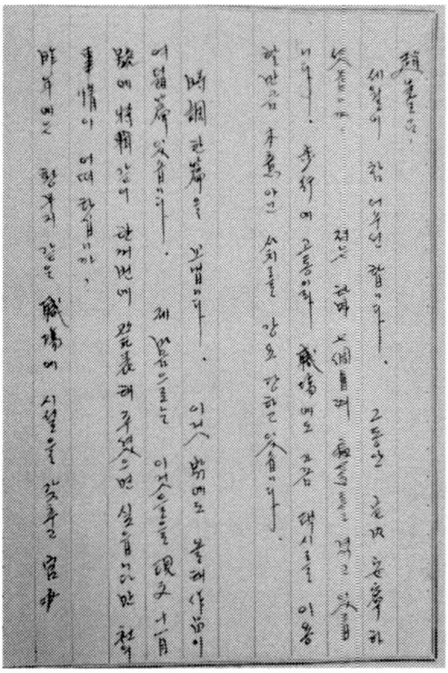

이영도의 사신 3

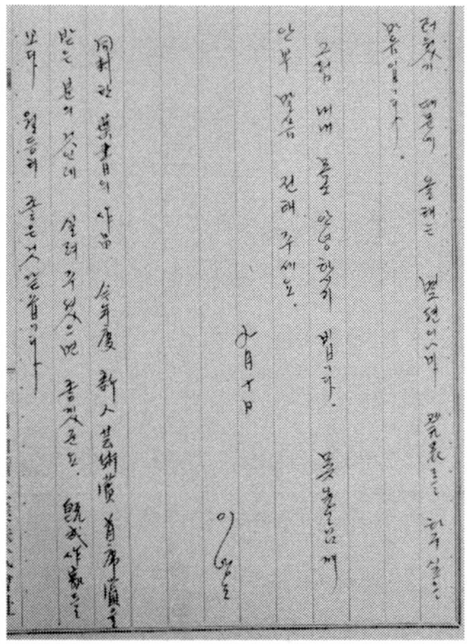

이영도의 사신 4

〈이영도의 사신 3〉의 내용은 다음과 같다.

세월이 참 어수선합니다.

그동안 ○○ 安寧하셨읍니까?

저는 7個月째 病苦를 겪고 있읍니다.

步行에 고통이라 ○○에도 택시를 이용할 만큼

本意아닌 사치를 강요 당하고 있읍니다.

(중간 여백 한 줄)

時調 한 篇를 보냅니다.

이것 밖에도 여덟 篇 있읍니다.

제 마음으로는 現文 十月號에 特輯같이 한꺼번에

發表해 주셨으면 싶읍니다만 社의 事情이 어떠하십니까?

昨年에는 황무지 같은 職場에 시설을 갖추고 관○

—「전문」에서

7개월째 병마에 시달리면서까지 시조 창작에 매달렸으며,《현대문학》특집으로 작품을 발표할 수 있도록 기회를 달라고 요청하는 내용이다.[6] 이 사신의 끝부분이 불분명하지만, 작년에 직장 공사를 한 사실로 추적해 보면 이영도가 어린이집 관장으로 재직할 때 공사를 진행한 것으로 보인다. 1966년 6월 10일, 이영도는 부산시로부터 제8회 눌원(訥圓) 문화상을 수상한다. 이 상을 받게 된 공적은 어린이 관장의 역할과 여성 교양 운동의 실천, 시조 창작 활동이 인정받았기 때문이다.

〈이영도의 사신 3〉에서는 몇 가지 사실이 파악된다.

첫째, 병마에 시달리면서도 시조 시인으로서의 치열한 작가 정신을 보여 준다.

둘째, 이영도 스스로 문학적 역량을 보여 주려고 노력했었다는 사실을 알 수 있다.

〈이영도의 사신 4〉의 내용은 다음과 같다.

러웠기 때문에 올해는 몇 편이나마 發表를 하구싶은 마음입니다.

그럼 내내 몸도 안녕하시기 빕니다.

吳 先生님께 안부 말씀 전해주세요.

---

6 1956년「시조 삼수」(《현대문학》, 3월호),「시조 이제」(《현대문학》, 11월호), 1957년「지리산초(智異山抄)」(《현대문학》, 8월호) 등을 발표한 시기를 참고하면 이 시기의 사신으로 보인다(조현경은『이영도 평전』(영학출판사, 1984, 270~271쪽).

九月 十日

이영도

(중간 여백)

同封한 葉書의 作品 今年度 新人藝術賞 首席賞을

받은 분의 것인데 실려주셨으면 좋겠군요.

旣成作家들보다 월등히 좋은 것 같읍니다.

—「전문」에서

이영도는 작품이《현다문학》에 게재될 수 있도록 부탁한다. 그런데 1969년 이후로《현대문학》에 작품 발표는 없었다. 다만 사망 연도를 참고하면 적어도 위 사신 기록물은 1976년 이전으로 추정이 가능하다. 그러나 오영수(吳永壽, 1914~1979)의 안부를 묻는 것으로 보아, 1966년 이전을 발신 연도로 추정할 수 있다. 또한 〈눌원 문화상〉 수상 시기를 포함해 계산해 보면, 발신 연도를 1966년 이전으로 볼 수도 있다.

그러나『문단유사』(월간문학, 2002)에서 밝힌 시조 시인 김남환의 회고에 따르면,[7] 30년 전 3월에 선생(필자: 이영도)은 나를《월간문학》[8] 제9회 신인문학상이자 시조 부분 제1회 당선자로 뽑아서 문단 말석에 앉혀 주셨고, 그 5년 후에 타계(선생과 함께했던 세월은 5년에 불과하

---

7 김남환은 서울 서교동의 이영도에게 방문했을 때 여성지에 발표한 작품이 아까우니 문예지에 발표할 것을 권유했으며, 다음 날 인사동에서 김상옥을 만났는데, 김상옥이 '노란 봉투와 우표를 주시며,《월간문학》주소를 적어 서울역 우체통에 넣고 떠나라고 회고했다(「이 세상 떠나던 날의 이영도 선생」,『문단유사』, 월간문학 출판부, 2002, 555쪽). 여기서 김남환은 청마 유치환 선생의 1회 추천을 받으려면, 적어도 7~8년은 각오해야 한다던 시대였다고 했다.

8 1968년 9월 창간. 〈한국문인협회(韓國文人協會)〉의 기관지로 문화공보부(지금의 문화관광부)의 재정 지원을 받아 발족. 창간 당시는 주간 김동리(金東里), 편집장 김상일(金相一)로, 한국문인협회 간부진이 편집위원.

다. 이영도는 1976년 사망했다.)했다고 한다.[9] '선생은 갓 등단한 나에게 활동 무대를 열어 주려고 전화를 걸어 여기저기 문예지에 작품을 보내라고 이끌어'[10] 주었다고 밝혔다. 이 내용으로 보면, 〈이영도의 사신 4〉는 이영도의 사망 전 시기인 1972년 전후에 발신한 것으로 추정된다. 《월간문학》은 〈한국문인협회〉가 1968년 11월에 창간한 문예지로, 발행겸 편집은 김동리(金東里, 1913~1995), 편집장 김상일이 맡았다. 시조 부분 신인문학상은 가작을 제외하면, 김남환 시인이 1972년 9회에 「가을에」라는 작품으로 첫 당선자가 되었다.[11] 이를 참고 하면, 발신 연도는 1972년으로 추정된다.

사신 속의 작가를 발굴해 작품을 연구하는 작가 사신 연구 방법의 관점에서 김남환의 작품을 연구할 필요가 있다. 즉 시조 문학사와 작품 발굴의 가치가 있기 때문이다.[12]

〈이영도의 사신 4〉에서는 몇 가지 사실이 파악된다.

첫째, 이영도는 작품이 게재되기를 희망하고 있다. 당시 문단에서 중추적인 역할을 했던 조연현과 직접 소통[13]할 정도로 문학적 역량을 발휘한 것이라 볼 수 있다.

둘째, 시조 문단에서 추천위원으로 활동할 만큼의 위치에 있었으며, 또한 전국적인 위상의 문예지인 《현대문학》과 소통할 정도의 목소리로

---

9 김남환, 「이 세상 떠나던 날의 이영도 선생」, 『문단유사』, 월간문학 출판부, 2002, 554쪽.

10 김낙환, 앞의 책, 556쪽.

11 1970년대에 11명, 1980년대에 32명, 1990년대에 30명, 2000년대에 30명, 2010년~2015년에는 12명이다. 46년 동안 모두 115명이 《월간문학》으로 등단하였다.

12 「(4) 제3의 관점」에서 볼 때, 사신 기록물에 등장하는 작가나 작품 및 문단 상황 등을 분석하는 관점(『작가 사신 연구 방법론』, 105~169쪽).

13 조연현이 〈작고 문인 사신첩〉을 정리했을 때는 장남 조광권과 합가를 위해 1973년 서울 휘경동에서 정릉으로 이사를 할 때쯤이었다. 다만 이 자료의 정리가 1973년에 마무리한 것이 아니라, 계속해서 조연현이 정리하면서 애정을 쏟았다. 이영도가 1976년 사망했는데 이때에도 정리했다. 박목월이 1978년 작고했으니, 이 시기까지 〈작고 문인 사신첩〉을 계속 정리했기 때문에 조연현이 무엇인가를 설계했을 것으로 판단된다.

후배 문인을 이끌었다.

Ⅲ. 이영도의 주변과 위치

유치환과 이영도, 조향(趙鄕, 1917~1984), 김춘수(金春洙, 1922~2004) 등은 부산 남포동 자갈치에 나와 술판을 벌이는 일이 자주 있었다.[14] 조연현은 조향(趙鄕, 1917~1984)과 김춘수 사신도 따로 보관해 놓았다. 조향은 1950년대 실험파의 선두주자로, 초현실주의(超現實主義) 기법으로 당대 사회 현실을 비판하고 부정함으로써 모더니즘의 비판과 저항 정신을 보여 준 시인이다.[15]

1967년 2월 유치환이 사망하자, 이영도는 청마에게서 20년 동안 주고받은 사신을 『사랑하였으므로 행복하였네라』라는 제목으로 묶어 출판하면서 세상의 이목을 집중시켰다. 그리고 9월 서울시 마포구로 창작 공간을 옮겼다. 그래서 이전과 이후의 시조 문학 세계의 변곡점을 찾을 필요가 있다.

김남환은 청마 유치환 선생의 1회 추천을 받으려면 적어도 7~8년은 각오해야 한다고 했다. 이를 참고하면, 청마는 교유 관계를 넘어서서 깐깐하게 이영도의 시조 문학 세계를 들여다본 것은 아닐까? 그리고 조연현이 이영도의 사신 기록물을 보관한 점으로 보아도 이미 한국 여류 문인으로서 또한 시조 시인으로서의 역량을 충분히 인정한 것으로 보인다.

예술과 사랑과 인간의 실존 세계를 꿈꾼 두 문인, 청마(靑馬)와 정운(丁芸). 특히 청마는 1960년 4.19를 기점으로 모든 문학 단체 활동과 작품

14 이유경, 「외롭고 심심해진 팔순의 김춘수」, 『시인의 시인 탐험』, 월간 조선, 2002, 100쪽.
15 조향, 『조향 전집』(1, 2), 열음사, 1994.

발표 활동을 중단했던 시기에 발표한 작품과 마산 앞바다에 최루탄을 맞고 죽음으로 떠오른 김주열 열사를 노래한 정운 작품(「애가 - 고 김주열 군에게」)을 비교할 필요가 있다. 그래서 두 시인에 대한 문학적 접점 연구가 필요하다. 1960년대 시문학사에서 순수와 참여의 기(旗)에 더해 시조에도 관심을 가야 할 것이다.

유치환과 이영도 이야기는 문단에서는 소문이 나 있었고, 그보다 더 이른 시기에 파인 김동환(金東煥, 1901~1958?)과 재혼한 여류 문인 가운데 미인으로 소문난 최정희(崔貞熙, 1912~1990)와 주고받은 사신 또한 궁금하기도 하다. 이영도는 소설가 박화성(朴花城, 1903~1988)과 친밀한 교유 관계이다. 여류 문인 간 주고받은 사신 기록물도 한 번쯤 연구하는 것도 의미가 있을 것이다. 한국 여성 문인 연구를 통해 문단이면사와 함께 여성 문학의 흐름도 파악할 수 있기 때문이다.

*** 참고문헌**

김남환,「이 세상 떠나던 날의 이영도 선생」,『문단유사』, 월간문학 출판부, 2002.
김병익,『한국문단사』, 문학과 지성사. 2003.
김학동 외,『한국 전후 문제시인 연구(2) - 이영도』, 예림기획, 2005.
반희정,『청마와 사색의 그림자들』, 현암사, 1970.
이영도,『나의 그리움은 오직 푸르고 깊은 것』, 중앙출판공사, 1976.
이유경,『시인의 시인 탐험』, 월간 조선, 2002.
조남현,『한국문학의 사실과 가치』, 서울대학교출판부, 1995.
조 향,『조향 전집』(1, 2), 열음사, 1994.
조현경,『이영도 평전』, 영학출판사, 1984.
정경온,『한국 현대 시조시인론』, 월인, 2013.
최계락·이영도 편,『사랑했으므로 행복하였네라』, 중앙출판공사, 1967.
허만하,『청마풍경』, 솔, 2001.

3 「11. 이호우(李鎬雨, 1912~1970)」

이병기가 《문장》에 추천한 문인, 한국 시조 시인의 역량을 평가하다

Ⅰ. 이호우 문학의 접근 방향

경남 통영에 청마 유치환(柳致環, 1908~1967)이 있다면, 경북 청도에는 시조 시인 이호우(李鎬雨, 1912~1970)와 정운(丁芸) 이영도(李永道, 1916~1976)가 있다.[1] 그래서 청마를 읽으면 이영도가 보이고 이영도를 읽으면 이호우가 자연스럽게 이어진다. 통영의 유치환, 청도의 시조 시인 이호우와 이영도, 이들은 운명적으로 만났다. 경상도 문단의 중심에서 있었다. 물론 다소 문단 잡음도 있었다.

이호우는 경북 청도 출신으로 1940년 시조 「달밤」으로 가람(嘉藍) 이병기(李秉岐, 1891~1968)[2]의 추천을 받아 《문장》을 통해 등단했다.[3] 추천인 이병기는 「시조의 발생과 가곡의 구분」(《진단학보》 창간호)이라는 시조에 관한 최초의 그리고 유일한 학문적 업적을 본격적으로 시도했다는 평가를 받는다.[4] 이처럼 '가람 이전에 가람이 없고 이후에도 가람이 없다.'고 할 만큼 한국시조문학사에서 독보적인 존재인 이병기가 이호우를 추천함으로써, 이미 문학적 역량을 인정받은 시조 시인이 되었다. 가람이 이호우를 추천한 이유는 ① 이호우 특유의 느낌과 양식을 썼다는 점, ② 영감을 얻었다는 것 ③ 범상한 제재를 택했다는 것이다. 여기서 《문장》을 통해 추천된 청록파 시인들이 시문학사의 꽃이 되었듯이, 시조문학사에서도 이호우가 그 역할을 담당했다는 점에서 《문장》의 가치를 다시 한번 생각해 볼 수 있다.

주지하다시피 같은 해에 최재서(崔載瑞, 1908~1964)가 주도한 《인문

---

1 조향래, 『향촌동 소야곡-낭만의 대구 문단 일화』, 시와 반시. 2007, 67~72쪽.

2 국문학자로 시조 창작은 물론 시조의 이론 체계 정립에 앞장서며 시조 부흥에 힘썼다. 시조의 혁신적 방향을 명시한 「시조는 혁신하자」 등과 『가람 시조집』, 『국문학개론』, 『가람문선』 등이 있음.

3 김윤식, 「이호우론」, 『한국근대작가론고』, 일지사, 1981, 368쪽.

4 김윤식, 「이병기론」, 앞의책, 196쪽.

평론》(1941년 폐간 후 《국민문학》으로 발간)과 함께 창간된 《문장》은 1939년 2월에 소설가 이태준(李泰俊, 1904~1978)이 주재한 종합문학지로 한국의 문화 전통과 고전 부흥을 기치로 발간된 잡지이다. 이 잡지를 통해 통영의 시조 시인 초정(艸丁) 김상옥(金相沃, 1920~ 2004)[5]과 이호우 등이 이병기의 추천을 받았다. 여류 시조 시인인 이영도는 이호우의 여동생이다. 김상옥은 이영도를 만나 〈애일당지〉의 글을 선물했으며, 이 글을 표지로 하여 청마와 김춘수(金春洙, 1922~2004)를 비롯한 문인들의 사신들을 모아 보관하고 있었다. '애일당(愛日堂)'은 이영도가 1956년 동래 온천장 후생 주택에 머물 때 쓴 당호였다. 1945년(26세) 2월, 이호우는 윤이상(尹伊桑, 1917~1995)과 함께 삼천포에서 상경하여 도피 생활을 했으며. 이때 잠시 이호우 집에 머물기도 했다. 이후 1946년(27세) 삼천포 중학교 교사 재직 시절에는 박재삼(朴在森, 1933~1997)을 사제(師弟)로 만나 시인의 길을 가는 데 영향을 끼쳤다.[6]

청마와 정운의 이야기 그리고 반희정과의 관계 역시 알려져 있으나, 실은 대구 문단에서 스캔들 주인공은 이호우라고 할 수 있다. 이호우가 여성을 끌어들이는 타고난 분위기와 능력이 있음을 대구 문인들 사이에서는 인정했을 정도였다.[7] 청마와 두 여성과는 문학적 교감이 있었고,

---

5 초정(草汀), 초정(草丁) 등 30개 정도의 호를 애용한다. 문인들이 경제적인 어려움으로 고통받은 사실은 〈작고 문인 사신철〉의 염상섭(廉想涉, 1897~1963)과 방인근(方仁根, 1899~1975), 김용제(金龍濟, 1909~1994), 김광섭(金珖燮, 1905~1977) 등의 사신 기록물로 남아 있다. 해방 전후를 비롯해 1950, 60년대는 문인들이 현실적인 궁핍이 창작의 동기가 되면서 또한 창작으로 경제적인 어려움에서 벗어나고자 했던 시대였다. 김상옥 역시 가난에 허덕일 때, 부산 경남여고 재직 시절에 동시집 『석류꽃』(1952)을 출판해 무려 1,800부를 팔아서 주택 마련에 큰 도움을 얻었다.
최현주, 「인고와 도야로 이룬 육탈의 미학 – 김상옥론」, 『한국 전후 문제시인 연구(2)』, 예림 기획, 2005, 319~472쪽.

6 박재삼(朴在森, 1933~1997) 시에서 시조의 율격을 검토하면 이호우의 영향 관계를 확인할 수 있다.

7 조향래, 「문단의 로망스 – 서정희, 이호우, 김춘수, 전재수, 허만하, 송일호」, 『향촌동 소야곡』, 시와 반시, 2007, 147쪽.

이러한 교감을 책으로 엮어 출간되었는데, 이호우는 어떤지 궁금하다.

Ⅱ. 〈이호우의 사신 기록물〉 내용 분석

1. 한국 시조 문학 평가와 부흥

다음 사신 기록물에는 2통 4장이 남아있는데, 1통은 원고지 3장 또 다른 1통은 원고지 1장이 남아있다.

〈이호우의 사신 1〉의 내용은 다음과 같다.

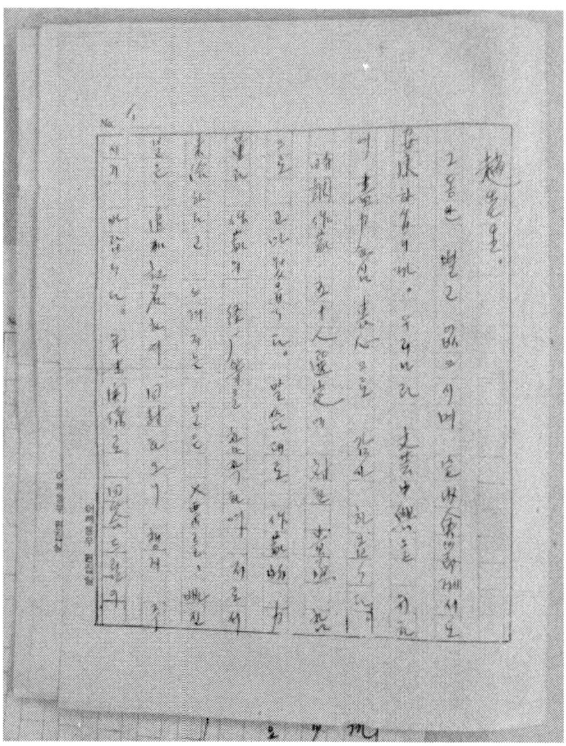

이호우의 사신 1

時調 作家 五十人 選定에 對한 ○○ 참으로 고맙읍니다.
말씀대로 作家的 力量과 作家의 經歷 等을 參酌하여
저로서 未洽하다고 느껴지는 분은 X票를, 빠진 분은
追加 記名하여 同封하오니 챙겨 주시기 바랍니다.
年末 關係로 回答드림이 (늦어서 죄송합니다.)

—「전문」에서

작가적 역량과 경력을 기준으로 하여 시조 시인 50인을 선정해 달라는 요청에 대한 답장 성격의 사신이다. 이는 이병기의 추천을 받은 이호우의 문학적 안목을 전제로 이루어지는 시조 작가 50인 선정과 동시에 그의 선택에 따라《현대문학》에 발표된다. 발신자 이호우가 시조 작가를 냉철하게 평가하는 안목을 볼 수 있고, 수신자의 관점에서는 한국 시조 문학의 중요성을 인식한 주간 조연현의 문학적 시야를 볼 수 있다.[8]

〈이호우의 사신 1〉을 통해 필자는 몇 가지 가정을 해 보았다.

첫째, 조연현은 문학사가이므로 문학의 연속성 관점에서 시조와 현대시의 굴절과 변화를 파악하고자 시조 시인 선정 작업을 시도했다는 생각이 든다.

둘째, 이러한 작업에 이호우의 문학적 안목을 높이 평가했으며, 한국시조문학사 정리를 위한 기초 작업을 했다는 점에서 의미를 둘 수 있다. 이 두 가지 가정보다는 조연현이 시조 문학의 부흥과 문학 갈래 확대 및 저변 확대를 지향했다는 생각이 든다.

〈이호우의 사신 2〉에는 다음과 같은 내용이 있다.

---

8 조연현이 〈작고 문인 사신철〉을 정리하고 보관한 것에서, 수신자로 한정해 사신 연구를 진행하였다. 물론 편집장인 오영수와 김수명의 협의나 결정 의사가 반영되었다고 전제하고 논의를 진행하였다.

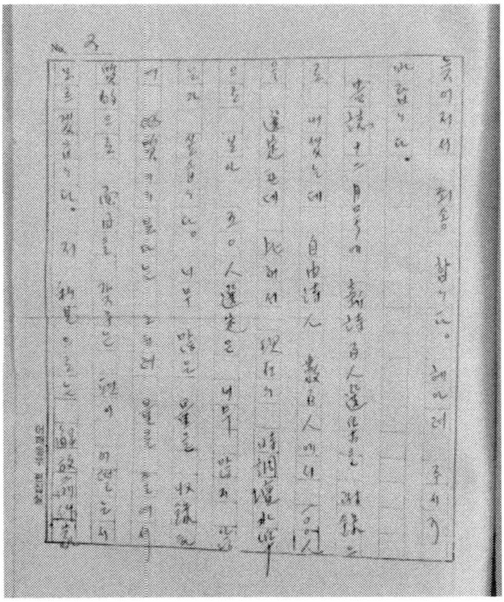

이호우의 사신 2

貴誌 十二月 號에 新詩 百人 選集을 附錄으로 내셨는데
自由詩人 數百人에서 100인을 選定한데 比해서
現在의 時調壇 水準으로 보아 50人 選定은
너무 많지 않는가 싶읍니다. 너무 많은 量을 收錄하여
低質이기보다는 오히려 量을 줄여서 質的으로 面目을
갖추는 편이 어떤는지 모르겠읍니다.
저 私見으로는 解放 前 作家

—「전문」 중에서

《현대문학》에서 현대 시인 100명과 시조 시인 50명을 선정하여 문단과 작가를 정리하는 기획 특집을 준비한 것으로 보인다. 여기에 이호우의 중요한 역할이 있음을 볼 수 있다. 김현승(金顯承, 1913~1975)의 사신에는 시인 100명 선정 작업 관련 사신 기록물이 남아있다. 그렇다면 조연현이 시인으로는 전남 문단의 김현승, 시조에는 영남 문단의 이호우를 눈여겨보고 있다는 결론이다. 특히 현대 시인 100인 선정 작업을 맡지 못한 전북 문단의 서정주(徐廷柱, 1915~2000)가 느낀 소외감(疏外感)과 이에 들지 못한 작가들의 불만이 표출되었을 것이다.

1968년은 최남선(崔南善, 1890~1957)의 신시 「해에게서 소년에게」(1908)가 새로운 시 형식에 의해 등장한 지 60년이 되는 해로, 〈한국 신시 60년 기념사업회〉에서 『한국시선』을 편찬 발간했었다. 이때 회장이 조지훈(趙芝薰, 1920~1968)이었으나 편찬 완성을 못 보고 사망하자, 김용호(金容浩, 1912~1973) 시인이 회장을 이었다. 이때 작고 시인 33인, 203명은 해방 이전과 이후로 나누어 수록했다. 다만 작품 수준도 뚜렷하지 못한 신인까지도 의젓이 끼어 있어 〈시문학파〉의 일원이었던 이하윤(異河潤, 1906~1974) 시인도 빠져 있어 논란이 많았다는 점은 편찬 사업의 오점으로 남았다.[9]

이러한 선정 작업에 서정주가 소외감을 느꼈을 것이라는 생각이 든다. 왜냐하면 이용악(李庸岳, 1914~?), 오장환(吳章煥, 1918~1951)과 함께 소위 1930년대부터 삼재(三才)라 불렸던 서정주이었기 때문이고, 또 하나는 한국 시단에서 스스로 시력을 증명했다고 서정주는 생각하는데, 시인 100명 선정 건을 김현승이 그 역할을 맡았기 때문이다. 서정주는 선정 작업과 관련해 조연현에게는 감정의 골이 깊었다는 생각이 든다. 아마도 조연현은 전국 문학 지형도를 생각하고 문단 활동을 했다는 것으로 해석된다. 사실 시인 100인 선정 작업 이전에 신춘 문예 당선 시인인 박봉우(朴鳳宇, 1934~1990)의 《현대문학》 추천 건에서, 김현승과 서정주 사이에 깊은 갈등을 빚었다. 사전에 서정주가 박봉우를 추천한다고 했으나, 무슨 이유인지 추천을 하지 않았다. 김현승은 분명 서정주와

---

9 정한모, 「신문학 60주년 『한국시선』의 의의」, 『한국현대시의 현장』, 박영사, 1983, 111쪽.

는 거리를 두었다. 친일 문제로 보인다. 이의 연관성은 짚어 볼 문제이고, 나아가 조연현과 서정주의 관계도 살펴볼 필요가 있다.

〈유치환의 사신 2〉에서는 몇 가지 사실이 파악된다.

첫째, 한국시조문학사를 평가하는 일이므로, 발신자인 이호우의 시조 문단의 위치를 파악할 수 있다. 다만 선정 작업의 공정성 시비에 따른 문인들의 불만이 예상되나, 이에 대한 사신 기록물과 문헌은 찾을 수 없었다.

둘째, 시인과 시조 시인에 대한 균형적인 시각으로 한국 문단과 문학을 정리하고자 하는 수신자 조연현의 문학사적 인식을 볼 수 있다.

〈이호우의 사신 3〉의 내용은 다음과 같다.

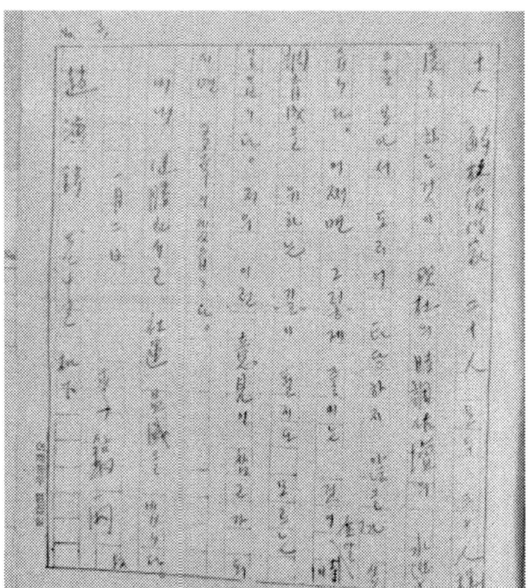

이호우의 사신 3

(解放 前 作家) 十人 解放 後 作家 二十人 모두 三十人 程度로

하는 것이 顯在의 時調作壇의 水準으로 보아서 도리어 타당하지

않을까 싶읍니다. 어쩌면 그렇게 줄이는 것이 正말 時調育成을 위하는

길이 될지도 모르는 일입니다. 저의 이런 意見이 참고가 되시면

多幸이겠읍니다.

내내 健康하시고 社運 ○○을 빕니다.

一月 二日

李鎬雨

趙演鉉 先生 貴下

-「전문」 중에서

《현대문학》에서 시조 시인 50명을 선정하는 기획 특집에 이호우는 시조문학사를 해방 전후로 구별하여, 대표 작가를 각각 10인과 20인을 합하여 30명으로 압축하는 안을 제시하였다. 이는 시조문학사의 인식을 해방 전후로 구별하는 이호우의 시각을 볼 수 있다. 즉 그는 시조 문학의 가치와 작가들의 수준을 냉철하게 평가한 것이다.

〈이호우의 사신 3〉에서는 몇 가지 사실이 파악된다.

첫째, 시단을 평가하는 이호우의 안목을 볼 수 있고, 동시에 시조 문학에 대한 현실적 대안을 마련하려는 노력도 보인다.

둘째, 문학 장르에 대한 이해의 폭을 넓게 확대하려는 조연현의 인식을 볼 수 있다. 이러한 활동을 《현대문학》을 통해 구체적으로 실천했다는 점이다. 물론 문학 인구 저변 확대와 함께 《현대문학》의 위상 강화 및 판매에도 영향을 고려했을 것이다. 그러나 조연현의 저작에는 시조 연구 관점은 보이지 않았다.

2. 《현대문학》과 시조 창작

〈이호우의 사신 4〉의 내용은 다음과 같다.

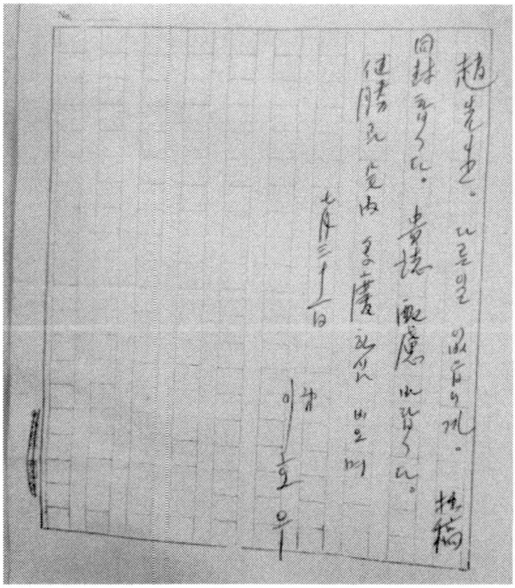

이호우의 사신 4

趙 선생, 다른 일 없읍니다.

拙稿 同封합니다.

貴誌 배려 부탁합니다.

건강과 ○○○○하심 비오며

七月 三十日

이호우

–「전문」

《현대문학》에 발표된 이호우의 작품 목록을 정리하면 다음과 같다.

발표 연대	작품	편집장
1955년 3월호(3)	「바람벌」	오영수
1956년 2월호(14)	「시조삼수」	오영수
1958년 5월호(41)	「시조삼수」	오영수

1962년 5월호(89)	「시조삼수」	오영수
1962년 10월호(94)	「청추(淸秋)」	오영수
1963년 4월호(100)	「나목」	오영수
1964년 3월호(111)	「시조이제」	오영수
1966년 4월호(136)	「시조이제」	오영수
1966년 10월호(142)	「시조이제」	김수명
1967년 9월호(153)	「시조이제」	김수명
1968년 3월호(159)	「낙동강」	김수명
1968년 6월호(162)	「석굴암 석불」	김수명
1969년 6월호(174)	「춘일 이제」	김수명
1969년 10월호(178)	「실진(失眞)」	김수명

졸고(拙稿)를 보내니 《현대문학》에 게재해 달라는 부탁이다. 출판사의 청탁이 아니더라도 작가 스스로 원고를 보내는 통상적인 원고 발표의 방법을 보여 주는 사신이다. 〈이호우의 사신 4〉에는 작품 관련 정보가 없어 발신 연도를 추정하기 어렵다. 다만 꾸준히 작품 활동을 했다는 점을 파악할 수 있다.

다음은 이호우의 창작 노트이다. 수없는 퇴고(推敲)와 언어 조탁(琢磨)의 고통이 느껴진다. 이와 같은 창작열이 있었기 때문에 시조 시인 30명을 선정할 수 있는 것이다.

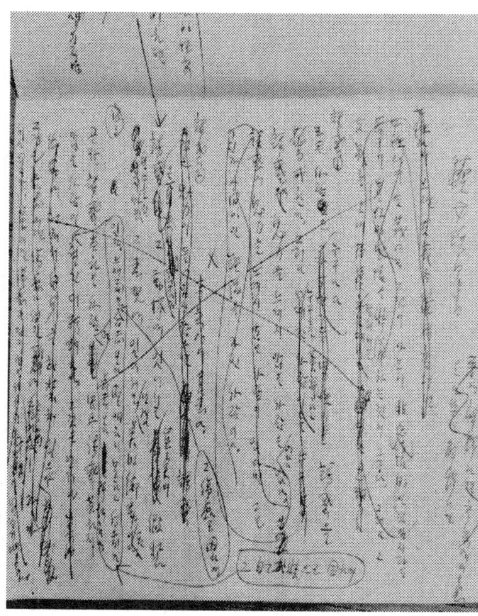

이호우 시조 창작 노트, 시조 시인 민병도 제공(2024년)

총 14편 중 1950년대는 3편을, 1960년대는 11편을 발표했다. 이 서신 기록물의 발신 연도는 대략 1955년 3월부터 1969년 10월까지 발신한 것으로 보인다. 그러나 1958년 5월 이후부터 1962년 5월 이전까지 작품 발표가 없었다. 그래서 1955년에서 1958년까지, 혹은 1962년부터 1969년까지는 비교적 발표 빈도가 높았기 때문에 이 두 연도를 발신 연도로 추정할 수 있다.

〈이호우의 서신 4〉에서는 다음과 같은 과제를 설정할 수 있다.

첫째, 1950년대와 1960년대 이호우의 시조 작품 세계의 지속성과 변곡점을 탐구할 수 있다.

둘째, 현대문학 중심의 작품 발표 지면에 시조 지면 확보와 시조 창작의 활성화에 앞장선 이호우의 활동을 볼 수 있다.

Ⅲ. 이호우의 주변과 위치

그는 왜 시조를 창작했는가?

《문장》의 창간 이념인 한국의 문화 전통과 고전 부흥의 기치에 부합하는 장르를 굳이 이야기한다면 시조인 것은 자명하다. 1950년대 중반, 《문예》가 폐간되고, '문예 싸롱'에는 여전히 문사들이 들락거렸는데, 그 옆에 있는 '명천옥'에서 문인들은 술로 세상을 살았었다. 이곳에서 이호우의 출판 기념회가 있었는데, 소위 문단 주호회의 '집사'로 불리는 김동리(金東里, 1913～1995)가 사회를 보고 난 뒤, 답사에서 이호우는 시조를 짓는 이유를 밝혔다. "시조도 내가 거들지 않으면 왠지 시조가 남에게 질 것만 같아 서투르고 못 쓰는 재주이지만 그래도 시조 편에 서려고 합니다."라고 밝힌 사실을 황금찬은 전한다.[10] 소위 말해 '시조 부흥론'

10 황금찬, 「출판 기념회」, 『돌아오지 않는 시간의 저편』, 신지성사, 2000, 243쪽.

의 선두에 서야겠다는 의무감이 보인다.

이호우는 시조를 '국민시'로 규정하였다. 시형이 간략하여 짓기가 쉬우며 또한 외우고 전하기가 쉬워야 한다는 창작론을 가지고 있었다. 하지만 이호우에게는 '국민시' 창작이 결코 쉬운 것이 아니었다. 시조에 대한 열정과 창작적 고뇌가 어느 정도였는지는 창작 노트를 보면 느껴진다. 이호우의 시조에서 사회 현실과 민족애에 대한 문제가 어떻게 형상화했는지에 대한 평가로 이어진다면, 그가 말한 '국민시'는 결코 쉬운 것이 아님을 알게 된다. 이호우의 정치적 행보로 인해 사형 선고에서 구사일생(九死一生)한 이력과 창작 작품으로 반공법 위반의 고통을 겪었던 삶과 문학을 연결하면 결코 그의 시조 문학이 가볍지 않음을 알 수 있다.[11] 그래서 시조가 가진 고향에 대한 그리움과 한의 서정성을 뛰어넘는 현실 인식과 민족 문제를 이호우와 이영도 시조에서 탐구해야 할 이유를 찾을 수 있다.

한국 근·현대문학사는 문학잡지를 통해 이루어졌다. 즉《창조》,《백조》을 비롯하여《문장》을 통해 근·현대문학 작가들이 대거 등장했기 때문이다.《문장》에 청록파와 함께 이호우가 있었다. 여기에서 문학사가 조연현이 이호우를 본 것이다.

11 1955년(44세), 시조「바람벌」이《현대문학》(3월호)과 대구대학보(현 영남대학교)에 발표되자, 반공법으로 기소된 필화 사건이 있었다(김정현,「꿈의 상실과 비극의 순환」,『한국 전후 문제시인 연구』(01), 예림기획, 2005, 543쪽).

*** 참고문헌**

김병익, 『한국문단사』, 문학과 지성사. 2003.
박두진, 『한국현대시론』, 일조각, 1970.
박종석, 『작가 사신 연구 방법론』, 월인, 2023.
반희정, 『청마와 사갱의 그림자들』, 현암사, 1970.
이병기, 『가람문선』, 신구문화사. 1966.
정경온, 『한국 현대 시조 시인론』, 월인, 2013.
정한모, 「신문학 60주년 『한국시선』의 의의」, 『한국현대시의 현장』, 박영사, 1983.
조남현, 『한국문학의 사실과 가치』, 서울대학교 출판부, 1995.
조향래, 「문단의 로망스－서정희, 이호우, 김춘수, 전재수, 허만하, 송일호」, 『향촌동 소야곡』, 시와 반시, 2007.
최계락·이영도 편, 『사랑했으므로 행복하였네라』, 중앙출판공사, 1967.
최현주, 『한국 전후 문제시인 연구(1)－이호우』, 예림기획, 2005.
황금찬, 「출판 기념회」, 『돌아오지 않는 시간의 저편』, 신지성사, 2000.
민족문학사 연구회편, 『한국고전문학작품론』, 휴머니스트, 2018.

4 「33. 김현승(金顯承, 1913~1975)」

전남 문단의 박봉우 추천으로 미당과 갈등, 그는 '깐깐한' 퇴고주의자(推敲主義者)이다

Ⅰ. 김현승 문학의 접근 방향

Ⅱ. 〈김현승의 사신 기록물〉 내용 분석

1. 퇴고주의(推敲主義)와 발생론적 비평론

2. 전남 문단과 기인(奇人) 박봉우

Ⅲ. 김현승의 주변과 위치

* 참고문헌

Ⅰ. 김현승 문학의 접근 방향

평양 출생의 다형(茶兄) 김현승(金顯承, 1913~1975)은 「플라타너스」라는 시로 유명하며, 또한 그의 시 세계는 종교적인 색채가 짙다는 평가를 받는다.[1] 특히 '더러는 / 옥토(沃土)에 떨어지는 작은 생명(生命)이고저…'로 시작되는 「눈물」(『김현승 시초』, 문학사상사, 1957)은 아들을 잃고 어느 날 문득 쓴 그의 대표작으로 알려져 있다.[2] 그는 신에 대한 기원의 목소리를 담아 기독교적인 세계관에 집중된 시 세계를 보여 준다. '김현승은 기도의 시인'[3]이다. 그래서 인간의 삶에서 빚어지는 고독과 신앙의 시인이라는 공통된 이름을 가진다. 이러한 평가에는 장로교 목사의 아들이기도 하지만 이런 종교적인 환경에서 그의 시 창작이 형성되었다는 관점 때문이기도 하다.[4]

김현승은 1913년 평안남도 평양에서 출생했고, 이곳의 평양 숭실학교에 다녔던 김현승을 눈여겨보았던 양주동(梁柱東, 1903~1977) 교수가 1934년 《동아일보》 문예란에 그(당시 22세)의 시를 소개하면서 자연스럽게 문필 활동을 시작하게 되었다. 그러면서 1948년(36세) 때부터 서정주, 김동리, 조연현 등과 문단 교유를 하면서 1951년(39세) 조선대학교 교수(1951~1959)로 임용된다. 그리고 지역에서 종합 계간지 《신문학》을 창간했으며, 광주와 전남 문학 발전에 크게 기여하였다. 김현승은 전

---

1 박이도, 『한국 현대시에 나타난 기독교 의식』, 경희대 박사학위 논문, 1984.
신익호, 『한국 현대시 연구』, 전북대 박사학위 논문, 1987.
박춘덕, 『한국 기독교 시에 있어서 삶과 신앙의 연구』, 부산대 박사학위논문, 1993.
조태일, 『김현승 시정신 연구』, 택학사. 1998.
정경온, 『박두진, 박목월, 김현승의 기독교 시 연구』, 한국학술정보, 2008.

2 김청배(아들), 「시인의 눈물」, 《문예운동》, 2006(가을호), 46~50쪽.

3 최동호, 「눈물과 고독의 정결함-김현승의 시 세계」, 『불확정 시대의 문학』, 문학과 지성사. 1987, 45쪽.

4 졸저, 『작가 연구 방법론』 참고.

북 고창 출신의 시인이며, 1930년대 시인 삼재(三才)였던 서정주(徐廷柱, 1915~2000)를 조선대학교 부교수 자리에 재직할 수 있도록 주선하기도 했다. 그런데 1956년《조선일보》신춘 문예 당선자인 전남 광주 출신의 박봉우(朴鳳宇, 1934~1990)를《현대문학》에 추천하고자 할 때, 두터운 교유 관계였음에도 불구하고 약속을 어긴 서정주의 태도 변화에 김현승은 서운함을 드러내었다. 그래서 박봉우 추천 건으로 인해 두 시인 사이에는 불화가 불 보듯 뻔한 상황이 되어 버렸다.

전북 문단을 주도했던 문인 중 시조 시인 이병기(李秉岐, 1891~1968)와 서정주를 비롯해 놀라울 정도로 많은 문인들이 배출되었다.[5] 시조에는 전북 익산의 가람 이병기는 우리나라 3대 시조 문단의 육당 최남선(崔南善, 1890~1957), 경남 창원의 이은상(李殷相, 1903~1982)과 함께 이병기 산맥으로 통했다. 그리고 전북 남원의 최승범(崔勝範, 1931~2023), 정읍의 장순하(張諄河, 1928~2022) 등으로 이어졌다. 소설에는 이익상(李益相, 1895~1935), 채만식(蔡萬植, 1902~1950) 등은 서울에서 활동했다. 특히 전북 부안 출신의 백주(白洲) 김태수(金泰秀, 1904~1982)는 1924년 11월《조선문단》(제2호)에 이광수(李光洙, 1892~1950)의 추천으로 등단해 많은 작품을 남겼으나, 중도에 절필해 한국문학사에서 사라졌다.[6] 춘원은 그의 등단작인「과부」에 대해 '천재적 솜씨'가 보인다고 극찬했다.[7]

서정주는 유협(유춘섭),[8] 김창술(金昌述, 1903~1953), 김해강(金海剛,

---

5 김학,「문향 전북의 어제, 오늘 그리고 내일」,《문예운동》, 2007(가을호), 171~178쪽.

6 1924년 최학송, 채만식, 박화성 등과 함께《조선문단》에 춘원 이광수의 추천으로 등단해 왕성한 작품 활동을 했지만, 한국문학사에서 사라진 백주 김태수의 작품이 등단 80여 년 만에 빛을 보았다.〈전북 부안문화연구원〉에서 당시 문예지와《동아일보》등에 발표한 백주의 작품 34편(소설 13편, 시 4편, 희곡 2편, 수필 및 평론 14편, 동화 1편)을 발굴해 묶어낸 작품집『황혼에 서서』가 그것이다.

7 전북 부안문화원,『황혼에 서서』(백주 김태수 유고집), 2010.

8 1902년 전북 전주에서 출생. 1923년『금성』동인으로 참가해 양주동, 손진태, 백기만 등과 활동했으며,《금성》창간호에 시「낙엽」을 발표. 시집으로『님께서 나를 부르시니』등이

1903~1987), 신석정(辛夕汀, 1907~1974) 등과 함께 전북 출신의 시인으로, 특히 유엽과 서정주는 주로 서울에서 활동했다. 채만식은 희곡 작품을, 이익상(李益相, 1895~1935)[9]은 소설 이전에 평론을 썼으며, 유엽 역시 평론 활동을 했다. 이익상은 신석정의 사촌 매부이기도 하며, 신석정의 문학에 영향을 끼쳤다. 신석정 역시 전북 부안 출신이며, 부안에 있는 그의 문학관에는 여러 문인과 교류했던 사신 기록물이 보관되어 있다. 특히 김환태(金煥泰, 1909~1944)는 전북 무주 출신으로《조선일보》에「문예비평가의 태도에 대하여」라는 인상주의적 비평문을 발표하면서 순수문학을 옹호하였다.

이러한 전북 문단 분위기를 고려해 본다면, 전북 출신이 아닌 전남 출신의 박봉우를 추천하는 거부감이 있었을 것이라고 가정한다면, 지나친 상상력일까? 물론 여기에는 전남 문단의 김현승에 대한 모종의 긴장감 내지는 박봉우 추천 건으로 인해 생긴 서정주와의 감정적 문제가 있었는지도 궁금하다. 여기에다《현대문학》특집 시인 100명 선정 작업을 김현승이 주도하면서 소외감을 느낀 서정주와 갈등이 유발되었는지 궁금하다.

김현승의 사신 기록물에는 다양한 문학 활동이 드러나 있다. 특히 〈작고 문인 사신철〉에 등장하는 작가 가운데 비교적 많은 양의 사신 기록물이 남아있다. 대략 20여 통이나 된다. 사신 기록물 중에는 ①《현대문학》특집호에 실을 작품과 작가의 선별에 대한 고통으로 2편의 시와

있다.《서울신문》논설위원을 지냈으나, 해방 후에는 별다른 작품 활동을 보이지 않았다. 6.25 이후에는 불가에 귀의해, 경기도 고양군 신도면 쌍수암의 주지를 지냈으며, 1975년 타계.

9 1921년《학지광》을 통해 작품을 발표하며 소설가로 등단했으며, 1923년 파스큘라 동인으로 참가하기도 했다. 1925년에는 조선프롤레타리아예술가동맹을 발기했다. 작품 경향은 사회주의에 대한 지향은 분명하지만, 살인이나 방화 등이 등장하지 않아 전형적인 신경향파 작품과는 차이가 있다. 이상적인 사회주의를 지향한 지식인 작가로 평가된다.

2편의 소설만 겨우 선정했다는 1통 3장으로 된 사신 기록물이 있고, ② 이태수 군에게서 받은 문학 강연회 요청 건에 대한 일정 여부와 원고 청탁에 대한 마음의 부담으로 20년 정도 뒤에나 창작이 가능하다는 창작의 고통을 호소하는 내용과 극도의 겸손함이 묻어나는 사신, ③ 〈문학가협회〉의 분규가 신문에 날 정도로 슬프다는 사신 기록물, ④ 추풍령(秋風嶺)의 호명으로 1956년《조선일보》에 「휴전선」이라는 작품으로 당선된 박봉우가《현대문학》으로 다시 추천받겠다는 내용의 사신 기록물이 남아있다. 1950~60년대《현대문학》은 신춘 문예 출신 작가들이 재등단하는 중요한 통로 역할을 했던 것이 사실이다.[10]

발신자 김현승의 사신 기록물에는 그동안 드러나지 않았던 한국문단사의 일화와 전남 문단과 예향의 지역 문화를 주도하는 모습이 드러난다. 또한 문학정신과 문학성을 평가받을 수 있는《현대문학》의 기능과 위상을 다시 한번 생각해 볼 수 있다.

Ⅱ. 〈김현승의 사신 기록물〉 내용 분석

수신자 조연현과 발신자 김현승의 문학적 교유와 문단사의 이면을 볼 수 있다. 여기에 김현승의 창작 태도와 성격 또한 드러난다.

1. 퇴고주의(推敲主義)와 발생론적 비평론

〈김현승의 사신 1〉에는 다음과 같은 내용이 있다.

10 〈작고 문인 사신철 뭉치〉에 등장하는 부산 지역의 대표적인 소설가 향파 이주홍(李周洪, 1906~1987)은 신춘 문예 출신의 소설가 최해군(崔海君, 1926~2015)이《현대문학》에 작품을 발표할 수 있도록 조연현에게 여러 번 요청했었다.

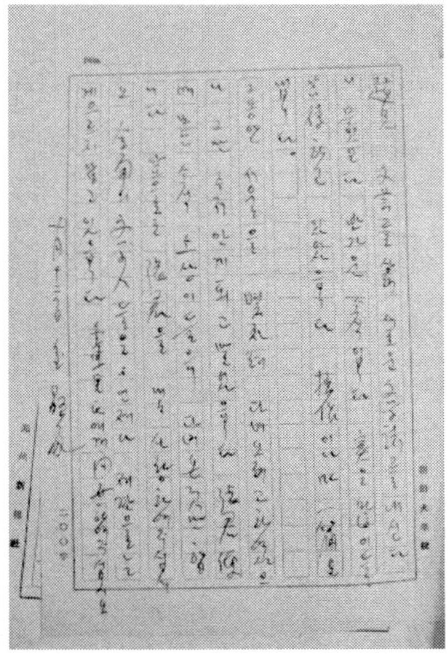

김현승의 사신 1

趙兄

文藝를 살려 새로운 文學誌를 내신다니 무엇보다 반가운 소식입니다.

實은 많이들 苦待하고 있었읍니다. 拙作이나마 一篇을 보냅니다.

그동안 서울을 몇 차례 다녀오려고 하여서나 그만 주저앉게 되고 말었읍니다

吳君 便에 모든 소식 소상이 들으니 다녀온 것만 합니다.

앞으로도 吳君을 매우 사랑하여 주십시요.

全南의 文學人들은 언제나 제깐으로는 게으르지 않고 있읍니다.

金東里 氏에게 問安하여 주십시요.

十月 十三日 金顯承

—「전문」

김현승은《문예》폐간 후, 새로운 문예지 발간에 대한 기대감을 드러내고 있다. 그는《문예》폐간 이전인 1945년 8월에「시의 거울」을 비롯해「동면」(1950년 3월)과「푸라타너스」(1954년 6월) 등을 발표해 줄곧 조연현과 문학적 유대 관계를 유지했었다.[11] 드디어《현대문학》이 1955년 1월 창간될 것이니, 그 전에 졸작(拙作)이 발표되기를 기대하는 마음을 담았다. 김현승은 서울 수색동 시절, '서재에는 천정에 닿을 만큼 높

11 조태일,「김현승 연보」참고.

이 쌓인 온갖 문학지들을 비롯 한국과 세계의 문학 정신들이 모여 들끓고 있었다.'고 조연현의 집에 대한 회고담을 적었다. 조연현의 집을 드나들었을 만큼 문학적 유대 관계가 깊었다.

〈김현승의 사신 1〉의 발신 연도는 《현대문학》 창간일인 1955년 1월 이전인 1954년 10월 13일로 특정할 수 있다. 사신 기록물에는 발신 날짜가 10월 13일로 적혀 있기 때문이다. 《현대문학》(600호 기념 특대호, 2004, 473쪽)에 발표된 김현승의 작품 목록에 따르면, 1955년 1월호(1호)에 「옹호자의 노래」를 발표했다. 그리고 1955년 5월호(5호)에 「오월의 환희」를 발표한 것으로 보아, 〈김현승의 사신 1〉은 「옹호자의 노래」를 발표하기 이전 해로 판단된다.[12]

동인 활동과 후학 양성으로 김현승은 지역 문단을 이끌었으며, 중앙 문단의 김동리에게도 문안을 전해 달라고 부탁할 만큼 조연현과는 친밀하게 지냈다. 이를 통해 중앙의 문인들과 교류하며, 《현대문학》을 통한 지역 문단의 교두보 역할을 담당했었다. 이러한 친밀도가 시인 100인 선정으로 이어졌는지는 검토해 보아야 한다. 물론 박봉우 추천 건도 조연현이 해결하지 못한 미안함도 있어, 김현승에게 시인 선정을 부탁한 것인지도 궁금하다.

〈김현승의 사신 1〉에는 다음과 같은 의미를 읽을 수 있다.

첫째, 1954년 11월 12일의 표식은 창간호 이전으로 특정할 수 있다는 점과 그의 졸작을 1955년 1월호 《현대문학》에 발표한 것으로 추정된다.

둘째, 졸작을 보낼 만큼 《현대문학》에 대한 기대감과 창작 활동에서 적극적인 태도를 볼 수 있다.

〈김현승의 사신 2〉에는 다음과 같은 내용이 있다.

---

12 발신자의 관점(『작가 사신 연구 방법론』 참고)에서 보자면, ① 「옹호자의 노래」를 분석할 수 있으며, ② 《문예》 발표작을 중심으로 김현승의 초기시 연구, ③ 《문예》와 《현대문학》 발표작 비교 연구 등이 가능하다.

釜山서 無事히 歸京하셨읍니까?

光州에서는 無理를 하시게 하여 大端히 미안하였읍니다.

지나놓고 보니 좀더 잘 해드렸다면 하는 생각이 듭니다.

前번에 가지고 가신 저의 拙稿 三篇 中「내 마음은 마른 나뭇가지」의 原稿는 同封하는 것으로 바꾸어 주십시요.

그 後에 修訂하였읍니다.

오늘은 간단히 이것으로 失禮하였읍니다.

十月 二十五日

金顯承

趙演鉉 詞兄

—「전문」

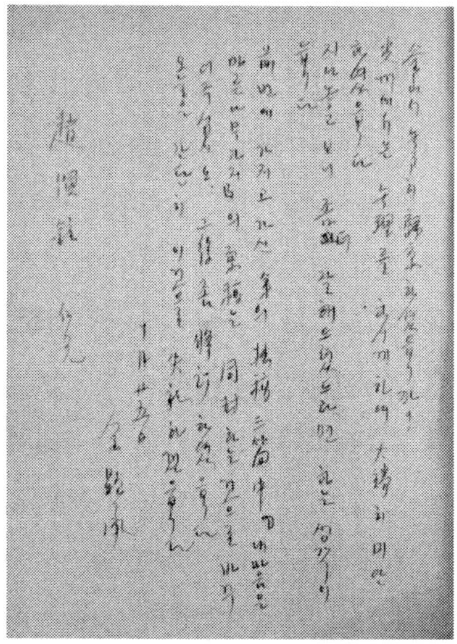

김현승의 사신 2

1960년대를 전후해 조연현은 문학 강연회를 위해 전국을 순회하던 중 광주를 방문했는데, 여기에서 김현승을 만난 것으로 추정된다. 조연현이 〈문협〉 이사장직을 맡았을 때쯤인 1973년부터는 연례적 행사였다. 이때 만나기 전에 보낸 원고 중「내 마음은 마른 나뭇가지」라는 작품을 동봉한 원고로 대체 해달라고 부탁한 것이다.「내 마음은 마른 나뭇가지」는 첫 시집인『김현승 시초』(문학사상사, 1957)에 수록되었으니, 이 사신 기록물은 적어도 1957년 12월 이전에 보냈기 때문에 발신 연도를 1957년 10월 25일로 특정할 수 있다.

〈김현승의 사신 2〉에는 다음과 같은 의미를 읽을 수 있다.

첫째, 박두진(朴斗鎭, 1916~1998)의 언급처럼 그는 매우 치밀하면서도 시적 의미 전달을 위해 체면을 생각하기보다는 작품에 대한 고뇌와 열정의 시작 태도를 보여준다고 할 수 있다. 이러한 창작 태도에서 그는 퇴고를 우선시하는 '깐깐한' 퇴고주의자로 명명할 수 있다. 특히 김현승의 사신 기록물에 나타난 창작 태도나 기법을 연구할 수 있는 계기를 찾았다고 할 수 있다. 즉 서구적인 이론보다는 주체적이고 개방적인 문학 연구 방법을 확장할 수 있는 창작 기법 연구를 김현승의 사신 기록물을 통해 모색할 수 있다는 점에서 가치가 있다.

둘째, 지방 문단과 중앙 문단의 가교 역할을 담당한 발신자 김현승의 활동을 볼 수 있다. 조연현이 문학강연을 위해 동분서주(東奔西走)하는 모습을 볼 수 있으며, 그리고 1973년 〈문협〉 이사장직을 수행하면서는 문학 저변 확대를 위해 더욱 노력했었다. 이런 활동과 직책을 맡은 조연현과의 교유 관계를 통해《현대문학》의 지면 확보를 위한 김현승의 노력이 엿보인다.

〈김현승의 사신 3〉에는 다음과 같은 내용이 있다.

> 오늘 李泰浩 君에게서 講演會 件에 對하여
> 連絡을 받았읍니다. ○○○○ 며칠 사이에 定하여 곧 또 알리겠읍니다.
> 오늘은 전번에 보내드린 저의 拙稿 中「나무와 먼 길」이란 詩에서 그 동안 좀 마음에 안 드는 곳이 있어서 左記와 如히
> 推敲하여 보내오니 時日이 늦지 않았으면 고쳐주시기 바랍니다.
>
> 前번 詩의 第四聯의 第四行(末行)
>
> '내 영혼이 못박힌 여기 가득한 現場보다 아름답고나!'를
> '내 영혼이 못박힌 발뿌리보다 아름답고나!'로 고쳐 주시고,

또 同詩의 末聯의 末行

'겨울의 旅行에서 호올로 나선 외로운 詩人들도 만날려지'를

'겨울의 긴旅行에 호올로 나선 외로운 詩人들도 만날려지'로 고쳐 주십시요.

十一月 二日

金顯承

―「전문」(밑줄은 필자 표시임)

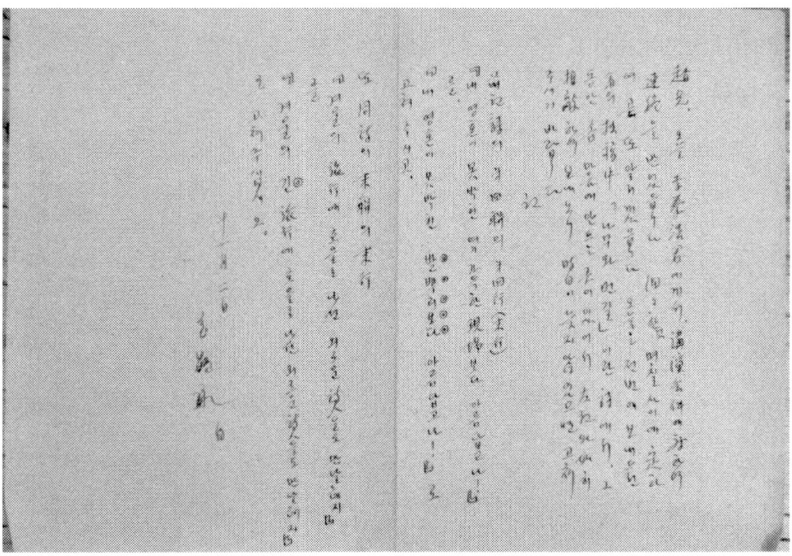

김현승의 사신 3

강연 요청 건에 대해 며칠 고민해 보겠다는 내용과 전번에 보낸 작품 「나무와 먼 길」의 일부 내용을 수정해 《현대문학》에 발표했으면 좋겠다는 뜻을 전하는 사신이다. 이 사신 기록물은 날짜가 11월 2일로 특정되어 있다.

이 작품의 내용 중 퇴고하고자 한 연과 행을 표시하여 사신에 담았다. 즉 '여기 가득한 現場보다'를 '발뿌리보다'로 수정해 달라는 내용인

데, 표층부인 공간에서 심층부인 '발뿌리'라는 구체적인 대상을 통해 이미지를 선명하게 전달하려는 의도가 담긴 것으로 보인다.

김현승이 원고 수정 사항을 구체적으로 표현한 것으로 보아, 그는 시적 의미 전달을 위해 정확한 시어를 구사하는 퇴고주의자(推敲主義者)이다. 김현승의 이러한 창작 태도에 대해 박두진은 '빈틈이 없고 깐깐한 비타협적(非妥協的)이고 고고하다. 그것은 그의 시의 특징이면서 단점이기도 하다.'[13]라고 평가한 내용을 이 사신 기록물에서 다시 확인할 수 있다. 아들 김창배 역시 아버지 김현승에 대해 '하나의 작품이 탄생하기까지에 바쳐지는 고통의 무게를 조금은 느낄 수 있었다.'고 회고할 만큼 치열한 창작열을 보여 주었다.

퇴고는 시인의 시적 고뇌에서 출발한다. 물론 창작의 치열성이 없이는 설명할 수 없는 개념이다. 퇴고의 의미를 설명하는 방법이 없어, 시인의 시적 고뇌로만 해석하고, 연구자들이 창작 방법론으로 접근하지 않는 것이 현실이다. 작가들의 퇴고는 필수적인 창작 과정이며, 또한 연구자들이 간과(看過)하는 것이 현실이다. 김현승의 사신 기록물에는 시의 퇴고 과정이 남아 있다. 이러한 시 창작 과정이 담긴 사신은 발생적 비평방법론으로 문학 연구를 할 수 있는 자료로서 새롭게 펼쳐 볼 필요가 있다. 이를 단순하게 원전 비평에만 국한할 것이 아니라, 작가들의 퇴고만을 정리해 새로운 현대시의 발생적 비평방법론의 한 방향으로 논의가 필요하다.[14]

물론 이는 시인의 언어에 대한 원천적 탐색이며, 시 창작의 원형을

---

13 박두진, 「낭만평야(浪漫平野) – 김현승」, 『현대시의 이해와 체험』, 일조각, 1976/ 1982, 306쪽.

14 윌프레드 L. 게린 외, 최재식 옮김, 「Ⅷ. 원전 연구와 관련 방법(발생적 비평)」, 『문학비평입문』, 296~300쪽.
필자는 「김현승의 발생론적 비평 연구」 혹은 「한국 현대시 발생론적 비평 연구」(가제)로 논의가 가능하다고 본다.

찾는 방법론이다.[15] 처음 쓴 작품의 시어가 어떤 변화 과정을 거쳤으며, 그 과정에서 시인이 의도한 바를 어떤 시어로 반영했는지를 규명할 수 있는 창작 기법의 연구이다. 그리고 문학 작품이 언어 구조물이라는 소쉬르(Ferdinand de Saussure, 1857~1913)의 언어 구조학에 기댄다면, 비평 이론의 한 체계로 정립될 것이라는 생각이 든다.

가령, 신문학 초창기 시에서 개작이 가장 빈번한 경우는 김소월(金素月, 1902~1934)이다. 이 외에도 이상화(李相和, 1901~1943), 한용운(韓龍雲, 1879~1944), 임화(林和, 1908~1953) 그리고 김춘수(金春洙, 1922~2004), 신석초(申石艸, 1909~1975) 등에서 확인할 수 있다.[16] 여기에 더해 김현승과 이호우(李鎬雨, 1912~1970)의 개작 논의까지 한국시문학사에서 검토할 필요성이 있다.[17] 제목이 개제되었다면, 이에 대한 논의도 필요하다. 시 전체의 함축성을 드러내는 제목을 퇴고할 수 있기 때문이다. 정지용(鄭芝溶, 1903~1950)이 《문장》에 추천한 박두진의 「향현(香峴)」은 투고 당시에는 「향현음(香峴吟)」이었다. 정지용이 추천작으로 발표하면서 제목을 바꾸었다. 이에 대해 박두진은 '황현[상고개]에서 5만분의 일 지도 뒤에다 푸른 연필로 굵다랗게 초(草)를 잡아 하숙집으로 돌아와 두어 번 퇴고(推敲)해 이루어진 시'라고 밝히면서 정지용 씨가 '음'자를 떼고 「향현(香峴)」으로 발표해 준 것에 대해 '퍽도 신기롭게 생각'해 잊을 수가 없었다고 했다.[18]

〈김현승의 사신 3〉에는 다음과 같은 의미를 읽을 수 있다.

첫째, 박두진의 시평처럼 김현승은 빈틈이 없는 매우 '깐깐한' 시 창

---

15 청도군에 이영도의 제자 민병도 시조 시인이 이호우의 창작 노트를 보관하고 있음을 확인했다(2024년 2월 2일, 청도에서 인터뷰).

16 김재홍, 「현대시와 개작의 문제」, 『한국 현대시의 사적 탐구』, 일지사. 1998, 57~68쪽.

17 엄밀히 말해 개작과 퇴고의 방법론적 차이가 무엇이며, 개별 작가마다 어떻게 다른가에 대한 논의도 필요하다(2024년 2월 25일).

18 박두진, 「4.1 청록집 시대」, 『한국현대시론』, 일조각, 1970, 373쪽.

작 태도를 보인다. 또한 그의 문학적 삶은 계획적이며, 실천적이라고 할 수 있다.

둘째, 작품을 송고(送稿)한 뒤에도 시적 의미가 명확하게 표현되도록 끊임없이 고민하는 김현승은 결백증(潔白症)의 퇴고주의자다.

셋째, 발생론적 비평방법론이라는 문학 연구 방법론의 정립을 위한 사신 자료라는 생각이 든다. 물론 이전에는 원전 비평론으로 정리가 되었지만, 근대 구조주의 언어학의 시조로 불리는 소쉬르(Ferdinand de Saussure, 1857~1913)의 언어 구조학에 기대어 연구할 수 있다는 생각이 든다.

〈김현승의 사신 4〉에는 다음과 같은 내용이 있다.

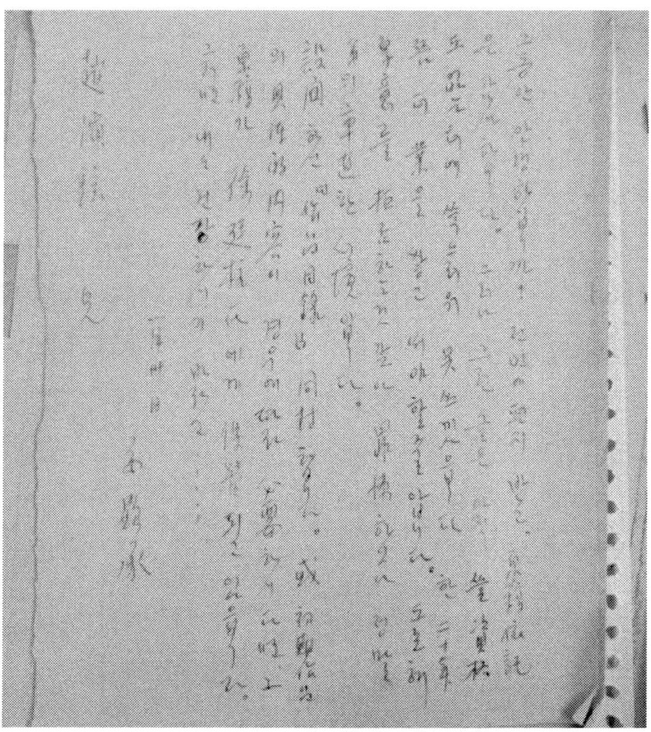

김현승의 사신 4

그동안 안녕하십니까? 前에 便紙를 받고 原稿 付託은 감사합니다.

그런 글은 아직 쓸 資格도 없는 터에 쑥스러워 못 쓰겠읍니다.

한 二十 年 쯤 더 業 쌓고 써야 할 줄 압니다.

도로혀 厚意를 拒否하는 것 같아 罪悚하오나

정말 弟의 率直한 心情입니다

設問하신 「作品 目錄」 同封합니다.

或 招待 作品의 具體的 內容이 경우에 따라

必要하시다면 그 原稿가 徐廷柱 氏에게 保管되고 있읍니다.

그러면 내내 건강하시기 바라면....

一月 三十日

金顯承

趙演鉉 兄

—「전문」

〈김현승의 서신 4〉에는 다음과 같은 의미를 읽을 수 있다.

첫째, 모든 청탁에 응하기보다는 치열함과 완결성을 보여 줄 수 있는 작품을 발표하기를 원한다. 그리고 책임감 있는 시인의 태도를 보여준다. 특히 '한 二十 年 쯤 더 業 쌓고 써야 할 줄 압니다.'라고 쓴 글귀에는 그의 창작 태도와 겸손이 깊게 배어 있음을 볼 수 있다. 그가 왜 퇴고주의자인지를 다시 한번 확인할 수 있다.

둘째, 김동리에 대한 안부를 묻는 것으로 보아 그와의 친밀도를 볼 수 있으며, 서정주에게 원고를 맡길 정도로 깊은 인간관계가 형성되어 있음을 알 수 있다.

셋째, 다만 박봉우 추천 건이나 딸 김순배의 회고에 따르면 서정주와의 불화가 있었던 것으로 추정(推定)되지만, 불화의 근본적인 계기가 되는 구체적인 사건과 시기를 파악하기는 어렵다.

2. 전남 문단과 기인(奇人) 박봉우

다음은 김현승이 《현대문학》 조연현 주간에게 보낸 1통 1장의 사신 기록물이다. 특히 한국 문단에서 문예지 추천제와 신춘 문예 등단에 대한 논란을 극명하게 보여 주는 사신 기록물이다.

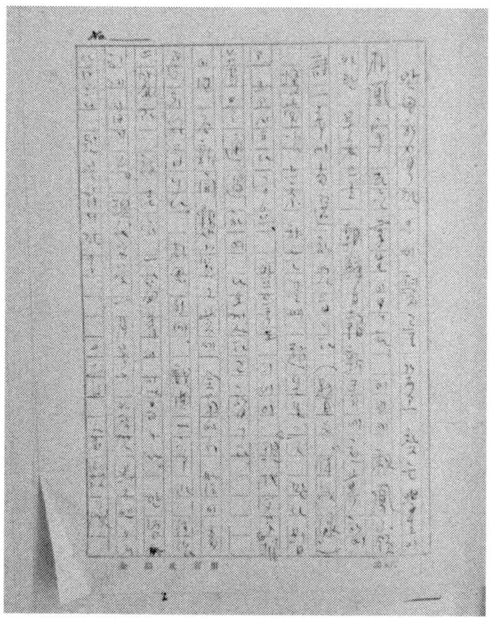

김현승의 사신 5-박봉우

〈김현승의 사신 5-박봉우〉에는 다음과 같은 내용이 있다.

이 편지를 가지고 찾는 學生이 朴鳳宇라는 학생입니다.
이번에 秋風嶺이란 號名으로 《조선일보》 新春에 應募하여
詩 1篇에 當選하였읍니다.(題目은 「休戰線」)
○○○ 上京하는 길에 趙 先生을 만나 뵙고 오고 싶다구요.
앞으로도 기어이 《현대문학》 推薦을 通過하여 나오겠다고 합니다.

이번 新聞 懸賞文藝에 全南에서 많이 當選되었읍니다.

朴君 外에 戲曲 一篇과 佳作 二篇 詩 佳作 一篇 等이 있읍니다.

안녕히 계십시요.

《現代文學》 一月號는 아직껏 光州에 오지 않으니 웬일입니까?

十二日 金顯承

—「전문」

〈김현승의 사신 5- 박봉우〉는 '추풍령(秋風嶺)'이라는 필명으로 1956년 《조선일보》에 「휴전선(休戰線)」으로 당선(1席)하였으나, 《현대문학》으로 추천받고 싶다는 박봉우의 의지가 담긴 사신이다. 따라서 작가 사신 연구 방법에서는 사신에 등장한 중요 작가와 작품을 연구하는 관점이 필요하다. 박봉우가 등단할 때, 서울대학 문리대를 중퇴한 충북 청주 출신 신동문(辛東門, 1928~1993)이 「풍선기(風船期)」(1956)로 차석(次席)을 차지했다.[19] 1956년(23세)부터 약 2년간은 《전남일보》 서울 주재 기자로 재직하면서, 명동의 은성, 돌체, 르네상스 다방에서 신동문, 천상병(千祥炳, 1930~1993), 김관식(金冠植, 1934~1970), 신동엽(申東曄, 1930~1969) 등과 교유하면서 많은 일화를 남겼다.[20] 〈작고 문인 사신첩〉의 김관식과 〈작고 문인 사신첩 뭉치〉의 천상병의 사신 기록물을 조연현이 보관하고 정리했었다.[21]

---

19 그는 『수정화병에 꽂힌 현대시』(1957), 『조건사초(條件史抄)』(1958), 『무제(無題)』(1959) 등의 현실 의식과 저항적인 경향의 역작을 발표하고, 제1시집 『풍선과 제3 포복』(1956)으로 〈제1회 충북 문화상〉을 수상했다. 특히 1965년 군사정권 아래서 시나 쓰고 바둑이나 두고 살 수 없다고 하면서, 『바둑과 홍경래』를 끝으로 절필했다. 충북 단양에서 야산을 개간해 사과와 포도 농장을 지으며 생을 마감했다.
오윤정, 「'오늘'의 상황의식과 부정의 시학 – 신동문론」, 『한국 전후 문제시인 연구(2)』, 예림기획, 2005, 319~357쪽.

20 임동혁, 「황지의 풀임과 광기의 시학 – 박봉우론」, 『한국 전후 문제시인 연구(2)』, 예림기획, 2005, 408쪽.

김광섭(金珖燮, 1905~1977)은 「휴전선(休戰線)」 추천 심사평에서 문단에서 시 창작의 발전성이 있으며, 또한 시단에 새로운 의미를 보여줄 수 있는 신인이라고 했다. 특히 이 작품을 1석으로 택한 것은 시상(詩想)과 표현이 바로 깨어있는 까닭이라고 밝혔다.[22] 당대 문단 중진이었던 김광섭 시인의 신춘 문예 추천평에도 불구하고《현대문학》으로 재등단하겠다는 박봉우의 의지는 당시 문단 상황과도 무관하지 않았다.

박봉우는 광주 출생으로 광주고등학교를 거쳐 1959년 전남대학교 문리대학 정치학과를 졸업하였다. 이후 『휴전선』(정음사, 1957)을 출간하면서 왕성한 활동을 펼쳤다. 결국은《현대문학》을 통해 재등단하려고 한 꿈은 사라지고 말았다. 물론 서정주가 추천하지 않았기 때문이었다. 그러나 1963년 「4월의 화요일」로 제8회《현대문학》상 수상으로 마무리가 되었다.[23] 누구보다도 창작에 대한 열의를 자신한 김승옥(金承鈺, 1941~)의 일화가 연상되는 이유이다.《현대문학》의 긍정적인 위상보다는 부정적 권위로 인식한 김승옥의 거절과 함께《창작과 비평》,《문학과 지성》과 같은 잡지들의 창간 필요성이 대두된 사건이기도 했다. 이 두 문예지 역시 한국 문단의 흐름에서 일정한 권위를 세워 일종의 '문예지 계보학'을 형성한 것은 사실이다.

김현승은 전남 문단에서도 '추풍령(秋風嶺)' 박봉우를 적극 추천했다. 김현승은 1951년 4월에 조선대학교 문리과 대학 부교수로 취임한 해에 3남 김청배를 득남한다. 이후 1953년 5월에 광주 지방의 문인을 중심으로 한 동인지《신문학》을 창간하고, 서울 중심 문단과 조연현을 연계해

---

21 김관식은 「16. 김관식 - 천상병과 문단을 떠돌던 욕쟁이 '봉필이'에서 인간적인 겸손을 보다」(『정릉으로 온 편지(첫 번째 이야기)』, 월인, 2024)를 참고하고, 천상병은 차후 연구해 출간할 예정이다.

22 조태일, 『전후 신춘 문예 당선시집(상)』, 실천문학사, 1981, 18쪽.

23 조연현, 「《현대문학》 출신 문인들」(앞의 책, 210~213쪽)과 「박봉우 집중 연구」,《시와 시학사》(1993, 겨울호).

서 지역 문학 활동에 전념하였다. 전남 광주의 문학 지형도를 완성하려고 노력했던 시인이었다. 서울 탑골 공원에서 박봉우가 결혼식을 올릴 때, 김현승이 주례를 맡았을 정도로 애정을 가졌다. 이처럼 김현승은 후배 문인들과 제자들을 무척이나 아꼈다.

신춘 문예 출신이냐 《현대문학》과 같은 문예지 출신 작가냐에 따라 문단 권력이 형성되었다. 특히 문예지 발간과 동시에 문학 당파와 그룹이 형성되면서 이에 대응하는 일군의 문단 세력이 새로운 이념과 함께 형성되기도 했다. 1950년대 전후한 '문단 중심파'(조연현, 김동리.서정주 등)와 '문단 비중심파'(이호철, 손창섭 등) 그리고 1960년대를 전후한 '서울대학파'(김승옥, 김현, 염무웅 등), '국내파'(이어령, 김윤식)과 '국외파'(조동일, 백낙청, 김우창) 등이 형성되어 있었다. 1970년대는 소위 '문단 중심파'의 제자들이 대거 활동하면서 문단의 주도권을 쥐게 된다.[24]

소위 '문단 중심파'의 일원이었던 조연현이 활동했던 1950~60년대는 한국 사회와 문학계에서는 실존주의(實存主義)와 모더니즘 같은 문학 논쟁이 치열한 시기였다. 여기에 조연현은 실존주의 논쟁에 뛰어들었다. 한국 문학보다 외국 문학에 관심이 많았다고 했으나, 이보다는 일본 문학의 원서를 더 읽은 것으로 보인다. 그럼에도 불구하고 문학비평가로서 자신의 위치를 확인할 필요가 있었기 때문에 문학 현실과 문학 현장에 목소리를 높인 것으로 보인다.

《문학과 지성》, 창간 30주년 기념식에서[25]

24 졸저, 「3. 조연현의 문인들과 김승옥」, 『조연현 평전』, 역락, 2006, 106~121쪽.

25 송욱 원고(「송욱 시 해설」, 『한국문학선집』, 문학과 지성사)를 수록해 참석하였음. 송욱

사실 이 시기에는 서울대 불문학과 정명환(鄭明煥, 1929~2022)의 실존주의 논의를 빠뜨릴 수는 없다.[26] 전란 후 새로운 문학 사조의 충족이 필요한 시기에 한국 사회와 문단 현상에 불어닥친 실존주의 논쟁을 되짚어 볼 필요가 있다. 실존주의는 한국문학사의 영향 관계에서 한 축이었기 때문이다. 그래서 김현승의 시에서 종교적인 관점으로만 접근하기보다는 실존주의적 시 세계를 검토할 여지가 있는 것이다.

〈김현승의 사신 5 - 박봉우〉에는 다음과 같은 의미를 읽을 수 있다.

첫째. 《현대문학》의 위상, 즉 당시 발표 지면의 부족과 추천위원인 서정주의 선별적인 안목으로 박봉우가 결정된 것으로 보인다.

둘째, 다양한 문학 분야에서 평가받은 지역 작가들의 소개를 통해 전남 지역의 문학적 자부심을 볼 수 있다.

다음은 박봉우와 관련된 1통 6장으로 된 사신 기록물이다.

〈김현승의 사신 6~11, 박봉우 사신(1)~(6)〉은 박봉우가 《조선일보》 신춘 문예 당선자인데, 《현대문학》에 추천하지 않은 서정주에게 항의하는 장문의 사신 기록물이다. 김현승보다 심사위원이었던 김광섭과 서정주 관계 때문인지도 궁금하다. 《현대문학》과 서정주에 대한 항의를 통해 한국 문단의 신인 추천제에 대한 문제를 살펴볼 수 있다.

《현대문학》은 신춘 문예 당선자들에게는 작품 발표 기회를 철저하게 봉쇄하였으며, 또한 신춘 문예 작가들을 의도적으로 무시했던 풍조가 많았었다. 그래서 신춘 문예 당선자들이 다시 문학잡지에 다시 추천되는 경우도 있었던 시대였다. 신춘 문예에 입선한 김승옥이 《현대문학》과 거리를 둔 일화도 알려져 있다. 물론 황석영(黃晳暎, 1943~)처럼 고교생 때 등단한 소년 문사로 알려진 최인호(崔仁浩, 1945~2013)도 재

연구로 인터뷰했으며, 《문학과 지성》 창간 30주년 기념식에서 재회해 인사를 나누었음.

26 정명환, 「평론가는 이방인인가 - 우리나라 문예비평의 입장에 관하여」, 《사상계》, 1962. 12. 정명환 교수의 실존주의 논의가 필요하다고 생각한다.

등단했던 소설가였다.[27]

1950년대 당시 신춘 문예 등단과 문학잡지 추천제에 대한 논란이 많았던 시대였다. 여기에 조연현의 입장은 《현대문학》을 통해 전국적인 문단 지형 형성과 함께 문학잡지의 권위를 세우는 동시에 문단 권력을 행사할 수 있는 문인 집결지 역할을 자임(自任)했다고 볼 수 있다. 이 지점 때문에 《창작과 비평》, 《문학과 지성》의 잡지들이 촉발되었으나, 시간이 지남에 따라 이들도 '문예지 계보학'이 만들어지게 되었다.[28]

〈김현승의 사신 6 – 박봉우 사신(1)〉[29]의 내용은 다음과 같다.

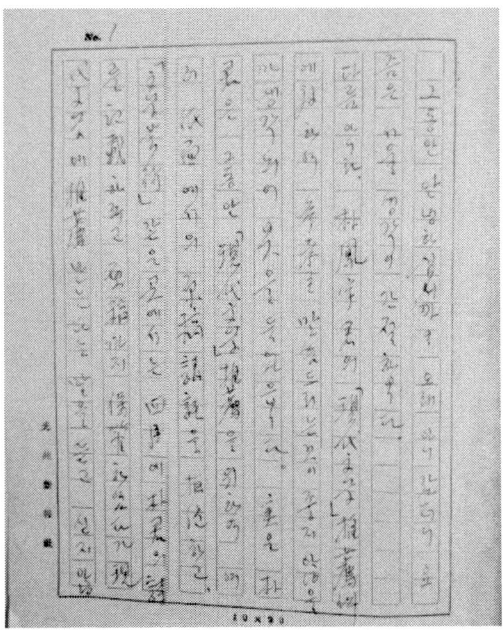

김현승의 사신 6 – 박봉우(1)

27 정규웅, 『글동네에서 생긴 일: 60년대 문단 이야기』, 문학세계사, 1999, 199쪽.

28 졸저, 『조연현 평전』, 역락, 2006.

29 김현승이 쓴 사신 기록물은 《광주신보사》원고 용지이다. 당연히 그의 원고 발표와 관련성이 있다. 〈작품 연보〉와 평전에 필요한 자료의 가치가 있다.

그동안 안녕하십니까? 오래 아니 갔더니 서울 생각이 간절합니다.

다름 아니라, 朴鳳宇 君의 《現代文學》 推薦 件에 대하여 참고로

말씀드리는 것이 좋지 않을까 생각되어 붓을 들었읍니다.

實은 朴君은 그 동안 《現代文學》 推薦을 위하여

여러 紙面에서의 原稿 請託 拒絶하고,

《文學藝術》 같은 곳에서는 四月에 朴 君의 시를 게재하겠다고 原稿까지 保管하였다가

《現代文學》에 推薦 받는다는 말을 듣고 신지 않(고 말았읍니다.)

—「전문」 중에서

박봉우가 《현대문학》에 추천받는다는 것 때문에 여러 잡지에 작품 발표를 미루었다는 내용의 사신 기록물이다.

〈김현승의 사신 7 – 박봉우 사신(2)〉에는 다음과 같은 내용이 있다.

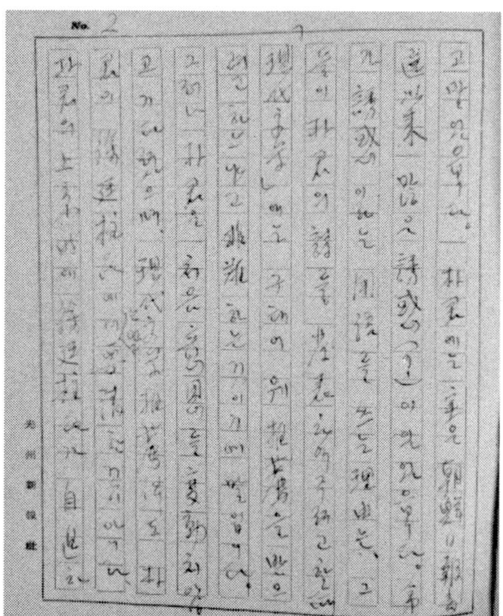

김현승의 사신 7 – 박봉우(2)

(고 말았읍니다.) 朴君애게 實은《朝鮮日報》當選 후 많은 誘惑(?)이 있었읍니다.

제가 誘惑이라는 國語를 쓰는 이유는, 그들이 朴君의 詩를 發表하여
주려고 할 때,《現代文學》에는 구태여 웨 推薦 받으려고
하느냐고 非難하는 것이기에 말입니다.
그러나 朴君은 처음 意思를 變動치 않았고 기다렸으며,
朴君이 徐廷柱 氏에게는 먼저 要請한 것이 아니라
朴君이 上京 時에 徐廷柱 氏가 自進하여

—「전문」 중에서

《조선일보》에 당선되면서 여러 잡지에서 작품 게재(揭載) 요청이 있었지만 모두 거절했으며, 이는《현대문학》의 추천 건과 관련되어 있었기 때문이다.《현대문학》의 추천 완료 건에 대해 박봉우가 상경했을 때 서정주 씨가 먼저 자진했다고 밝혔다. 그런데 왜 추천하지 않느냐에 대한 항의의 사신이다.

박봉우는 1956년(23세) 당선과 동시에 상경해 창작에 몰두했으며, 간혹 술을 마시면 곧잘 시대와 현실을 고발하는 목소리를 높였다. 박봉우는 폭음과 방랑 그리고 극도의 가난으로 살았던 김관식, 천상병과 더불어 한국 시단의 3대 기인(奇人)으로 불렸다. 서울에서 시화전도 몇 차례 열만큼 열정이 많았다. 그러나 일정한 직업도 없는 시인은 피폐(疲弊)한 삶과 병마에 시달렸다. 이후 70년대 중반, 1975년(42세)쯤 전주로 낙향(落鄕)해 시립도서관 사서로 지냈다.[30]

〈김현승의 사신 8-박봉우 사신(3)〉에는 다음과 같은 내용이 이어진다.

---

30 신동한,「박봉우 시인과 술」,『문단주유기』, 해돋이, 1991, 143~148쪽.

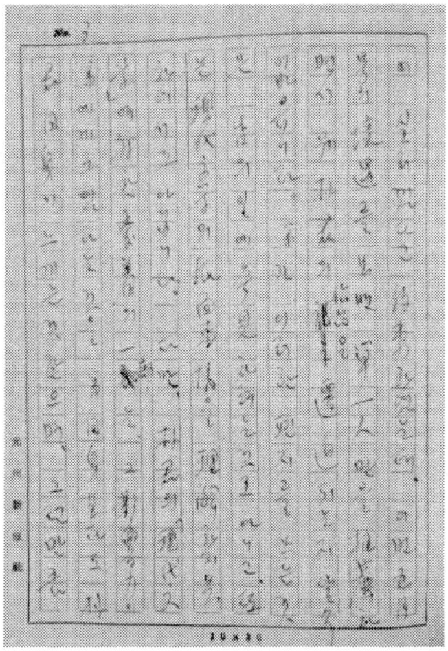

김현승의 사신 8 - 박봉우(3)

신겠다고 提案하였는데, 이번 五月號의 境遇를 보면

單 一人만을 推薦하면서 웨 朴君의 作品은 遷迫되는지 알 수 없읍니다.

弟가 이러한 편지를 쓰는 것은 남의 일에 參見하려는 것도 아니고,

또는 現代文學의 紙面事情을 理解하지 못하여서도 아닙니다.

다만, 朴 君의《現代文學》에 對한 執着의 一部는 그 影響力이

弟에게도 있다는 것을 弟 自身보다도 朴君 自身이 느끼는 것 같으며, 그런 만큼

—「전문」 중에서

앞의 사신에 이어,《현대문학》5월호에 단 한 사람만을 추천하면서 박봉우가 추천되지 않은 이유에 대해 강하게 항의하는 내용이다. 김현승은 남의 일에 참견하려는 것도 아니고,《현대문학》의 지면 사정을 이해 못 하는 것도 아니지만, 이 상황에 대한 도의적 책임이 김현승 자신에게도 있다는 점을 느낀다면서, 도저히 이 상황을 이해하기 힘들다는 것을 조연현에게 전달한다.

박봉우가 직접 해결하지 못하고, 왜 김현승이 나선 것일까? 1950년대 문예지 추천과 신춘 문예 등단 제도에 내재하는 한국 문단의 구조적인 갈등이 엿보인다.《현대문학》이후 여러 문예지가 추천제도를 지금까지 이어가고 있다. 이해되지 않는 것은, 서정주가 나서서 박봉우를 추

천하겠다고 했고, 이 때문에 여러 매체의 작품 발표도 미루었는데, 서정주가 이를 거절한 이유는 납득(納得)하기 어렵다. 전남 문단의 주도권 다툼인가? 김현승과의 불화 내지는 박봉우의 행동과 태도의 문제인가? 조연현과의 불화 때문인가? 전남 문단의 김현승과 전북 출신이지만 중앙 문단의 서정주와의 문단 다툼으로 비친다. 조선대 교수까지 올 수 있도록 김현승이 배려했는데, 서정주의 태도 변화는 쉽게 이해할 수는 없다. 아마도 두 문인 간의 갈등이 있었음은 분명해 보인다.

〈김현승의 사신 9 – 박봉우 사신(4)〉에는 다음과 같은 내용이 있다.

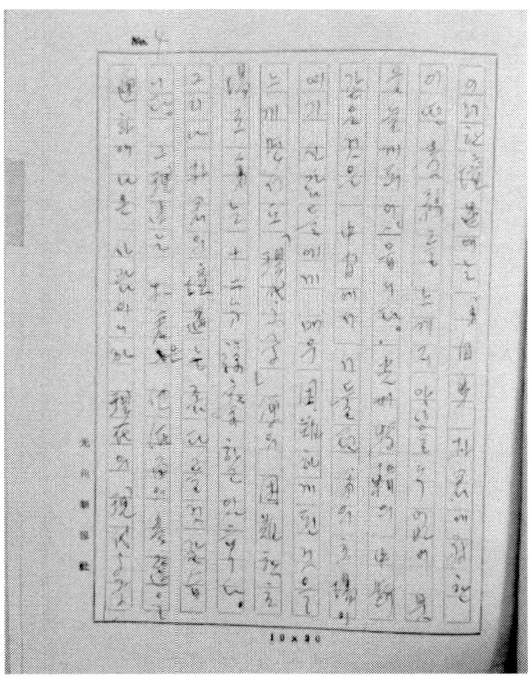

김현승의 사신 9 – 박봉우(4)

이러한 境遇에는 弟 自身 朴君에 對한 어떤 責務를 느끼지 않을 수 없어 붓을 들게 되었읍니다.

光州 特輯의 中斷 같은 것은 中間에서 서둘던 弟의 立場이기에

사람들에게 매우 困難하게 된 것을 느끼면서도

《現代文學》便의 困難한 立場도 弟는 十二分(충분한 정도를 훨씬 넘는 정도로) 讓步하고 있읍니다.

그러나 朴君의 境遇는 좀 다를 것 같읍니다.

朴君의 他 紙面의 當選을 通하여 나온 사람이니까

현재의 《現代文學》의

—「전문」 중에서

앞 사신에 이어, 박봉우가 추천되지 못한 것에 대해 김현승 자신이 책무(責務)를 느끼지 않을 수 없어 붓을 들게 되었다고는 밝히는 사신 기록물이다. 그리고 박봉우는 타 지면에서 당선을 통하여 나온 사람이라는 점을 강조하고 있다. 이미 신춘 문예를 통과한 박봉우이기 때문에 작품성 논란은 없다는 점과 아울러 자신이 추진하고 있는 〈광주 특집〉도 미루어지고 있다는 점을 들어 《현대문학》에 추천되지 못한 상황에 대한 분노를 표출하고 있다. 이는 개인적인 책무성도 있지만, 광주 문단의 자부심과 함께 전국적인 문학 지형도를 형성하려는 김현승의 의도도 있어 보인다. 그리고 박봉우의 집착도 있었다. 어쩌면 전남지역에서 받았던 많은 수상과 《문학예술》(1952년, 18세)의 등단보다도 《현대문학》의 추천 건이 그에게는 현실적인 과제였는지도 모른다. 그만큼 《현대문학》의 문학적 위상이 높았다.

〈김현승의 사신 10 – 박봉우 사신(5)〉에는 다음과 같은 내용이 있다.

관례에 依해서도 推薦없이 그 作品을 실려 줄 수 있는 資格을 가초았고, 또 실지로 타 紙面의 다른 當選者들은 그러한 待遇를 《現代文學》에서 받고 있는 것이 事實입니다. 그럼에도 불구하고 끝까지 推薦받고 나오려는 奇特한 靑年을 《現代文學》에서는 구태여 推薦치 않을 理由는 없는 줄 압니다.

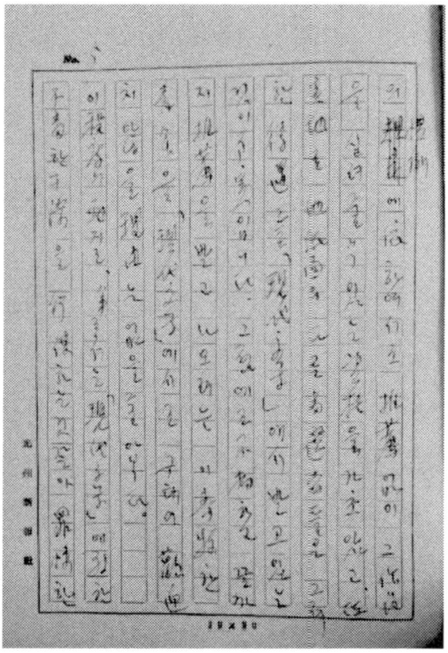

김현승의 사신 10 – 박봉우 사신(5)

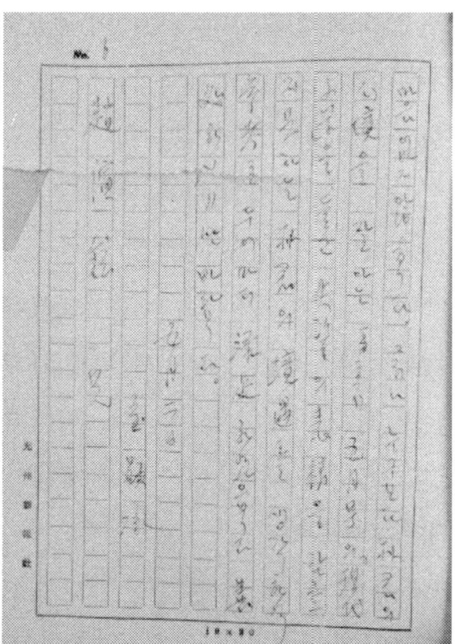

김현승의 사신 11 – 박봉우(6)

이 ○○의 便紙로 弟로서는《現代文學》에 對한 ○○한 ○○을 行使하는 것 잘 알아 罪悚한

—「전문」 중에서

타 지면의 당선자들은《현대문학》에서 작품을 발표할 수 있는 대우를 받고 있다는 사실을 근거로 박봉우의 작품 발표가 미루어진 상황을 김현승은 매우 직설적으로 항의하는 내용이다. 그리고 박봉우가 끝까지 추천받으려고 하는데, 추천하지 않는 부당함과 추천하지 않을 이유가 없다는 데에 대한 항의가 곳곳에 나타나 있다.

〈김현승의 사신 11 – 박봉우(6)〉에는 다음과 같은 내용이 있다.

마음 없지 않습니다. 그러나 누구보다도 朴君의 心境을 잘 아는 弟로서 五月號의《現代文學》을 들고 失望의 表情을 감추지 못하는 朴君의 境遇를 생각하여 參考로 두어 마디 添足하였읍니다.

善處하시기만 바랍니다.

五月 二日

金顯承

趙演鉉 兄

—「전문」 중에서

그는 완결주의자요 퇴고주의자이다. 감성과 논리적인 근거를 활용해 자신의 의도를 정확하게 표현하고 있음을 사신 기록물에서도 확인할 수 있다. 특히 박봉우의 실망감과 자신의 감정을 동일시하는 호소력도 짙게 깔려 있다. 동시에 박봉우의 문학적 역량을 근거로 들고 있다.

〈김현승의 사신 6~11, 박봉우 사신(1)~(6)〉에는 다음과 의미가 있다.

첫째, 신춘 문예와 달리《현대문학》에 대한 문학적 영향력이 높았음을 김현승의 사신 기록물을 통해 파악된다. 또한《현대문학》의 영향력과 지역 작가들의 지면 확보를 통한 전남 문단의 활성화를 위한 김현승의 노력을 볼 수 있다. 그래서 김현승이 전남지역 문단 활동의 교두보(橋頭堡) 역할을 담당했다고 평가할 수 있다. 그리고 김현승이 전남 문단의 중심에 서고자 했다면 서울 문단의 서정주와의 충돌은 불가피(不可避)하다고 할 수 있다. 청마가 이호우(李鎬雨, 1912~1970)와 함께 대구 문단의 문인들과 주도권에 신경을 쓴 점을 비교해 볼 수 있을 것이다. 그렇다면 한국문학과 지역 문단의 형성에《현대문학》의 영향 관계가 있는 만큼 한국문단이면사는 재론되어야 마땅하다.

둘째, 박봉우에 대한 추천 논의에 대한 항의를 통해 등단 제도의 관계 설정에 대한 심각한 논쟁이 야기되었다. 박봉우의 추천 사건으로 서정주와 조연현 그리고 김현승과의 미묘한 관계를 추정할 수 있다. 서정주와 김현승의 문단 관계, 여기에 박봉우의 고집 그리고 조연현이 부탁한 김현승의 시인 100인 선정 등 아주 복잡한 문단의 실타래가 엮여 있는 것처럼 보인다.

셋째, 추천제의 부당함을 반박하는 김현승의 태도에서 비판적이며 지성적인 모습을 볼 수 있다. 그리고 박봉우가 실망하는 마음까지 어루만지는 자상함까지 보이는 시인의 모습이 보인다. 이처럼 김현승은 지역 작가에게 애정이 깊다. 부산의 이주홍(李周洪, 1906~1987) 작가가 《부산일보》와 《동아일보》로 등단한 최해군(崔海君, 1926~2015) 소설가를 《현대문학》을 통해 서울 문단으로 끌어 올리려는 애정도 생각이 난다.[31]

김현승은 문인 후배나 제자들과 가까이 지냈다. 특히 〈문인협회〉 선거철에는 집안이 토론장으로 변해 시끌벅적한 풍경이었다. 평생 '정치 현실'이나 '문단 정치'에 대해 알레르기 반응을 보였으며, 작고 직전에는 '절대 정치하는 사람'과 사귀지 말고 상종하지 말라고 자식들에게 유언처럼 당부했을 정도였다.[32] 그렇다면 김현승은 서정주와 조연현이 어쩌면 문단 정치를 했다고 생각하지 않았을까? 그런데 '결벽증'과 '완벽주의자'인 김현승의 사신 기록물을 보관한 이유가 궁금하다. 수신자 조연현은 김현승의 사신 기록물을 문단 등단과 추전제도 한국문학사의 한 단면으로 인식해 보관한 것일까? 그렇다면 조연현은 《현대문학》의 문학사적 위치를 먼저 점검했을 터이다. 김현승은 어떤 과오나 불편조차도 해결하지 않으면 안 되는 성격이며, 이러한 성격과 행동이 시에는 어떻게 투영되었을까도 궁금하다.

---

31 필자 인터뷰 기사, 「향파 이주홍·고석규 미공개 편지, 세상에 나왔다」, 《부산일보》(2024. 11. 7, 박종호 기자).

32 김순배, 「아버지 다형 김현승」, 《문예운동》, 2006(가을호), 57쪽.

Ⅲ. 김현승의 주변과 위치

일상의 삶과 인생의 절반 이상을 광주에 거주하며 창작 활동을 한 김현승은 1932년 평양 숭실전문학교 문과에 입학하여 기숙사에서 고독한 생활을 이어갔다. 부친의 목회 활동으로 현실적인 경제생활은 어려웠으나, 고독과 빈곤 속에서도 창작 활동을 하던 중, 양주동(梁柱東, 1903~1977) 교수의 눈에 띄어《동아일보》문예란에 소개되면서 문단의 첫발을 디디게 된다.[33] 이후 활발한 문단 활동을 통해 전남 문단의 중심추 역할을 담당하게 된다.

박봉우를 이끌어 준 김현승의 문단 영향력과 1969년 김소월(金素月, 1902~1934)과 김영랑(金永郞, 1903~1950) 등 작고 시인들의 생애와 문학을 다룬 산문집『사랑의 시인상 – 작고 시인의 생애와 문학』이 그 결과물 중 하나이다. 그리고 1955년에〈한국시인협회〉제1회 시인상 대상에 선정되었으나 수상을 거부하였다. 그런데 7월에는 전라남도 제1회 문화상 문학 부문을 수상하였고, 1973년에 서울특별시 문화상 문학 부문 상은 수상하였다. 1961년 한국문인협회 이사로 선출되었다.

1962년 박봉우는《현대문학》신인상 수상을 했으나, 서정주의 추천 건에 대한 문제가 해결되지 않았기 때문에 그 갈등의 폭은 깊었다. 두 시인 사이는 원만하지 못했으나. 아이러니하게도 김현승이 급사하자, 서울 은평구 수색동에 차려진 빈소에 온 서정주가 그의 조시(弔詩)를 낭독했다.

평소 서정주에 대해 싫어하는 아버지의 태도를 본 아들 김순배는 초등학교 교본의 '감수 서정주'를 보고 매우 흥분했던 아버지의 기억을 떠올렸다. 아마도 친일 논란으로 추정된다. 사실 김현승은 1937년 3월에

33 숭실어문학회편,「전남지역 문학 탐구」,『다형 김현승 연구』, 보고사. 1996, 444쪽.

신사참배 문제로 청년 수십 명과 함께 광주 경찰서에서 사상범으로 물고문과 재판을 받았다. 이런 과거 경험에다 박봉우 추천 건까지 겹친 상황에서 서정주에게는 남다른 감정이 있었다고 할 수 있다. 김순배는 아버지께서는 일종의 '결백증'을 가지고 계셨다고 한다.[34] 그러나 아버지는 '산 같고 바다 같은 존재'라고 회고했다. 한국 시단이 다형 김현승 선생으로 인하여 그 스펙트럼을 더욱 풍요롭게 보유하게 되었다면, 나(김순배)와 내 형제들은 아버지 덕분에 부자로 살 수 있었다는 유족의 말이 한국문학사 평가와 다르지 않을 것이다.

김현승은 고독의 시인으로 규정되기도 한다. 그의 '고독'은 신과의 대결, 인간관계와의 대결에서 비롯되었다는 점[35]에서 인간의 보편적 정신과 정서를 풀어낸 시인이라는데, 그의 시사적 의미가 있다. 그러나 그는 묵시적 언어로 고독만을 노래한 것이 아니라, 현실 문단에 대한 비판과 열정을 가진 시인이라는 점에서 문학사에 새롭게 정리되어야 한다.

---

34 김순배, 「아버지 다형 김현승」, 위의 책, 52쪽.

35 박이도, 「차돌같이 단단하고 이슬같이 투명한 영혼의 숨결」, 『내가 받은 특별한 선물』, 스타북스, 2022, 117~121쪽.

*** 참고문헌**

김용직, 『한국현대시사』(1, 2), 한국문연, 1996.

김재홍, 『한국현대시인연구』, 일지사, 1986.

김청배, 「시인의 눈물」, 《문예운동》, 2006(가을호).

김현승 외, 『나의 시 나의 시론』, 신흥출판사. 1960.

김현승, 『한국현대시해설』, 관동출판사, 1972.

박두진, 『한국현대시론』, 일조각, 1970.

박이도, 『내가 받은 특별한 선물』, 스타북스, 2022.

박종석, 『조연현 평전』, 역락, 2006.

신동한, 「박봉우 시인과 술」, 『문단주유기』, 해돋이, 1991.

안경리, 「기획특집: 작가 연구 - 시인 김현승의 삶과 작품 세계」, 문예운동사, 2006(가을호)

이운룡 편저, 『지상에서의 마지막 고독 - 김현승 평전·시선집 - 』, 문학세계사, 1984.

정경온, 『박두진, 박목월, 김현승의 기독교 시 연구』, 한국학술정보, 2008.

정규웅, 『글동네에서 생긴 일 - 60년대 문단 이야기』, 문학세계사, 1999.

정태용, 『김현승론』, 《현대문학》, 1971년 2월호.

조태일, 『김현승 시 정시 연구』, 택학사. 1998.

주태익, 『늘봄 선생과 함께』, 종로서적, 1978.

최동호, 「눈물과 고독의 정결함 - 김현승의 시 세계」, 『불확정 시대의 문학』, 문학과 지성사. 1987.

윌프레드 L. 게린 외 / 최재석 옮김, 『문학 비평 입문』(3판), 한신문화사, 1995.

《시와 시학사》, 「박봉우 집중 연구」, 1993(겨울호).

숭실어문학회편, 「전남지역 문학 탐구」, 『다형 김현승 연구』, 보고사. 1996,

전북 부안문화원, 『황혼에 서서』(백주 김태수 유고집), 2010.

5 「10. 최인희(崔寅熙, 1926~1958)」

강원도 동해의 요절 시인, 그 문학 지형도를 그리다

Ⅰ. 최인희 문학의 접근 방향

최인희의 문학 활동을 모색하는 길은 다음과 같다.

첫째, 등단 경로였던 《문예》의 문학사적 가치 평가와 그의 문학 활동을 정리하는 것이다.

둘째, 6.25 전란 후 문인들의 작품 활동 공간이었던 《현대문학》의 작품 활동을 구명(究明)하는 것이다.

셋째, 지역 문단과 지역 동인 활동 등을 살펴보는 것이다.

넷째, 그의 시 가운데 가곡으로 만들어진 작품(「길」)과 음악성의 관계에 대한 특징 규명 등이다.[1]

최인희는 1950년 4월에 「낙조」(서정주 추천), 6월에 「비 개인 저녁」(모윤숙 추천) 그리고 1953년 6월에 「길」(모윤숙 추천) 등이 《문예》(1949년 9월 창간)에 추천되면서 등단했다. 이후 조연현(趙演鉉, 1920~1981)이 주간으로 있었던 《현대문학》(1955년 1월 창간)에는 시와 수필 등의 작품을 발표하였다.

해방 이후 최초로 발행된 본격적인 순문예지인 《문예》는 염상섭(廉想涉, 1897~1963),[2] 황순원(黃順元, 1915~2000) 그리고 송욱(宋稶, 1925~1980) 시인 등과 같은 작가들의 작품이 수록되었을 만큼 문학적 권위를 세우는 데 조연현의 노력과 애정이 돋보였다. 《문예》의 창간과 신인 추천에 대해 김동리(金東里, 1913~1995)는 다음과 같이 설명하고 있다.

> 대한민국 정부가 수립된 이듬해인 1949년, 중앙문화협의회와 한국청년문

---

1 박종석, 『작가 사신 연구 방법론』, 월인, 2023, 165쪽.

2 호는 제월(霽月)·횡보(橫步). 문예 전문지 《폐허》의 동인으로 「표본실의 청개구리」를 발표하면서 한국 근대문학의 기수가 되었다. 이후 「만세전」, 「삼대」를 비롯하여 자연주의적 성향의 작품을 다수 남겼다. 인간의 본질 파악과 리얼리즘 문학의 확립에 기여했다는 평가를 받는다.

학가협의회 소속 회원 전부와 과거 문학가동맹에 소속되었다가 자유 진영으로 전향한 문인들의 총 단합으로 한국문학가협회를 결성하였고, 이러한 문단의 대변자로서 순문예지 《문예》가 창간호로 간행되었다.

사장에 모윤숙 여사, 주간에 나, 편집에 조연현 씨, 경리에 하한수 씨, 그리고 편집 실무에는 홍구범 씨와 이종찬 씨 등의 진용이었는데, 나중에 미당도 합세하게 되었다.

나는 그때 문예 추천 작품 모집에서 박종화, 염상섭 선생과 함께 소설 추천을 맡아보았다.

–김동리, 「나를 찾아서」, 『김동리 전집(8)』

《문예》의 창간 취지와 신인 추천제를 이어 조연현은 1955년 《현대문학》 창간을 주도하면서 신인 추천제를 적극 수용해 한국 문학 지형도를 만들었다. 《현대문학》이 발행되자 동시에 두 개의 순문예지인 《문학예술》(1955년 6월~1967년으로 2년 6개월 통권 29호)과 《자유문학》(1956년 5월~1957년 6월로 속간 후 1963년 6월 종간)이 창간되었지만, 《현대문학》만큼 판매되거나 역량 있는 작가들을 배출해 한국 문단 지형도를 확장하는 성과를 거두지는 못했다.[3]

최인희는 서울 중앙 문단의 《현대문학》에 작품을 발표하면서도 강원도 강릉에서 동인 활동을 치열하게 이어갔다. 강원도 일대에서 활동했던 문인은 함북 단천 출신의 요절한 평론가 김종후(金鍾厚, 1930~1957)[4]와 강릉 출신 시인 박기원(朴琦遠, 1908~1978) 등이 있는데, 이들의 사진을 조연현이 보관하고 있다. 그리고 강릉이 낳은 한국의 대표적

3 원응서의 「문학예술」, 조연현의 「현대문학」, 이인석의 「자유문학」(『해방문단 20년』, 한국문인협회, 정음사. 1966.) 참고.

4 김운학, 「김종후 생각」, 『현대문학』(96호), 현대문학사, 1962년 12월 참고.
박종석, 「3. 2) 김종후: 동양적 시각의 비평 추의 단절」, 『정릉으로 온 편지(첫 번째 이야기)』, 월인, 2024 참고.

시인은 김동명(金東鳴, 1900~1968)이 있다. 그는 자연을 노래한 시인이었고, 특히 일제에 항거하여 1942년 「술 노래」를 끝으로 해방될 때까지 붓을 꺾었으며, 창씨개명(創氏改名)을 거부한 민족시인이다.

특히 해방과 동시에 비극적 상황으로 상징되는 6.25 전후에 최인희는 강원도 강릉 지역에서 〈청포도〉 동인으로 문학 활동을 전개했다는 측면에서 지역 문단의 활력소가 되었다. 〈청포도〉는 1952년과 1953년 2호로 끝난 강원도 지역 최초의 동인지이다. 1950년대 초, 광주의 〈영도〉 동인 박봉우(朴鳳宇, 1934~1990), 부산의 〈시작품〉 동인 고석규(高錫珪, 1932~1958) 그리고 강릉의 최인희의 〈청포도〉 동인 활동은 동시대의 지역 문학을 선도하고 견인(牽引)했다.[5] 전국적인 문단 활동의 흐름을 간파했던 서울 문단의 조연현은 한국문학사의 균형적 차원에서 이들을 들여다보고 있었다.

동인지 문학사가 해방 전까지라고 한다면, 해방 후 최초로 간행된 동인지는 〈백맥(白脈)〉이다. 이 동인지는 1945년 10월호가 창간호이자 종간호가 되었다. 구경서(具慶書)를 주도로 하여 김윤성(金潤成, 1926~2017), 정한모(鄭漢模, 1923~1991) 등이 동인이었고, 창간사는 김윤성이 집필했다.[6] 특히 김윤성은 초등학교 이외의 학교 교육을 받지 않고, 1940년경부터 문학 서적 탐독과 시작에 몰두했다. 시인으로 공인된 것은, 해방 직후인 1945년 동인지 〈백맥(白脈)〉을 통해서였다. 1946년에는 시 전문 동인지 〈시탑(詩塔)〉 활동을 하는 한편, 〈한국청년문학가협회〉 창립 회원 활동도 했다. 정한모는 서울대 국문과 교수뿐만 아니라 각종 단체장을 역임하기도 했다. 이처럼 해방 전후, 한국 해방기 문학의 문학 동인지와 한국문학사의 연속성을 검토하는 것 또한 연구 가치가

---

5 「분단 시대를 함께 걷던 〈영도〉 동인과 박봉우」, 『문단유사』, 한국문인협회, 245~249쪽.
6 조연현, 「서울 수복과 학·예술원 발족」, 『남기고 싶은 이야기들』, 정음사, 1981, 99쪽.

있다고 판단된다.

1950년 초부터 조연현과 가장 밀접하게 교류했던 시인은 단연 최인희라고 할 수 있다. 박봉우는 1956년 1월 《조선일보》 신춘 문예에 「휴전선」으로 등단했지만, 김현승을 통해 다시 서정주의 추천을 받고자 했으나 《현대문학》 신인상을 받을 때까지는 조연현과의 직접적인 교류는 없었다. 그리고 고석규는 《현대문학》의 원고 청탁으로 교류가 있었다. 다만 안타까운 사실은 최인희가 20대 중반에 등단해 32세의 나이로 대략 10년 정도의 짧은 문학 활동을 마감(1958년 8월 31일)한 비운의 시인으로 지역 문학사에 남았고, 한국시사에는 사라졌다.

최인희는 강원도 강릉 지역에서 활동한 시인으로 1926년 강원도 삼척에서 출생하였다. 대구 대륜 중학교를 거쳐 동국대학교 국문과를 졸업하였다. 오대산에서 한문과 불경 등을 수학하였다. 강릉여자고등학교, 강릉사범학교, 숙명여자고등학교 교사로 재직하던 중 1958년 8월 31일 지병인 간염으로 작고하였다.

1982년 외동딸인 최지은[7]과 지인들에 의해 최인희의 시와 수필을 함께 묶은 유고집 『여정백척(旅情百尺)』이 출간되었으며, 동해시 삼화사 입구와 강릉 경포 호수 주변에 그의 시비가 후학에 의해 건립되었다. 특히 한국 전쟁 당시(1951~1952년), 강원 지역에서 〈청포도〉 동인으로 활동했으며, "지극히 향토적이며 불교적 시미를 구축하여 관조와 사유, 그리

---

7 1992년 네바다 주립대학교 간호학과 졸업. 1999년 『한국 수필』로 등단. 〈시마을〉 북가주 지부 회원. 재미 수필가협회, 미주 문인협회 회원. [상훈] 1996년 한국일보 샌프란시스코 생활 수기 당선. 1997년 《한국일보》 LA 문예 공모 단편 소설 입선. 2001년 『시마을』 신인상 수상. [수필] 『은자작나무가 서 있는 마을』(토우, 2001)(〈한국여성문인사전〉 참고.). 2022년 10월 27일(목) 오후 2시쯤 한국문협 동해지부장인 김진자 님으로부터 따님의 소식을 전해 들었음. 2022년 10월 28일(금)에는 동국대에서 박사학위를 받은 세명대 이창식 교수에게도 조연현에 대한 대학 강의 이야기 등을 경청하였음. 외동딸인 최(전)지은은 『그래도, 당신이 살아있으면 좋겠다』(2021)라는 수필집을 출간했다. 최인희 시인의 피를 물려받은 전지은 작가는 현재 미국에 거주하고 있다.

고 무구(無垢)의 시 세계를 생명의 서정으로 펼쳐 보인 정직한 삶의 여정(旅程)"을 그린 시인으로 평가받는다.[8] 그러나 한국시문학사에서 그의 시 세계에 대한 연구가 부족했다는 점에서 재조명이 필요한 작가이다.[9]

그는 조연현이 주관했던《문예》와《현대문학》을 통해 작품 활동을 했으나, 비교적 주목받지 못한 시인이었다. 하지만 그의 창작 세계를 볼 수 있는 연구와 조연현의 비평적 안목을 볼 수 있다는 점, 그가 조연현에게 보낸 사신 기록물을 통해 문학 활동에 대한 번뇌와 인간적 교유 관계를 볼 수 있는 지점에서 사신 연구와 정리가 필요하다.[10]

최인희와 비슷한 시기에 강원도 속초에서 활동한 김종후(金鍾厚, 1930~1958)도 마찬가지로 비운의 작가이다.[11] 이 두 작가는 1950년대 전후한 강원도 지역에서 활동하며 기대를 모았으나, 요절로 인해 문학 활동과 문단 활동을 멈추었다. 다행히 이들의 문학적 성과를 문학상으로 제정해 지금까지 시상하고 있으나, 문학사의 확장성 모색을 위한 작품과 작가 연구가 부족한 현실이다.

---

8 최인희 시인이 삼척초등학교를 다녔다는 것은 사실이 아니다. 최인희 시인은 천은사에서 살 때 미로 초등학교를 다녔고, 이 사실은 정연석 선생(작고)의 증언이 있었다. 미로 초등학교에서 동해 송정 초등학교로 전학했다(〈디지털강릉문화대전〉). 최근 이창식 교수는 동해 문학 운영회에 참석(2023년 2월 25일 금요일)해서 최인희는 부평 초등학교를 졸업했다는 초등학교 졸업 사진을 확인했다고 한다.

9 이성교, 김원기, 박종해, 최홍걸(좌담), 「최인희의 시세계와 생애」,《두타문학》(10집), 두타문학회, 1987, 5~10쪽.
남기택, 「시, 로칼리티, 경계 사유 – 최인희 시의 실질성」, 『강원도 작고 문인 연구총서-영동 지역 문인을 중심으로』, 관동문학회, 2015, 13~29쪽.
______, 「최인희 시 연구」,《비평문학》(32호), 한국비평문학회, 2009. 6
이창식, 「동해문학유산의 가치와 최인희 시인」, 동해문인협회(2022. 9. 30), 6~24쪽.

10 최인희의 삶과 문학 세계를 조명하기 위한 구체적인 연구로 『최인희 평전』을 집필 중이다(2022년 10월 29일). 그러나 2024년 12월 17일 현재 집필을 중단했다.

11 함경북도 청진 출생으로 6.25 때 월남해 서라벌 예술대학 졸업 후, 1956년《현대문학》에 「작가의 패기」, 「위기의 해결과 극복」 등을 발표하면서 평론 활동을 시작했다. 안타깝게 교통사고로 20대 약관(弱冠)의 나이에 사망한 강원도 속초(묘지는 고성군 토성면 성대리)에 거주하면서 활동한 비평가이다.

Ⅱ. 〈최인희의 사신 기록물〉 내용 분석

최인희의 사신 기록물은 3통 11장이 남아있다. 사신 기록물은 발신자와 수신자의 일상사와 문단 활동이 상세하게 나타나기 때문에 조연현과 최인희 연구 자료로도 가치가 있다.

1. 전시판 《문예》와 추천제

다음은 〈최인희의 사신 1~2〉는 1통 2장으로 구성되어 있다.

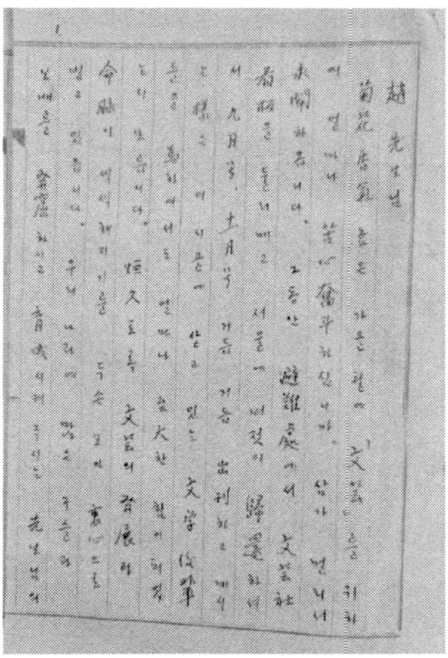

최인희의 사신 1

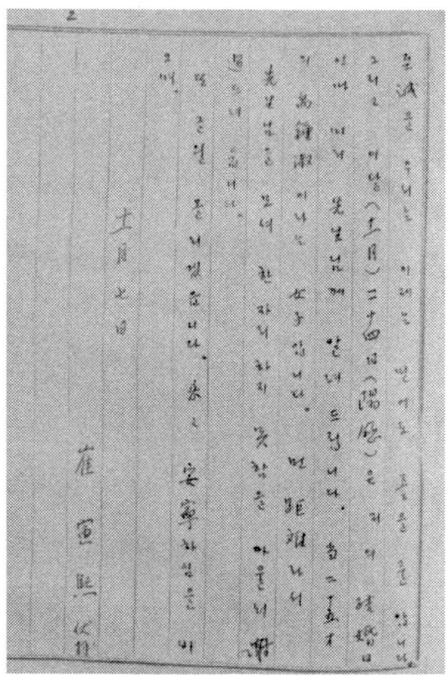

최인희의 사신 2

〈최인희의 사신 1〉에는 다음과 같은 내용이 있다.

> 國化 香氣 높은 가을철에 「文藝」를
>
> 위하여 얼마나 苦心 奮鬪 하십니까.

삼가 멀리서 承聞하옵니다. 그 동안 避難處에서
文藝社 看板을 둘러메고
서울에 버젓이 歸還하셔서 九月號 十一月號
거듭 出刊하고 계시는 樣은
이 시골에 살고 있는 文學 後輩들을 爲하여서도
얼마나 至大한 힘이 되었는지 모릅니다.
恒久토록 文藝의 發展과 명○이 씩씩해지기를
두손 모아 衷心으로 빌고 있읍니다.
우리나라에 많은 구슬과 보배를 發掘하시고
育成시켜 주시는 先生님의

—「전문」 중에서

6.25 전후 조연현의 고달픈 일상생활과《문예》발간을 설명한 사신 기록물이다. 조연현의 문단 회고록(「90일간의 지하 생활」)에는 6.25 전쟁으로 서울에서 숨어 다니면서 생계를 위해 '끼니와 만년필, 옷가지'까지 팔았으며, 심지어 아이들의 베개 속의 좁쌀까지 꺼내 죽을 끓여 먹기도 했을 정도였다고 술회하고 있다. 이런 전시 상황에서도 전시판《문예》를 간행했을 만큼 조연현은 열정과 노력을 쏟았다.《문예》발간으로 조연현은 전국 문인들과 교유했으며, 해방 전후 서울 중심 문단의 전유물이었던 문학을 전국적으로 대중화하면서 동시에 활성화하는 역할을《문예》를 통해 실천했다는 점을 평가할 수 있다.

《문예》이전에 조연현은《예술부락》을 주재하였다. 해방 전후 혼란기에 좌우 이념의 문학 단체가 결성되면서 좌경 문인 단체인 〈문학가동맹〉과 이에 대응하는 〈문필가협회〉의 결성과 동시에 조연현이 주재한《예술부락》이 창간된다. 특히 1946년 예술부락사에서 조연현이 해방 직후 순수 문학과 민족 문학을 수호하기 위하여 창간한 문예 잡지이다.

1946년 1월 1집부터 3집까지 발행하였다. 참여한 문인으로는 조지훈(趙芝薰, 1920~1968), 최태응(崔泰應, 1916~1998) 등이었다.[12] 대부분 우파 진영의 문인들이었고, 이 잡지를 통해 등단한 문인 중에 김수영(金洙暎, 1921~1968) 시인도 있었다. 김수영은 제2집에 「묘정의 노래」를 발표함으로써 시인의 길을 걷게 된다.

잡지의 규모상 단형의 서정시, 수필, 소설을 실었고, 조연현은 이 잡지에 「새로운 문학의 방향」(1집), 「오장환론 - 원시적 시인」(2집), 「순수의 위치」(3집) 등을 발표하여 당시 우파 진영의 문학 논리를 대변하였다. 1945년 '로마의 폐허처럼 황폐했던 서울 명동'은 생사의 고통 속에서 점차 옛 모습으로 복구되면서 전혀 엄두를 내지 못했던 시기에 이영일 씨가 주도해 《시와 비평》을 발간해 활동한다.[13]

'至大(지대)한 힘이 되었는지 모릅니다.'라는 서신 내용에서 《문예》에 대한 조연현의 열정과 자신의 기대감을 보였다. 이러한 열정과 기대감을 준 것은 《문예》와 조연현이라는 사실을 거듭 강조하고 있다. 수신자 조연현이 〈작고 문인 서신철〉을 정리 보관한 이유 중 하나는 문예지의 문학사적 가치를 알고 있으며, 문예지에 대한 애정과 자신의 노력을 객관화시켜 볼 수 있는 확고한 자료라는 점에 가치를 부여했기 때문이다.[14]

조연현의 개인적 일상사를 알고 있을 정도로 최인희와 친밀도가 높았다. 이 서신 기록물로 수신자 조연현의 전기적 사실이 간접적으로 증명된다는 점에서 귀한 자료이다. 피난처를 떠돌며 《문예》를 발간했다는 사실을 통해 조연현의 노력과 그 성과를 증명하는 서신 기록물로 보인다. 이러한 전말을 조연현은 문단 회고록(「도강파와 잔류파」, 「제주도로

---

12 이형기, 「동인지」, 『해방 문단 20년』(한국문인협회 발행), 정음사, 1966, 194~195쪽.

13 조연현, 「서울 수복과 학·예술원 발족」, 위의 책, 99쪽.

14 서신 내용에 따라 수신자의 문학성 관련성이 있다는 점에서 조연현을 평가할 수 있다.

간《문예》전시판」)을 통해 밝히고 있다. 6.25로 헤어진 이후에도 조연현의 안부를 묻는 최인희의 인간적 면을 '承聞(승문: 존경하는 사람에 관한 소식을 들음)'이라는 표현으로도 충분히 알게 된다.

〈최인희의 사신 1〉에는 다음과 같은 내용을 확인할 수 있다.

첫째, 6.25 전후 비참한 상황 속에서도 조연현이《문예》발간을 위해 고군분투(孤軍奮鬪)했다는 사실을 사신 기록물이 생생하게 설명하고 있다.

둘째, 최인희는 한국 문단에서《문예》의 위상을 '구슬과 보배를 발굴'한 것으로 평가하고 있어, 조연현의 문단 활동을 높이 평가했다.

〈최인희의 사신 2〉에는 다음과 같은 내용이 있다.

> 至誠을 우리는 믿어도 좋을 줄 압니다.
> 그리고 이 달(十一月 二十四日: 양력)은
> 저의 結婚日인 바 널리 先生님께 알려드립니다.
> 當 二十 五世의 禹鍾淑이라는 女子입니다.
> 먼 距離라서 先生님을 모셔 한자리하지 못함을
> 아울러 謝過드려 옵니다.
> 또 글월 올리겠읍니다.
> 來來 安寧하심을 비오며,
> 十一月 七日
> 崔寅熙 ○○
>
> —「전문」중에서

이 사신은 70여 년 전의 사신 기록물이다. 6.25 전후 최인희의 문단 활동과 조연현의《문예》발간에 관한 사실적인 기록으로서 가치가 있다. 초등학교 교사인 우종숙과 함께 결혼식을 올린다는 사실을 조연현에게 알릴 정도로 인간적 교유 관계가 깊었다. 1950년대쯤 결혼한 사실로 보아, 이 사신 기록물의 발신 연도는 1950년 이후이고, 발신 날짜는 11월 7일로 특정할 수 있다. 시인의 전기적 사실을 파악하기 위해 유족과의 인터뷰 혹은 도움이 필요하다.[15]

〈최인희의 사신 2〉에는 다음과 같은 내용을 확인할 수 있다.

첫째, 최인희의 가족 형성이 어떻게 이루어졌는지에 대한 전기적 기초 사실을 파악할 수 있다.

둘째, 최인희 자신의 혼사에 대해 알린다는 것으로 보아 조연현과의 인간적인 교유 관계가 어느 정도인지를 짐작할 수 있다.

다음 〈최인희의 사신 3~5〉는 1통 3장으로 구성되어 있다.

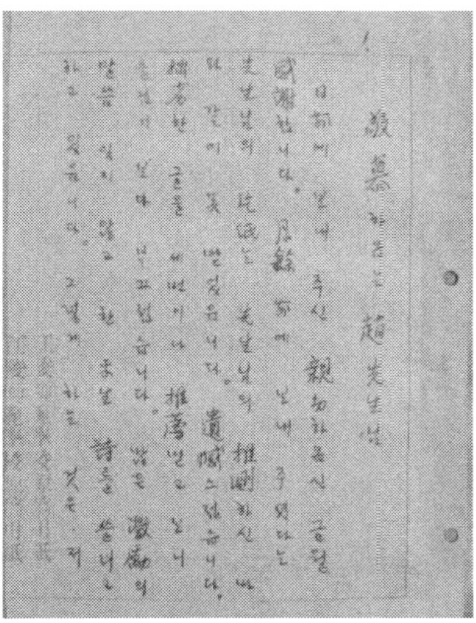

최인희의 사신 3

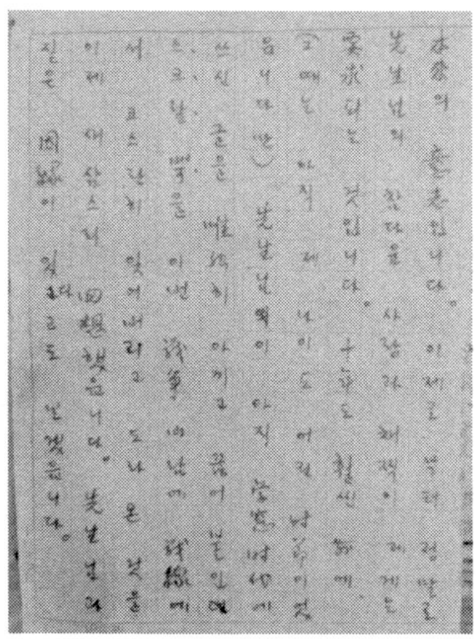

최인희의 사신 4

〈최인희의 사신 3〉에는 다음과 같은 내용이 있다.

敬慕하옵는 趙 先生님

15 따님과 몇 번 연락은 했으나, 부인 사망 후 미국으로 돌아가 연락이 두절됨.

日前에 보내주신 親切하옵신 글월 感謝합니다.

○○前에 보내 주셨다는 先生님의 便紙는 先生님의의 推測하신 바와 같이 못 받었읍니다. 遺憾스럽읍니다.

拙劣한 글을 세 번이나 推薦 받고 보니 즐겁기보다 부끄럽읍니다.

많은 激勵의 말씀 잊지 않고

한 平生 詩를 쓸려고 하고 있읍니다.

그렇게 하는 것은 저

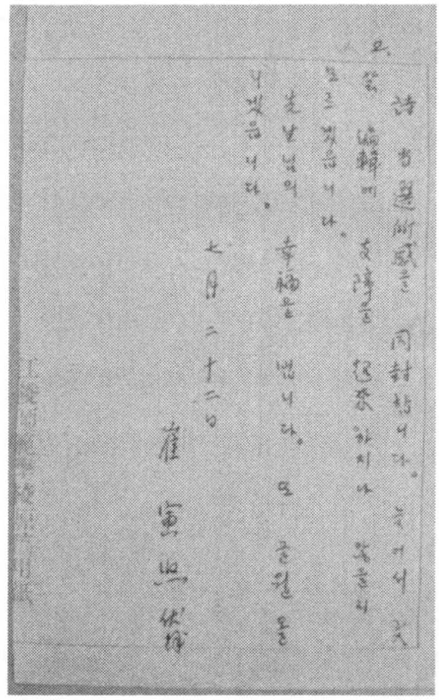

최인희의 사신 5

—「전문」

‘拙劣한 글을 세 번이나 推薦 받고 보니’라는 내용으로 보아, 최인희가 마지막으로 추천받은 시점의 사신으로 판단된다. 1953년 6월 「길」(모윤숙 추천)이 《문예》에 추천되었기 때문에 이 사신 기록물은 1953년 7월 22일로 특정된다.[16] 자신을 믿어 주는 조연현에 대한 애정이 곳곳에 묻어나는 내용이 담긴 사신이다. ‘한평생 시’를 창작하겠다는 각오를 드러낸 사신이다. 그러나 새 희망과 치열한 문학성을 보여주겠다는 그의 다짐은 안타깝게도 1958년에 멈추었다.

〈최인희의 사신 3〉에는 다음과 내용을 확인할 수 있다.

첫째, 최인희의 공식적인 등단의 무대가 《문예》임을 알 수 있다.

16 한국문인협회 편, 「제5부 주요 작품 목록-문예」, 『해방 문단 20년』, 정음사, 1966, 214~220쪽.

둘째, 최인희 자신의 치열한 창작 정신을 보여주겠다는 다짐이 나타나 있다.

〈최인희의 사신 4〉에는 다음과 같은 내용이 있다.

> (저) 本來의 意志입니다.
> 이제로부터 정말로 先生님의 참다운 사랑과 채찍이 제게는
> 要求되는 것입니다.
> 十年도 훨씬 前에(그때는 아직 제 나이도 어린 時節이었읍니다만)
> 先生님이 아직 學窓 時代에 쓰신 글을 ○○히
> 아끼고 끊어 붙인 스크랍 뿍을 이번 戰爭 바람에 戰線에서
> 고스란히 잊어버리고 도라온 것을 새삼스리 思想했읍니다.
> 先生님과 짙은 因緣이 있다고도 보겠읍니다.
>
> ―「전문」 중에서

6.25 전란으로 서울에서 북한 정치 보위부에 지명 수배를 받아 박종화, 김동리와 함께 조연현은 불안과 공포 속에서 지냈다. 이런 상황 속에서 조연현이 학창 시절 쓴 글을 분실한 사실을 언급하고 있다.

〈최인희의 사신 4〉에는 다음과 내용을 확인할 수 있다.

첫째, 6.25 전란으로 조연현이 학창 시절 썼던 작품이 소실되었다는 일화를 소개하고 있다. 전쟁의 고통과 창작에 대한 심리적 공감을 보인다.

둘째, 수신자 조연현에 대한 전기적 사실을 뒷받침하는 내용으로 작가 전기나 평전 집필에 활용할 수 있는 간접 자료인 셈이다.

〈최인희의 사신 5〉에는 다음과 같은 내용이 있다.

> 詩 當選 所感을 同封합니다.
> 늦어서 文藝 編輯에 支障을 招來하지나

않을지 모르겠읍니다.

先生님의 幸福을 빕니다. 또 글월을 올리겠읍니다.

七月 二十 二日

崔寅熙 ○○

—「전문」 중에서

최인희가 3회 추천으로 당선 소감을 동봉해 보낸다는 내용이다. 대략 1953년 7월 22일 정도로 특정된다. 그가 추천받은 마지막 시기는 1953년이기 때문에 추정되는 것이다. 최인희의 사신에는 5살 위인《문예》주간 조연현에게 항상 예의를 다하는 태도를 보였다.

〈최인희의 사신 5〉에는 다음과 같은 의미가 있다.

첫째, 최인희의 3회 추천에 대한 구체적인 사실을 확인할 수 있다. 이 추천으로 개인 창작 활동과 지역 문단과 동인 활동의 활력소가 되었다.

둘째, 발신자 최인희의 등단에 수신자 조연현이 일정한 역할을 했음을 알 수 있다. 여기에 지역 문단의 활성화와 지역 문단 지형도를 넓히는 조연현의 구상을 엿볼 수 있다.

2. 6.25 동란과 강릉의 〈청포도〉

다음 〈최인희의 사신 6~11〉은 1통 6장으로 구성되어 있다.

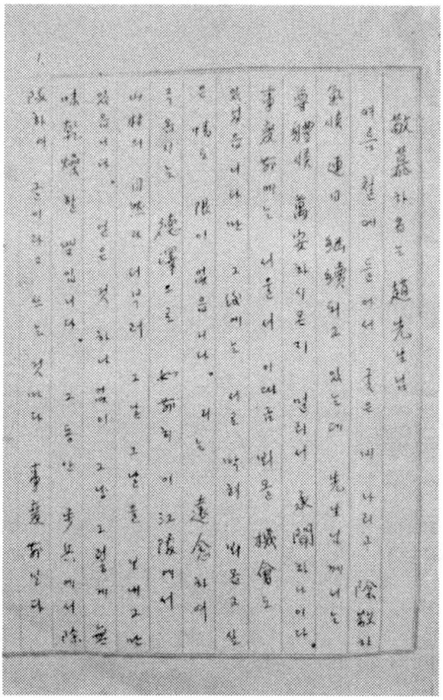

최인희의 사신 6

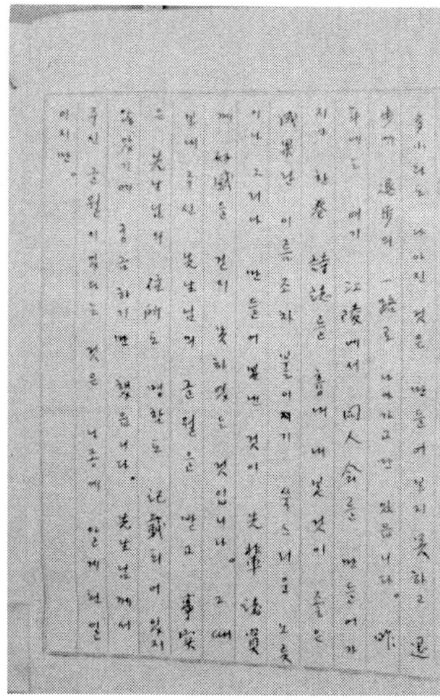

최인희의 사신 7

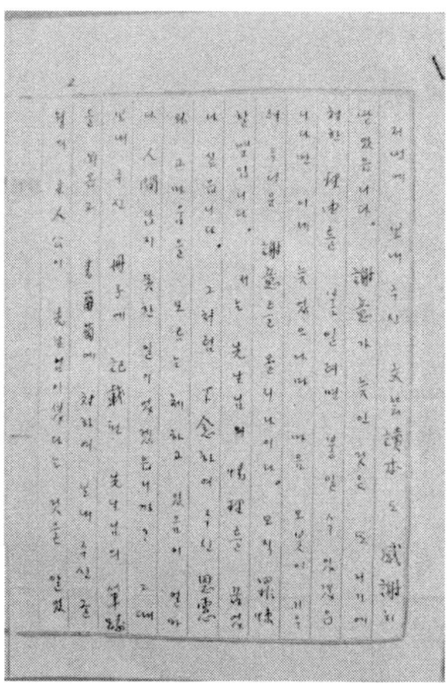

최인희의 사신 8

〈최인희의 사신 6〉에는 다음과 같은 내용이 있다.

> 敬慕하옵는 趙 先生님
> 여름 철에 들어서 궂은 비 나리고
> ○○한 氣候 連日 繼續되고 있는데
> 先生님께서는 事變 前에는 서울서 이따금 뵈올
> 機會도 있었읍니다만
> 그 後에는 서로 막혀 뵈옵고 싶은 情도 限이 없읍니다.
> 저는 遠念하여 주시옵시는 德澤으로 如前히
> 이 江陵에서 山村의 自然과 더부러 그날 그날을
> 보내고만 있읍니다.
> 얻은 것 하나 없이 그냥 그렇게 無味乾燥할 뿐입니다.
> 그 동안 步兵에서 除隊하여 글이라고 쓰는 것마다
> 事變 前보다
>
> —「전문」 중에서

6.25 전란의 민족 비극적 상황에서 개인 간의 인연조차 '서로 막혀' 있다. 최인희가 조연현에 대한 '遠念(원념: 멀리 떨어져 있는 사람의 신상을 생각하거나 걱정함)'을 표현한 사신 기록물이다. 거주 공간인 강릉의 산촌 자연의 풍광보다는 삶의 무료함 속에서 '글이라고 쓰는 것마다 사변 전'보다 좋은 글이 아니라는 창작의 번뇌를 토로하고 있다. 이러한 그의 심리적 변화가 시 창작에 어떻게 반영되었는가에 대한 검토도 유고집에서 확인할 필요가 있다.

〈최인희의 사신 6〉에는 다음과 같은 의미가 있다.

첫째, 문단 활동 무대인 강릉에 거주하면서 창작의 번뇌를 이야기하고 있다. 6.25 전후 시 세계의 변화 양상을 검토할 필요가 있다.

둘째, 자연 공간을 즐기기보다는 오히려 현실의 삶이 무미건조하다는 일상사를 밝히고 있다. 그렇다면 그의 시 세계는 자연을 노래하는 것과는 거리가 멀다고 할 수 있을까?

〈최인희의 사신 7〉에는 다음과 같은 내용이 있다.

多小라도 나아진 것은 만들어 보지 못하고
步兵에 退步의 一路로 나아가고만 있읍니다.
昨年에는 여기 江陵에서 同人會를
만들어가지고 한 卷 詩誌를 흉내 내 본 것이
좋은 成果란 이름조차 붙이기 쑥스러운 노릇이나
그러나 만들어 낸 것이 先輩 諸賢께 好義를
걷지 못하였는 것입니다.
그때 보내주신 先生님의 글월을 받고
事實은 先生님의 주소도 명함도 記載되어 있지 않았기에
궁금하기만 했읍니다.
先生님께서 주신 글월이었다는 것은 나종에 알게 된 일이지만,

—「전문」 중에서

'江陵에서 同人會를 만들어 가지고 한 卷 詩誌를 흉내 내 본 것'이 바로 〈청포도〉 동인 활동과 동인지 발간이다. 〈청포도〉 동인이었던 황금찬(黃錦燦, 1918~2017)[17]에 따르면 제1집은 1952년 7월 19일 부산에서 발간했다. 강릉 지역 문단 활동의 상황을 보여 준다는 점에서 지역문학사를 읽을 수 있다.

동국대학을 졸업한 최인희가 서울보다는 강릉에서 문단 활동을 한

17 강원도 속초 출생. 《문예》에 「경주를 지나며」(1953년), 《현대문학》에 「접동새」, 「여운」(1955년) 등이 추천되어 문단에 데뷔함.

이유는 서울 문단의 흐름을 두루 아는 바이나, 고교 교사라는 현실 생활의 직업과 고향 의식의 발로 때문에 쉽게 상경하지 못한 것으로 보인다. 이러한 공간적 제약이 고향에 대한 시적 정취를 담을 수 있는 기회가 된 것으로 볼 수 있다.

〈최인희의 사신 7〉에는 다음과 같은 의미가 있다.

첫째, 〈청포도〉 동인 활동의 모습을 구체적으로 이해할 수 있다.

둘째, 최인희 개인뿐만 아니라 강릉 지역 문단 활동에 대한 조연현의 관심을 엿볼 수 있다.

〈최인희의 사신 8〉에는 다음과 같은 내용이 있다.

> 저번에 『문예독본(文藝讀本)』도 感謝히 받었읍니다.
> 謝意가 늦은 것은 또 거기에 처한 理由를 붙일려면
> 붙일 수 있겠읍니다만 이제 늦었으나마 마음 오붓이 기우려
> 두터운 謝意를 올리나이다.
> 오직 罪悚할 뿐입니다.
> 저는 先生님의 情理를 끊었나 싶읍니다.
> 그처럼 下念하여 주신 恩惠와 고마움을
> 모르는 체하고 있음이 얼마나 人間답지 못한 일이었겠읍니까?
> 그때 보내주신 冊子에 記載된 先生님의 筆跡을
> 뵈옵고 靑葡萄에 對하여 보내주신 글월의 主人公이
> 先生님이셨다는 것을 알었(다는 것을 알었읍니다.)
>
> —「전문」

조연현이 보낸 『문예독본(文藝讀本)』에 대한 감사 인사를 보내는 사신이며, 조연현이 〈청포도〉 동인지에 대해 쓴 서평 정도의 글을 읽고 놀람을 표현한 사신이다. 최인희의 생애와 등단 시기와 동인 활동 시기

를 고려해 보면, 〈최인희의 사신 8〉은 1953년 6월 20일로 특정할 수 있다. 따라서 이 책은 조연현의 저작이 아니라, 단순히 문예 창작에 필요한 권장 도서 정도일 수도 있다. 조연현은 1951년(32세) 『문학적 산보』(문예사), 1954년(35세) 『문학입문』(창인사), 1957년 『휴일의 의장』(인간사) 등을 출간했다. 그리고 조연현의 인간적인 배려에 자신의 예의를 다하지 못했다는 점으로 보아 매우 예의를 중시하는 작가임을 알 수 있다. 조연현은 자신의 저서도 아닌 데 왜 보냈을까?

〈최인희의 사신 8〉에는 다음과 같은 의미가 있다.

첫째, 조연현이 보낸 『문예독본(文藝讀本)』에 대한 감사 인사를 담은 사신이다.

둘째, 〈청포도〉 동인지에 대한 조연현의 서평 정도의 글을 보낸 것으로 보아, 강릉 지역 문단과 최인희에 관심을 나타낸 것이다.

〈최인희의 사신 9〉에는 다음과 같은 내용이 있다.

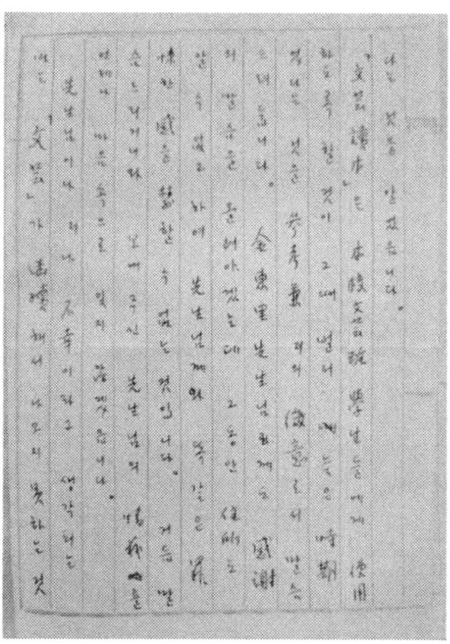

최인희의 사신 9

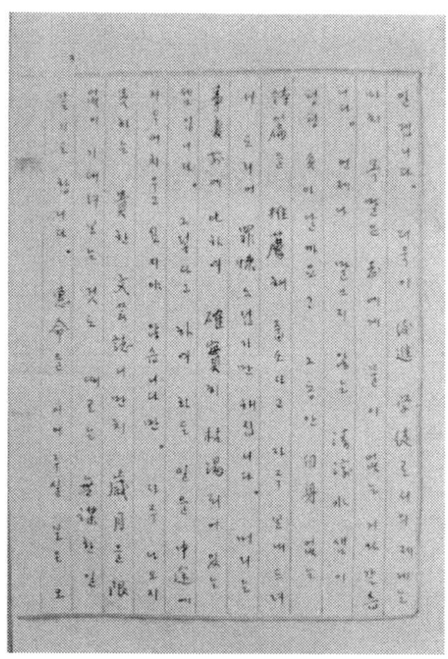

최인희의 사신 10

다는 것을 알었읍니다.
『문예독본(文藝讀本)』은 本校 文藝班 學生들에게
使用하도록 한 것이 그때 벌써 때 늦은 時期였다는 것을
參考 兼 저의 微意로서 말슴드려 둡니다.
金東里 先生님께도 感謝의 말슴을 올려야겠는데
그 동안 住所도 알 수 없고 하여 先生님께와 똑같은
罪悚한 感을 ○할 수 없는 것입니다.
거듭 말씀 드리거니와 보내주신 先生님의 ○○를 언제나
마음 속으로 잊지 않겠읍니다.
先生님이나 저나 不幸이라고 생각되는 바는
《문예》가 繼續해서 나오지 못하는 것

—「전문」 중에서

최인희는《문예》와 자신의 문학적 운명을 동일시한다는 사실을 이 사신 기록물을 통해 다시 한번 확인할 수 있다.《문예》의 지속성과 확장성은 곧 최인희 자신의 문학 활동과도 밀착되어 있다고 생각한다. 그리고 조연현에 대한 고마움을 '미의(微意: 변변치 못한 작은 성의)'나마 보답하려고 하였으나, 여의치 않다고 마음을 털어놓는다.

〈최인희의 사신 9〉에는 다음과 같은 의미가 있다.

첫째,《문예》를 최인희 자신의 문학적 운명과 동일시하고 있다.

둘째, 서울 문단과 지역 문단의 연계성을 찾으려는 노력을 보인다. 당시 문단의 주역이었던 김동리와 서정주에 대한 안부와 거주지도 묻고 있다. 선배 문인들에게는 안부 인사나 사신을 보내는 일이 다반사(茶飯事)였다고 한 데서 이를 알 수 있다.

〈최인희의 사신 10〉에는 다음과 같은 내용이 있다.

인 겝니다. 더욱이 挺進 學徒로서의
제게는 마치 목말은 者에게 물이 없는 거와 같습니다.
언제나 말으지 않는 ○○○ 샘이 펑펑 솟아날까요?
그 동안 自身 없는 詩篇을 推薦해 줍사하고
자주 보내드려서 도리어 罪悚스럽기만 해집니다.
멀리는 事變 前에 比하여
確實히 枯渴되어 있는 샘입니다. 그렇다고 하여 하든 일을
中途에 거두어치우고 싶지야 않읍니다만.
자주 나오지 못하는 貴한 文藝誌니 만치
歲月을 限없이 기대려보는 거도 때로는 無謀한 일
같기도 합니다. 慧命을 이어 주실 분은 오(직)

—「전문」 중에서

6.25 전후 상황에서 최인희는《문예》의 가치를 누구보다도 잘 알고 있었다. 즉 '挺進(정진: 여럿 가운데서 앞질러 나감.)'과 '慧命(혜명: 지혜를 생명에 비유하여 일컫는 말.)'을 통해서도 설명하고 있다. 즉 자신의 문학적 운명을 결정지었던 계기를《문예》의 추천에서 찾았기 때문이다. '자신 없는 시편을 추천' 받았다는 표현은 그가 더욱 문학에 정진하게 되는 현실적인 동인(動因)이기도 하지만 문학에 대한 겸허한 자세를 갖게 된 것이기도 하다.

〈최인희의 사신 10〉에는 다음과 같은 내용이 있다.

첫째, 최인희 자신의 문학적 운명을《문예》발간과 추천에서 찾았다고 할 만큼 기대감이 컸다.

둘째, 최인희는《문예》활동을 통해 강릉 문단의 확장성으로 연계하고자 한 것으로 보인다.

〈최인희의 사신 11〉에는 다음과 같은 내용이 있다.

(오)직 先生님이시거니 스스로의 마음을 항상 慰勞도 해보고 있읍니다.

「文藝」의 生命이 길기를 마음 속으로 빕니다.

끝으로 先生님의 玉體 더욱 大安하시길 빌며,

機會있으신 대로 金東里 先生님께도 如上의 말씀 傳하여 주시옵고 또 그 先生님의 住所와 徐廷柱 先生님의 住所도 아시면 下敎하여 주시면 感謝하겠읍니다.

「靑葡萄」 二輯은 大邱에다

印刷를 부탁해 놓았읍니다.

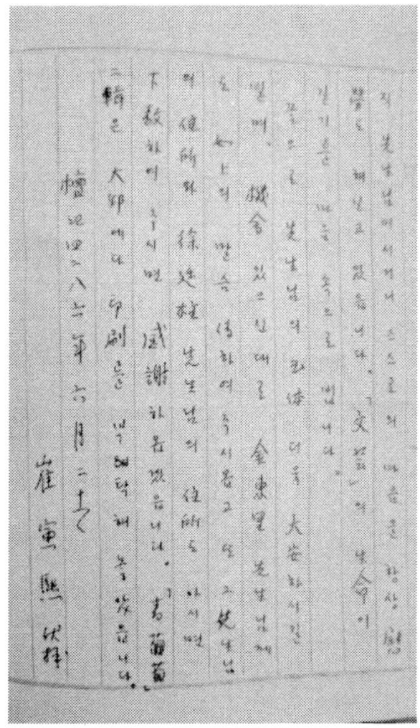

최인희의 사신 11

檀紀 四二八六年 六月 二十日

崔寅熙 伏拜

—「전문」 중에서

이 사신의 발신 연도가 단기 4,286년으로 기록되어 있어 현재의 연도로 연산하면, 1953년 6월 20일로 특정할 수 있다. 사신에는《문예》의 지속적인 발행에 대한 염원과 가치에 대한 논의를 반복할 만큼 깊은 관심을 보인다. 물론 조연현 스스로 6.25 전란으로《문예》의 발간과 배포가 매우 어려운 상황이었음을 여러 번 고백하였다. 이런 결론에 도달할 수 있는 이유는 최인희가《문예》의 운명을 자신의 문학적 삶과 동일시하는 것으로 보았기 때문이다. '《문예》의 생명이 길기를 마음속'으로 간

절히 기원했다. 불행히도 1954년을 끝으로 종간되었다. 그러나 조연현은 박종화와 모윤숙의 도움으로 1955년《현대문학》을 창간하면서 자연스럽게 최인희도 작품 활동을 이어가게 된다.

최인희는 작품 발표 지면 확보가 어려운 상황에서 중앙 문단의《문예》발표와 함께 강릉 지역에서 〈청포도〉 동인 활동지 발간으로 창작 활동을 이어갔다.[18]

1950년 6.25 전란은 강원도 일대 주민들에게는 고통의 시기였다. 이러한 고통의 시기인 1952년 여름에 강릉 지역에서 동인회를 결성해 동인지《청포도》를 부산에서 발간한다. 이때 최인희(5편), 이인수(4편), 함혜련(4편), 김유진(3편), 황금찬(4편) 등의 시작 20편을 묶어 1집을 발간(1952년 7월 19일)한 것이다. 이는 강원도 문단의 신호탄이었으며, 지역 문단의 용트림이었다고 볼 수 있다. 경성 중심, 서울 중심의 문단을 대비해 볼 수 있는 문학 활동인 셈이다.

그리고 2집은 자금난과 인쇄 장소의 어려움을 황금찬이 박목월(朴木月, 1916~1978)[19]을 만나 호소하자, 박목월이 〈창조사〉 출판사를 운영했던 이유로 기꺼이 도움을 주어, 드디어 1953년 10월 1일에 발간한다. 이러한 상황에서 황금찬은 '〈청포도〉는 시사에 그 이름을 남기리라'는 소망을 가지고 있었다. 사실 1950년대는 북한 문단, 월남 문인, 육·해·공의 종군작가단 그리고 피난 대구 문단[20]과 피난 부산 문단이 존재했었다. 이처럼 뒤죽박죽이 된 문단 상황이었다.

---

18 「강릉에서 펴낸 시 동인지 〈청포도〉」, 『문단유사』, 한국문인협회, 2002, 201~204쪽. 황금찬은 「청포도」 2집까지 발간한 이야기를 비교적 상세하게 회고하고 있다.

19 문총 상임 위원·문총구국대 총무· 공군 종군 문인단 위원으로 활약했으며, 〈한국시인협회〉 회장직을 맡기도 했다. 1933년《어린이》에 동시「통딱딱 통딱딱」이 특선으로 뽑혔고, 1939년 9월《문장》에 정지용의 추천을 받아「길처럼」 등을 발표했다. 조지훈·박두진 등과《청록집》을 발행해 청록파로 불리기도 한다. 김소월과 김영랑을 이어 향토적 서정성이 강한 시인으로 평가한다.

20 최정희, 「피난 대구 문단」, 『해방문학 20년』, 정음사. 1966, 101~106쪽.

뒤죽박죽된 문단 상황은 이념의 대립으로 표출되면서 문단이 양분되는 양상까지 벌어졌다. 해방 전후, 김동리와 김동석(金東錫, 1913~?)[21] 사이에서는 본격 문학과 선전 도구로서 당의 문학이 대립하고 논쟁하는 격동기였다. 피난 3년 동안 '개인 공격을 일삼는 일군의 신진들의 장난'에 그쳤다는 점이 당시 문단의 문제였다고 곽종원(郭鐘元, 1915~2001)은 꼬집어 비판했다. 곽종원은 특히 김동리는 재사(才士)이나 시대에 뒤떨어진 재사로 정저지와(井底之蛙), 치기만만(稚氣滿滿)한 인물로 평가했다. 여기에다 좌익 계열은 순수문학론을 현실 도피주의 문학으로 매도하면서 문학 정신이 결여(缺如)되었다고 비판하는 분위기였다.

해방 직후인 8월 16일 종로 한 빌딩에 〈조선 문화 건설중앙협의회〉 간판이 나붙었고, 이 단체의 목적이 불분명했으나 시간이 지남에 따라 임화(林和, 1908~1953), 이원조(李源朝, 1909~1955), 김남천(金南天, 1911~1953) 등이 공산당을 지지한다는 사실이 밝혀졌다. 이에 민족진영의 문화인들이 9월 18일에 박종화, 김진섭(金晉燮, 1903~?), 김광섭, 이헌구, 유치환, 김영랑, 이하윤, 양주동, 안석주(安碩柱, 1901~1950) 등 30여 명이 〈중앙문화협회〉를 결성해 활동하기 시작했다. 이 두 단체가 대립하게 된 계기는 〈문학동맹〉이었다. 모스크바 삼국 회상 회담 결정[22]에 따라 〈조선신탁통치안〉에 대해 처음에는 반탁이었으나, 당의 지령으로 찬

21 광복 이후, 〈조선문학가동맹〉에 가담하여 비평가로 활동했으며, 주간 『상아탑(象牙塔)』을 간행하였다. 1946년 문학 대중화운동 위원회 위원을 역임하였고, 1950년에 가족과 함께 월북했다. 특히 김동석은 「순수의 정체」에서 김동리의 순수문학을 비판할 뿐만 아니라, 역사의 진보에 대한 신념과 문학의 사회적 역할을 적극 옹호하였다.

22 1945년 12월 16일 미국·영국·소련은·전후 문제를 처리하기 위해 모스크바에서 26일까지 외무장관 회의를 개최하였다. 이 회의에서 미국과 소련은 첨예한 대립을 보였으나 결국 의견을 조율하여, 같은 해 12월 27일 합의문으로 네 개의 조로 이루어진 〈미·영·소 3국 외무장관 회의 보고서〉를 발표했다. 이 문서에서 세 번째 조인 '한국(III. Korea)'에 관한 문단은 네 개 항으로 이루어졌는데, 이것이 속칭 〈한국 문제에 관한 4개항의 결의서〉이다. 조선에 관한, 모스크바 3국 외무장관 회의 보고서에서 세 나라는 한반도의 정부수립에 대해 발표하였다. 이 중 세 번째 항은 신탁통치안을 담고 있다.

탁으로 돌아서면서 〈조선 문화 건설중앙협회(문건)〉와 〈프롤레타리아 예술 동맹(예맹)〉에 대항 세력이 뭉쳐 1946년 3월 13일 〈전국문필가협회〉가 결성되었다.[23] 이처럼 해방 직후 한국 문단의 출발이 이념 대결에서 태동(胎動)되었기 때문에, 이에 작가들의 창작과 문단 활동 방향에 큰 영향을 주었다.

여기서 민족진영인 〈중앙문화협회〉 소속 문인의 사신 기록물을 조연현이 보관하고 있다. 이는 문학과 사상이라는 관점에서도 연구할 과제가 된다는 점에서 그리고 조연현 비평문학의 출발점과도 관련성이 있음을 주목해야 한다. 물론 그의 문학사적 시각도 근저에 있음을 확인할 수 있지만, 편향된 문학사적 시각에 머물렀다는 점도 지적된다.

그러나 문학 유파는 달라도 이념이나 인간적인 적대시보다는 작품으로 작가 역량을 앞세워야 한다고 보는 시각이 더 울림이 있다.[24] 그나마 《문예》를 비롯한 《신천지》, 《자유세계》, 《문화세계》 등이 수도 부산에서 발행되었는데, 이 순문예지가 환도 전까지 한국 문단과 문학을 지탱했었다. 특히 《문예》는 1949년 8월 1일 창간되었으나, 처음에는 모윤숙이 발행인, 조연현이 편집인으로, 이봉구(李鳳九 1916~1983)가 편집 실무를 맡아 출판한 문예지였다. 이 당시 편집 실무는 문인 집합소였던 문예 싸롱에서 집행되었다. 그러나 1954년에 종간된다. 6.25 전후 문학사와 문단사에서 중요한 역할을 담당했음을 평가하지 않을 수 없다.

다만 한 가지 짚고 갈 문제는 《문예》보다 앞서 1945년 10월에 서울에서 먼저 창간한 문예지 《백민》에 대한 평가이다. 김송(金宋, 1909~1988)[25]은 광복 후에는 좌익 세력과 대항하여 민족 문학을 옹호하기 위

---

23 곽종원, 「조선청년문학가협회」, 『해방 문학 20년』, 정음사. 1966, 141~144쪽.

24 이봉구, 「피난 부산 문단」, 위의 책, 106~111쪽.

25 서울신문 문화부장을 거쳐 순수 문예지 『자유문학(自由文學)』의 주간을 맡았다. 이 무렵 단편 「만세(萬歲)」(1945), 「무기(武器) 없는 민족(民族)」(1946), 「고향(故鄕) 이야기」(1946), 「정임(貞任)이」(1948), 「남사당(男寺堂)」(1948) 등 발표. 특히 「남사당」에서는 정처 없이

해 '백의민족(白衣民族)'의 약어인 순문예지 《백민》을 창간했다.[26] 특히 외세에 휩쓸리지 않는 자율적인 우리 문학을 창조하고자 해, 2만여 권을 평양까지 보내기도 했다. 그러나 신탁통치라는 정치적 혼란기에 경영난으로 집을 팔아 발행을 속개했으나, 6.25 동란으로 막을 내릴 수밖에 없었다. 여기에 오상순(吳相淳, 1894~1963), 유치환(柳致環, 1908~1967), 김광섭(金珖燮, 1905~1977), 백철(白鐵, 1908~1985)의 작품을, 그리고 조연현이 평론을 기고해 발행되었다. 김송의 사신도 조연현을 따로 보관하고 있었다.

부산 광복동의 밀다원 다방에는 문인들의 거처였으며, 원고 작성과 원고료를 주고받는 등 다방 금강, 춘추, 녹원, 청구 등이 생사를 넘나들던 피난 문단의 거주지였던 셈이다. 금강엔 조연현, 황순원(黃順元, 1915~2000), 오영수(吳永壽, 1914~1979), 김동리, 곽종원 등이 머물렀고, 춘추, 녹원, 청구에는 김광주(金光洲. 1910~1973), 박인환(朴寅煥, 1926~1956). 김송, 김종문(金宗文, 1919~1981) 등이 거처로 삼았다. 이들이 남긴 사신을 조연현은 보관하고 있었다. 이런 피난 부산 문단 시대의 비극을 김동리는 「밀다원 시대」에서, 황순원은 「곡예사」에서 집 없는 피난민의 설움을 다루었다. 피난 부산 문단 시대에 바로크 음악의 대가인 바흐(Johann Sebastian Bach, 1685~1750)의 음악이 흐르는 가운데 '스타 다방'에서 자살한 전봉래(全鳳來, 1923~1951) 시인이 예술인들의 삶을 상징했었다. 또한 안수길(安壽吉, 1911~1977)은 「풍우기」, 「귀환장」으로, 김광주는 「태양은 누구를 위하여」, 오영수는 「머루」를 발표했고, 시로는 김동명(金東鳴, 1900~1968), 유치환, 김용호(金容浩, 1912~1973), 조병화(趙炳華, 1921~2003), 양문명(楊明文, 1913~1985) 등이 활동하였다.[27]

떠돌아다니는 남사당의 근친상간(近親相姦)에서 빚어지는 비극적 숙명과 토속적 애수를 그려 주목받았다.

26 김송, 《백민》, 『해방 문학 20년』, 168~170쪽.

피난 부산 문단에 젊은 혈기의 비평가 고석규(高錫圭, 1932~1958)가 서구적 비평 체계를 수용한 비평 활동을 시작할 무렵이었다. 이런 혼란 시대에 최인희는 시와 함께 외진 곳 강릉에 있었다.

〈최인희의 사진 11〉에는 다음과 같은 의미가 있다.

첫째, 문학적 스승이었던 김동리와 서정주를 생각하는 마음이 드러나 있다.

둘째, 전쟁 상황 속에서도 지역적 한계를 넘어서서, 지역 문단 활동의 결과물인 동인지 발행과 창작에 대한 열정을 보였다.

Ⅲ. 최인희의 주변과 위치

최인희의 사진 기록물을 통해 다음과 같은 의미를 읽을 수 있었다.

첫째, 조연현과의 인간적 교유 관계를 확인할 수 있다. 이를 통해 최인희의 문학적 열정과 따뜻한 품성을 볼 수 있다.

둘째, 해방 직후《문예》와 전쟁 후 1950년대《현대문학》을 통해 최인희의 문학적 역량을 볼 수 있다. 다만 조연현은 최인희의 문학 세계를 깊이 있게 분석하고 연구하지는 않았다. 물론 최인희의 요절이 한 원인일 수 있을 것이다.

셋째, 가족 관계 형성에 대한 전기적인 사실과 작가 연구의 고증적인 자료로 활용할 수 있는 사진 기록물이다. 이를 통해 작가 연구나 최인희 평전 집필을 모색할 수 있다.

넷째, 최인희의 〈청포도〉 동인 활동과 중앙 문단의 등단으로 지역 문단 지형도에 어떤 변화가 있었는지 검토할 필요가 있다. 전란과 폐허 속에서도 꾸준히 창작 활동을 지속하였다. 즉 동인지 활동과 중앙 문단

27 「1950년대 피난 부산 문학 연구」의 논문도 가능해 보인다.

의 진출은 지역 문화계에 자극제가 되었을 것이다.

다섯째, 그의 생활 공간이 곧 문학 공간으로 이어져 자연 친화적인 시 세계 형성에 영향 관계가 있었음을 짚을 수 있다. 이는 전란의 폐허로 인한 정신적 고통이 자연 친화적이며, 삶의 허무적 세계와 맞닿아 있다는 점을 천착(穿鑿)할 필요가 있다.

여섯 번째, 1950년대 김수영(金洙暎, 1921~1968)과 신동엽(申東曄, 1930~1969)의 모더니즘에 국한한 문학 세계를 확장하여 자연 친화적인 문학 세계와 삶의 근원적인 허무를 노래했다는 점에서 그의 시를 탐구할 필요성 또한 제기된다.

일곱 번째, 지역 문학의 자부심과 예술의 향기를 품을 수 있는 지역 문학관의 건립과 함께 그의 문학 전집 발간과 평전의 출판 또한 필요하다.

한국시문학사에서 과작(寡作)임에도 불구하고 문학성을 평가받은 시인으로는 함형수(咸亨洙, 1914~1946)와 이한직(李漢稷, 1921~1976) 등이 있다.[28] 물론 이들의 문학성이 치열했다는 점에서 평가는 정당하다고 할 수 있다. 이와 같은 논리라면, 최인희의 시문학사적 의미망을 볼 때, 문학 연구의 필요성과 함께 한국시문학사에서 자리매김이 또한 필요해 보인다. 이들에 비해 1950년 전후 활동한 시인 최인희의 조명은 미흡하다고 할 수 있다. 한국시문학사의 연속성을 고려하면서 지역성을 고려한 문학사 기술의 단계로서도 최인희의 연구는 필요하다고 할 수 있다. 즉 일제 강점기 시기의 함형수와 이한직 등과 같은 작가들이 활동했던 30~40년대를 거쳐 50년대의 민족 비극으로 이어진 중간 지점에 최인희 시의 정체성 탐구를 통해 한국시문학사의 위치를 조정할 수 있는 계기가 될 것으로 보인다.[29]

---

28 졸저, 『한국현대시의 탐색』, 역락, 2001.

29 1987년 해금 이후, 납·월북 작가들의 해금과 더불어 한국문학사의 연구와 전망으로 한때 뜨거웠다. 그래서 많은 작가들이 이데올로기의 사슬을 벗어나 한국문학사의 위치를 잡고

또한 동시대 작가들의 사신 연구와 비교해 최인희 시인의 의미도 확인할 필요가 있다. 즉 1950년대 한국시사의 균형추가 최인희 시인에게도 있어야만 하는 이유이다.

최인희의 문학적 공과를 정리한다면, 한국시문학사의 나이테는 더 늘어날 것이라는 전망이다.

그 문학성을 다시 조명받았다. 민촌 이기영, 김남천, 이태준 등에서 김기림, 정지용, 백석 등까지…, 이들 작가들의 조명으로 각종 문학상과 세미나, 연구 과제들이 쏟아졌고, 그리고 문학관 개관으로 작가와 작품들에 대한 문학사적인 영구성이 입증되었다.

*** 참고문헌**

남기택, 「시, 로칼리티, 경계 사유 – 최인희 시의 실질성」, 『강원도 작고 문인 연구총서 – 영동 지역 문인을 중심으로』, 관동문학회, 2015, 13~29쪽.

______, 「최인희 시 연구」, 《비평문학》(32호), 한국비평문학회, 2009. 6.

박종석, 『한국 현대시의 탐색』, 역락, 2001.

______, 『조연현 평전』, 역락, 2006.

______, 『작가 사신 연구 방법론』, 월인, 2023.

이성교, 김원기, 박종해, 최홍걸(좌담), 「최인희의 시 세계와 생애」, 《두타문학》(10집), 두타문학회, 1987.

이창식, 「동해문학유산의 가치와 최인희 시인」, 동해문인협회(2022. 9. 30),

이형기, 「동인지」, 『해방문단 20년』(한국문인협회 발행), 정음사, 1966.

______, 『부산 피난 시절 예술가들의 삶』, 마당, 1986.

조남현, 『한국 문학의 사실과 가치』, 서울대학교 출판부, 1995.

조연현, 「서울 수복과 학·예술원 발족」, 『남기고 싶은 이야기들』, 정음사, 1981.

6 「18. 김수돈(金洙敦, 1917~1966)」

경남 창원에서 정지용의 추천을 받은 시인, 꽃과 여인을 노래하다

Ⅰ. 김수돈 문학의 접근 방향

화인(花人) 김수돈(金洙敦, 1917~1966)[1]은 한국시문학사에서 비교적 주목받지 못한 시인이다. 이러한 평가에 '왜'라는 물음에 답을 찾아야 한다는 것이 필자에게는 의무감이었다. 아마도 이유가 있을 것 같다.

첫째, 한국문학사에서 문학적 소외는 연구자들의 관심 부족이나 작가와 작품이 널리 알려지지 못한 것도 한 이유가 된다. 김수돈에 대한 문학적 관심의 계기는 그가 남긴 사신 기록물 때문이다. 여기에는 모더니스트 정지용(鄭芝溶, 1903~1950)의 《문장》 추천 그리고 조연현이 김수돈의 사신 기록물을 〈작고 문인 사신철〉에 보관한 이유와 그 사신의 가치가 내재해 있기 때문이다.[2]

둘째, 생몰 연대를 참고할 때, 창작의 지속성 문제와 작품성에 대한 심층적인 연구의 부족 때문이다. 김수돈 시인은 21세(1939년) 나이로 정지용의 추천을 받은 이후, 27년 동안 두 권의 시집을 상재(上梓)했다. 그리고 시집 출판 이후 13년 동안 간간이 작품을 발표했다. 특히 창작의 지속성 못지않게 작품성의 평가도 중요하다. 이한직(李漢稷, 1921~1976)은 겨우 21편의 작품을 남겼음에도 불구하고 한국시사에서 언급되는 것과 비교해 볼 수 있다. 이한직에 대한 문학적 관점은 김춘수(金春洙, 1922~2004), 박두진(朴斗鎭, 1916~1998), 신경림(申庚林, 1936~2024), 이형기(李炯基, 1933~2005)와 같은 중견 시인과 필자의 평이 있다.[3] 이에 비해

---

1 마산 출신. 아버지 종두와 어머니 황예분 사이의 외아들. 일본 나고야 중학 졸업. 1936년 귀국 후 5월 마산 창신학교 교편. 1939년 《문장》 5월호에 「소연가」, 「고향」(정지용 추천). 1939년 도일하여 일본 니혼 대학 고사부 수신공민과 입학, 중퇴 후 귀국함. 광복 후 전국문화단체총연합회(문총) 중앙위원, 1963년 경남문화상(문학 부분)을 수상. 1964년 한국문인협회 마산지부장 역임. 1960년~1966년까지 경남대 강사 역임. 《국어국문학 자료 사전》, 1994, 530쪽.

2 부산의 작가 〈향파 이주홍 문학관〉에는 김수돈에게서 받은 사신 1장이 보관되어 있다.

3 신경림, 「이한직 – 낙타」, 『명시평전』, 연려실, 1985, 33~36쪽.

김수돈의 평가는 미진하다. 그래서 그의 시에 대한 지속적인 천착(穿鑿)과 평가가 이루어져야 한다.

김수돈 시인

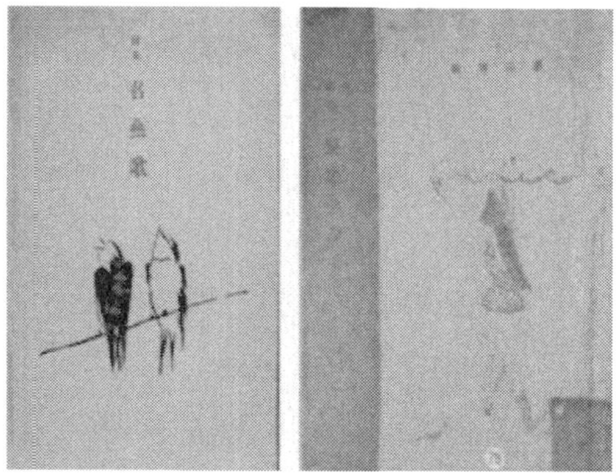

『소연가』와 『우수의 황제』(경남대학보, 자료 사진)

〈『소연가』 시집〉(울산대 도서관 소장, 2023년)

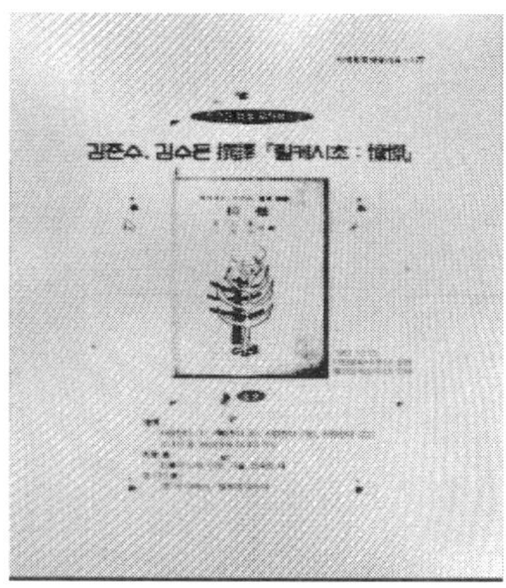

김춘수, 김수돈 역, 『릴케의 시』

이형기, 「어느 귀족주의자의 자각적 파멸 – 이한직론」, 『시와 언어』, 문학과 지성사, 1987, 146~151쪽.

박종석, 「생의 방향 잡기, 그리고 향수」, 『한국 현대시의 탐색』, 역락, 2001, 155~173쪽.

셋째, 경남 창원이라는 지역성으로 인해 작품 발표 기회가 주어지지는 않았다는 점도 고려할 수 있다. 그러나 《현대문학》에서만큼은 비교적 많은 작품을 발표했다는데, 이는 그의 작품을 평가한 수신자 조연현의 비평적 안목이며, 또한 전국적인 문단 확장성 의도가 반영된 것이다.

넷째, 김수돈 시인은 무엇보다도 정지용의 추천 시인이라는 점에서 한국시사 측면에서 평가가 이루어져야 한다. 정지용이 추천한 그룹이라 할 수 있는 청록파(靑鹿派)와 이한직, 김수돈까지를 정리할 수 있을 것이다. 이는 1940~60년대까지 주류였던 저항 그리고 실존주의와 모더니즘의 시 세계와 다른 소위 '우수의 황제'라고 칭하는 김수돈 시에 대한 시사적 위치를 가늠하는 일이기도 하다.

김수돈은 1939년 정지용 추천으로 《문장》 5월호에 「소연가」, 「고향」을 발표했고, 10월호에는 「동면」, 「낙타」로 추천 완료하였으며, 시집 『소연가』(1947)와 『우수의 황제』(1953)를 출간하기도 했다. 『소연가』는 여인과 꽃을 동일시한 탐미적이며 낭만적인 미학을, 『우수의 황제』에서는 화사한 낭만적인 미학을 일관되게 추구한 시인이었다. 김수돈은 김춘수, 조향(趙鄕, 1917~1984)과 함께 〈낭만파〉 동인 활동도 했을 만큼 활동적이었다.[4] 뿐만 아니라 김춘수와 함께 『릴케 시집』을 번역하였다.

'우수의 황제'로 불린 그는 폐병과 신경통의 악화로 1966년에 사망했다. 사망과 함께 한국시사에서 묻혀버린 것이다. 1987년까지 문인들의 정보를 정리한 『문학인 인명록』(원장문화재단, 1987)에도 수록되지 않았다. 이후 지역 문단에서 권오현(「김수돈론」)과 강희근(「김수돈의 시집 『우수의 황제』에 대하여」), 그리고 석사학위 논문 1편이 그의 문학에 관심을 가졌다. 강희근은 ① 구조를 갖고 있지 않은 단순 비유 ② 감상적 정서와 순애(純愛)와 권태, 무기력한 삶을 다루고 있다고 평가했다.

---

4 《창원아동문학》(2023년 4월호), 창원아동문학회(회장 박현숙) 발간.

권도현은 한시의 절구나 율(律)로 남달리 잘 익혀 온 실력자라고 밝혔다. 즉 한시의 '기-승-전-결'의 형식을 시적 장치로 활용하고 있다는 것이다. 그러나 절차법, 띄어쓰기, 구둣점, 사투리 사용 등이 남발되고 있다고 지적했다. 그럼에도 불구하고 그의 시가 시폭(詩幅)에 감도는 시정(詩情)만은 맑으며, 옛이야기처럼 다정하게 흐른다고 평가했다. 이는 추천인인 정지용이 조사(措辭)와 철자가 정신없이 틀린다고 일침을 가했던 점과 일맥상통한다.

Ⅱ. 〈김수돈의 사신 기록물〉 내용 분석

『작가 사신 연구 방법론』에 따르면, 작가 사신을 통해 작품과 작가에 대한 문학사적 가치를 새롭게 파악할 수 있다. 김수돈 시의 연구 방향은 첫째, 《문장》 1회의 추천 작품에 대한 정지용의 시평(詩評)을 김수돈이 수용하여 2회 추천 작품에 반영하여 창작했다면, 그의 시 창작 기법의 변화 여부를 파악할 수 있다. 가령 추천자와 시인의 영향 관계라든지 아니면 시인의 독창적인 창작 기법의 지속성의 유지라는 관점을 볼 수 있다. 만약 창작 기법의 지속성을 보여 준다면, 이는 시인 자신만의 시어를 구체화했다는 의미이다.

둘째, 추천 이후 《현대문학》에 직접 원고를 보내 게재를 희망한 것으로 보아, 《현대문학》의 영향력과 발표 지면 확보 그리고 창작열의 지속성도 있어 보인다. 1960년대 경남 지역 문인들의 작가와 작품을 정리한 『경남문학사』에는 장편소설 『김약국의 딸들』, 『시장과 전장』의 박경리(朴景利, 1926~2008),[5] 유치환(柳致環, 1908~1967), 평론가 김윤식(金允

5 경남문인협회, 『경남문학사』, 1995, 35~36쪽.
소설가 박경리의 사신 기록물도 따로 보관되어 있다.

植, 1936~2018) 등과 함께 김수돈 시인을 소개하고 있다. 특히 그를 '꽃과 여인과 술을 좋아한 시인'으로 소개하면서 ① 가난에 대한 현실 인식, ② 청순한 이미지, 관능의 대상으로 소녀, 처녀의 여성 편향, ③ 우수의 관능 등의 특징이 있다고 정리했다. 지역문학사를 넘어 한국시문학사에서 그를 평가할 수 있는 계기가 바로 사신 기록물인 것이다. 또한 정지용이 추천한 시인이기 때문에 쉽게 지나칠 수는 없다.

1. 《문장》의 정지용과 《문예》의 조연현

김수돈 시인의 시를 추천한 정지용의 평을 정리하면 다음과 같다. 1939년 5월호 《문장》에서 '경상도에서 오는 시고(詩稿)는 흔히 조사(措辭)와 철자에 정신없이 틀린다. 원고지도 좋은 것을 쓰시고 첫째 글씨를 잘 써서야 합니다. 활자 직공의 은공 때문에 시인의 필적이 예술 노릇을 아니하여도 좋게 넘어가는 것이 유감입니다.'라고 지적했었다. 김수돈의 사신 중 서술형 종결 어미 부분을 눈여겨보면 정지용이 지적한 부분을 쉽게 파악할 수 있다. 또 정지용은 공자(孔子)의 발분망식(發憤忘食)을 인용하면서 김수돈의 시심을 자극했다.

《문장》의 등단 추천사에서 정지용은 김수돈에 대해 다음과 같이 평한다.[6]

김수돈 군. 시의 태반은 아무리 생각해도 쾌활보다도 비애인 것 같습니다. 당신의 시를 읽을 때마다 어쩐지 슬픔에 염색되지 않을 수 없습디다. 비애의 장인이기도 합니다. 경상도 사람들은 곡할 때 갖은 사설을 늘어놓는데 당신의 슬픔에는 사설이 없으나, 흉악한 사투리가 통째로 나오는 일이 있으

6 이숭원 편저, 「《문장》지 선후평 12」, 『꾀꼬리와 국화』, 깊은샘, 2011, 345쪽.

니, 이러한 점에 주의하시오. 안심하시고 최종 코스를 위하여 정진하시오.

김수돈 시의 정서적 측면은 '비애의 장인'이고, 표현적 측면에서의 평가는 '흉악한 사투리를 경계'해야 한다는 것이다. '안심하시고 최종 코스를 위하여 정진하시오'라는 격려의 추천평과 함께 1회 추천평이 2회 추천작에서는 '흉악한 사투리를 경계'해 시작에 수용했는지에 대한 검토가 중요하다. 즉 사투리 표현이 문제라기보다는 '흉악한 사투리'를 경계하라는 지적이다. 더구나 1930년대 당대 최고의 시인이요 《문장》의 추천 위원인 정지용이 조언한 창작 태도를 수용했는지를 확인할 필요성이 있다.

다음은 《문장》에 발표된 추천 작품이다.

발표 연도	발표 제목
1939년 5월	「소연가(召燕歌)」, 「고향」(정지용 추천)
1939년 10월	「동면(冬眠)」, 「낙타(駱駝)」(정지용 추천)

정지용의 추천평에 대한 조언을 어느 정도 고민하고 수용했는지를 추천 작품을 통해 그 여지를 파악할 수 있다.

가. 《문장》(1939년 5월) 1회 추천 작품

꽃향(香)이 야음(夜陰)의 품에 안겨
끝이 없는 넓은 지역을
돌고 돌며 펼쳐 와
슬픔이 남아 있는 먼 추억을 건드리면

나는 아직도

너를 사랑하고 있는 것을
분명히 알고 만다.

새 주둥이[7] 같은 입술이
빨간 열매를 쫓으려던 유혹에
너도 여인이므로
타박 타박[8] 고개 숙인 채 걸어간 것을

지금은 다시 돌아 오렴
열리인 창 앞을 쫓는 제비같이
너도 나를 찾아 오라

—「소연가(召燕歌)」

'비애의 장인'이라는 정지용의 평가를 「소연가(召燕歌)」에서 읽을 수 있다. 1연에서 꽃의 향기가 그윽한 밤의 품에 퍼져 슬픔의 추억을 자극한다는 시적 표현이 단적인 예이다. 그리고 2연에서는 추상적이기는 하나 '너'에 대한 사랑은 분명하게 보인다. 3연에서는 여인이 고개를 숙인 채 떠난다는 의미를 표현하고 있으며, 4연에서는 '너'도 '나'를 찾아오라는 간절한 염원을 명령형 어미를 통해 소망하고 있다. 다만 '너'가 돌아오지 않는다는 비애가 내재해 있다는 점에서 정지용의 평은 타당해 보인다.

'곡할 때와 같은' 아픔에는 사설이 있는데, 김수돈의 작품에는 그 연유를 파악하기 힘들 만큼 사설이 없이 남녀 사이의 이별만 함축되어 있다. 정지용이 지적한 '흉악한 사투리'의 시적 표현을 찾기는 힘들다. 그

7 '주둥아리'의 준말./ 조동이(어감이 작은 말 앞에).
8 예) 힘 없는 걸음으로 느릿느릿 걸어가다.(자동사) / 터벅거리다.(어감이 큰 말 앞에)

렇다면 '사투리'가 아니라는 의미인가? '경상도 사람들은 곡할 때 갖은 사설을 늘어 놓는데'는 사람들이 곡할 만한 타당한 이유가 있어야만 그 비애도 자연스러운데, '당신(김수돈)의 슬픔에는 사설이 없'다는 의미는 그만큼 슬퍼해야 할 사설(이유)이 시적 표현으로 드러나지 않는다는 의미이다. 그저 시적 표현이라 할 수 없는 '흉악한 시적 표현'을 '사투리'로 평가한 것이 아닌가? 두루 아는 바와 같이 경주 출신 박목월(朴木月, 1916~1978)의 경상도 사투리 시는 사설이 있는 곡이며, 또한 향토성과 정감의 표현으로 빼어난 작품이다. 가령 '뭐라카노, 저편 강기슭에서 / 니 뭐라카노, 바람이 불려서(1연) //...중략... // 이승 아니믄 저승에서라도 / 인연은 갈밭을 건너는 바람(7연) //(「이별가」 9연 중)'으로 표현된 박목월의 시는 "경상도 사투리를 이처럼 승화된 시 언어로 바꾸어 놓을 수 있는 이 시인의 언어에 대한 사랑과 집착은 누구도 따를 수 없을 것이다."[9]는 점을 김수돈에게 요구한 것은 아닐까?

'나는 아직도 / 너를 사랑하고 있는 것을 / 분명히 알고 만다.'(1연)는데, 그런데 '열리인 창 앞을 쫓는 제비같이' 자연스럽게 내가 볼 수 있도록 내 마음 속으로 새처럼 '너도 나를 찾아 오라'는 것이다. 여기에 시적 화자는 왜 찾아오라는 것인지에 대한 사설이 없어 '흉악한 사투리'라고 지적한 것이 아닌가? 굳이 찾아와야 하는 이유를 찾자면 1연의 '슬픔이 남아 있는 먼 추억을 건드리면' 과거 이별의 슬픔이 생채기처럼 돋아나기 때문에 '너도 나를 찾아 오라'라는 소망인데, 어떤 과거의 이별인지에 대한 사설의 궁금증은 남게 된다.

남녀 이별의 정석은 김소월(金素月, 1902~1934)의 「진달래 꽃」을 꼽는다. 오히려 「진달래 꽃」이 '비애의 장인'이 아닌가 한다. '나 보기가 역겨워 / 가실 때에는 / 말없이 고이 보내 드리우리다 // 영변에 약산

---

9 정한모, 「목월의 〈경상도의 가랑잎〉」, 『한국 현대시의 현장』, 1983, 114쪽.

/ 진달래꽃 / 아름 따다 가실 길에 뿌리우리다 // 가시는 걸음 걸음 / 놓인 그 꽃을 / 사뿐히 즈려 밟고 가시옵소서 // 나 보기가 역겨워 / 가실 때에는 / 죽어도 아니 눈물 흘리우리다'라는 시를 통해 남녀 이별의 정한과 승화를 보여준 시와 비교할 수 있을까? 어쩌면 나는 너를 사랑하는데, 떠난 너는 제비처럼 자연스럽게 돌아오라는 소망을 읊조린 것이 아닌가? 1939년 전후해 이별의 정조를 당대 시인들에게서는 찾을 수 없었기 때문에 정지용이 김수돈 시인을 추천한 것으로 판단된다. 그래서 1930년대 전후 시인들이 비교 연구가 필요해 보인다.

고향은
노고지리[10]가 초록빛 꿈을 꾸는
하늘은 가졌다

풀풀 날리는 아지랑이를 호흡하며
신냉이도 자라고
할미꽃 진달래 송이송이 자라고

태고적 어느 신화의 여신(女神)이 속삭였다는
사랑이 밀봉(蜜蜂)의 울안처럼
왱왱 풍성(豊盛)하다

언덕을 지내고 시내를 건너고
봄은 노래 맞여
고향으로 간다

10 종다리(옛말).

고향은
아직도 내 마음에 너그럽다

—「고향」

「고향」에는 경상도 고향 사투리가 표현되었는지를 찾기에는 다소 무리가 있어 보인다. 그렇다면 추천된 작품과 함께 보낸 다른 시에서 이를 찾을 수 있는가를 고려해 볼 수 있다. 고향의 그리움을 노래한 시이기에 비애를 읊조린 작품으로 보기는 무리가 있어 보인다는 뜻이다. 오히려「소연가(召燕歌)」는 '비애'의 정조를 보여 주기에 충분한 작품이다.

나. 《문장》(1939년 19월) 2회 추천 작품

고갈(枯渴)한 전정(前程)을 바라보며
날개 없는 비약(飛躍)을 꿈 꾸며
삶은 처연(悽然)ㅎ다

해암(海巖)을 안아 여인이 쉬는
정원을 꾸몃으나
그 마음은 무덤처럼 슬픈 형상(形象)

가로엔
예식장(禮式場)의 긴 행렬
오고 가고 바쁠 뿐

난방(暖房)의 유리창은 아름답고

자색(紫色) 눈 뿌리는 초연(超然)한 바다도
다정한 듯 그리웁다

눈물 머금어 울어 보지못하는
동면(冬眠)의 삶은
괴롭다

—「동면(冬眠)」

「소연가(召燕歌)」에 이어지는 비애를 「동면(冬眠)」에서도 느낄 수 있다. 역시 사투리로 된 표현을 찾기는 어렵다. 이는 2회 추천작이기에 정지용의 조언을 어느 정도 수용한 작품인지는 모호하다.

달 밝은 밤일수록
낙타[11](駱駝)는 잠자 - 코
걸어간다.

어딘들
슬픔이 없으리

눈물은 울대에서
머금어 도로 삼키고
타박타박 모래를 밀며

---

11 낙타과의 포유동물. 키는 약 2m이고 사막 생활에 알맞게 콧구멍을 자유롭게 여닫을 수 있고, 속눈썹이 빽빽함. 등에는 지방을 간직하는 혹 모양의 육봉(肉峰)이 있어, 며칠 먹지 않아도 견딜 수 있음. 단봉낙타와 쌍봉낙타의 두 종류가 있음.

길게 목을 들어
한숨 쉬는 것

낙타는
오직 하나인 감상(感傷)을
가졌다.

—「낙타(駱駝)」

타박타박 모래를 밀며 한숨을 쉬는 낙타의 모습에서 본 슬픔을 형상화한 작품이다. 낙타라는 동물에서조차도 삶의 슬픔 즉 비애를 본 것이다. 그래서 정지용은 그를 비애의 시인이라고 평가한 것이다.

《문장》에 발표된 그의 작품 4편에는 정지용이 평가한 '흉악한 사투리'를 찾기란 어렵다. 다만 감상적 시어로 주제를 다루었다는 점은 쉽게 눈에 띈다. 이러한 김수돈의 시적 정취(情趣)를 주목해 정지용이 추천한 것이다. 특히 1940년, 1950년대에서 이어진 1960년대의 시사적 흐름을 모더니즘과 참여시 경향이라는 틀에서 또 다른 비애의 정조라는 시 세계가 존재했음을 김수돈을 통해 평가할 필요가 있다. 이는 일제 강점기의 강직한 정서인 저항적 의지보다는 엄혹한 현실 앞에서 무너진 상실감을 비애의 정조로 표현한 시로 정리할 수 있다. 물론 박인환(朴寅煥, 1926~1956)의 시 세계에서 읊조린 허무와 낭만의 쓸쓸함과는 다른 지점에 김수돈의 시적 목소리가 있다.

다만 창작의 열정이 꺾이는 지점에 우리 말과 글이 금지되고《문장》이 폐간됨으로써 작품 발표의 장을 잃게 되는 시대에도 활동한 시인이라는 점에서 김수돈 시인을 주목할 필요가 있다. 이후 김춘수, 조향과 더불어 '낭만파' 동인으로 활동했으며, 1947년에는 첫 시집 『소연가』를 출간했다. 그리고 1953년 두 번째 시집 『우수의 황제』를 출판했다. 그리고 『현대문학』, 『문학예술』을 비롯해 주요 지면에 작품을 활발하게 발표했음에도 불구하고 그의 시적 성취와 시 세계가 창원 지역에만 머문 것이다.

2. 《현대문학》과 시 세계

유일하게 1장만 보관하고 있다. 김수돈 사신 기록물을. 전영택(田榮澤, 1894~1968)도 사신 기록물이 '딸랑 1장'이었다. 이 1장으로 그의 작품 세계에 접근하는 사신 연구의 가치가 있을까? 그의 시 세계의 변곡점을 볼 수 있는 근거가 된다면 가능한 것이다. 가령 다음과 같이 줄기를 잡아 김수돈의 시적 변화 양상을 정리할 수 있다.

1기: 정지용의 추천 시기(1940년대 전후)
2기: 시집 『소연가(召燕歌)』(해방 전후)
3기: 시집 『우수의 황제』(6.25 동란 전후)
4기: 《현대문학》 창간 전후 시기(작고까지)

위의 시적 변화 양상을 통해 그의 시 세계를 탐색한다면 한국시문학사의 위치를 정립할 수 있다.[12]

〈김수돈의 사신〉에는 다음과 같은 내용이 있다.

---

12 강희근, 「김수돈의 시집 『우수의 황제』에 대하여」, 경남대학교, 경남문화연구소, 1989. 김현주, 『김수돈의 시 연구』, 경남대학교 교육대학원, 2000.

> 日間 萬康 安寧하옵니까
>
> 더위도 가고 좋은 季節입니다.
>
> 늘 精進하옵는 것
>
> 멀리서 祝賀합니다
>
> 問安 드리고 詩稿 同封하였옵니다
>
> 機會를 보아 現代文學에 실어주시기 비옵니다.
>
> 金洙敦
>
> 趙演鉉 詞兄
>
> —「전문」

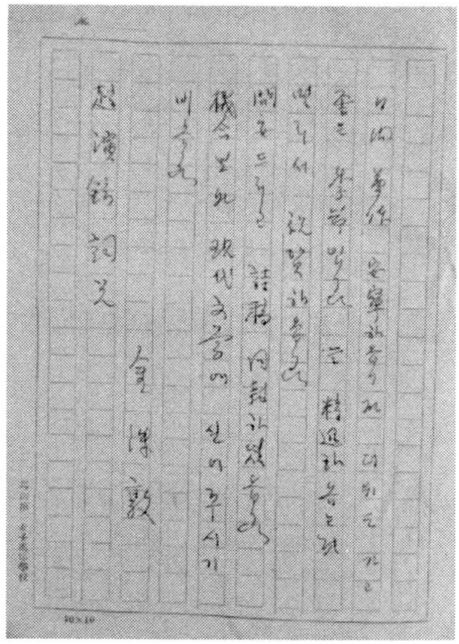

김수돈의 사신

사신 연구는 원본 확정에 이어 발신 연도를 특정해 작가의 문학 세계와 문단 활동을 파악하게 된다. 사신 기록물의 발신 연도를 추정하기 위해《현대문학》에 발표된 그의 원고를 정리해 볼 수 있다.《현대문학》이 1955년 1월부터 발간이라는 점과 그의 사망 연도인 1966년을 참고해 보면 이 사신 기록물의 발신 연도를 특정할 수 있다. '詩稿 同封하였옵니다 / 機會를 보아 現代文學에 실어주시기 비옵니다.'라는 글월을 보면 짐작이 되기 때문이다. 그리고 창원에서《현대문학》에 원고 게재(揭載)를 부탁한 것만 보아도 그의 창작열을 엿볼 수 있다. 정지용 추천 이후 김수돈은 해방 전후에 한 권을, 6.25 동란 전후에 또 한 권의 시집을 출판하는데, 모두 역사의 격동기에 창작과 함께 출판했다. 물론 시인이 첨예한 현실 인식을 외면하는 것에 대한 논란이 있을 수 있으나, 김수영(金洙暎, 1921~1968)의 시적 목소리와 달리 비애의 목소리 또한 현실 인식에서 빚어진 시적 양상이라는 측면으로 정리할 수 있다.

김수돈의 공식적인 작품 발표는 1954년 12월호《문예》의「숲」이다. 이 발표로 조연현과의 문학적 교유 관계를 확인할 수 있다. 또《영문(嶺文)》,《시작(詩作)》등에도 꾸준히 시 작품을 발표한다. 그리고 6.25 동란 후, 김수돈은《현대문학》에 비교적 다수의 작품을 발표했기 때문에 추천 전후의 시 창작 태도의 변화를 볼 수 있다.

《현대문학》(600호, 2004)의「총색인」을 참고하면, 김수돈의 작품 목록은 다음과 같다.

발표 연도	발표 제목
1955년 4월	「유서(遺書)」
1955년 9월	「독어(獨語)」
1957년 4월	「아름다운 계절에」
1957년 9월	「당신의 미소는」
1958년 6월	「거리」
1958년 11월	「풍경」
1959년 1월	「꽃밭에 들어서」
1966년 5월	「너의 영혼과 함께」
1967년 9월	「4월 연가」

'더위도 가고 좋은 季節입니다.'라는 인사말과《현대문학》의 발표 연대를 함께 추정하면 발신 연도를 추정할 수 있다. 즉 더위가 간 달을 고려해 보면, 9월 정도이고 이에 해당하는 연도는 '1955년 9월, 1957년 9월, 1958년 11월, 1967년 9월' 중으로 파악된다. 여기에 생몰 연도를 참고하면, 김수돈이 1917년부터 1966년(7월 4일 사망)이기 때문에 이 사신 기록물은 대략 1955년 9월 또는 1957년 9월로 추정된다. 만약 1967년 9월이라면 그의 유작이 발표된 셈이다.

〈김수돈의 사신〉에는 다음과 내용을 확인할 수 있다.

첫째, 지역에 거주하지만《현대문학》과 같은 중앙지에 작품을 발표하여 끊임없이 창작 열정을 보여 주었다.

둘째, 1940년대 일제 강점기의 암울함과 상실감의 정조를 시적 언어로 보여 준 시인이라는 평가와 함께 이 사신 기록물을 기점으로 한 시 세계의 변화를 검토할 수 있다.

Ⅲ. 김수돈의 주변과 위치

정지용이 추천한 시인들 가운데 청록파 시인, 박남수, 이한직 등 일군의 시인들로만 정리되는 한국시문학사를 확장해 김수돈 시인에게서도 시사적 의미를 찾아야 한다.[13] 김수돈은 한국시사의 위치에 있는 김춘수, 조향과 더불어 '낭만파' 동인으로 활동했다. 이들 사이의 문단 활동과 교유 관계에 대해 새롭게 접근할 필요성이 또한 있다. 그리고 김춘수와는 릴케 시를 번역했으며, 릴케에 대한 영향 관계도 연구의 몫으로 남는다.

1975년 3월 25일 발행한《국어국문학 사전》(서울대학교 동아문화연구소 편, 156쪽.)에는 김수돈을 소개하고 있다. ① 생몰 연도: 출생 연도는 1915년이다. 그런데 〈한국시집박물관〉에는 그의 생몰 연도를 1917년~1966년으로 정리하고 있다. 2년 정도 차이가 난다. 이에 대한 전기적인 기초 사실부터 교정할 필요가 있다. 일본 니혼대학 고등사범학교 수학, 8.15 후 교편 생활 ② 해방 전후 문학 단체 활동: 〈한국문필가협화〉, 〈청년문협〉, 〈한국문협〉, 〈한국시협〉 ③ 초기 시의 특징: 자연과의 교감, 민요적인 가락 ④ 해방 후 작품의 특징: 영탄과 우수 등으로 정리되어 있다. 이러한 창작 활동과 문단 활동을 참고하면 1940년대부터

13 졸저, 『한국현대시의 탐색』, 역락, 2001.

1960년의 김수돈 연구를 비애의 정조에만 국한할 것이 아니라, 입체적인 연구가 필요하다. 김수돈의 문학은 여기서 멈추었다.

권도현은 「지방 문학 활동의 침체적 편린」에서 '열심히 시를 쓰고 공부만 계속하면 지방이고 서울이라는 지역적 여건만은 어느 정도 극복할 수 있다.'고 밝혔다. 학문성을 바탕으로 하면서도 성실하고 세밀한 비평 태도를 견지한 권도현[14]의 충고를 실행한 이는 바로 김수돈 시인이라는 판단이 선다. 그래서 다시 한번 김수돈 시인을 보아야 한다.

권도현 역시 한국비평문학사에서 사라졌다.

14 문학평론가 권도현과 고석규의 지역성과 비평 활동 연구도 가능해 보인다.(2024년 8월 24일, 일요일).

*** 참고문헌**

강희근, 「김수돈의 시집 『우수의 황제』에 대하여」, 경남대학교, 경남문화연구소, 1989.
권도현, 「김수돈론」, 『권도현 평론집』, 문성출판사, 1978.
김윤식 외, 『우리 문학 100년』, 현암사, 2000.
김현주, 『김수돈의 시 연구』, 경남대학교 교육대학원, 2000.
노상래, 「백철의 자서전 읽기 – 일제 암흑기와 해방기를 중심으로」, 《국학연구론총》(30집), 2022.
박종석, 『한국 현대시의 탐색』, 역락, 2001.
신경림, 『명시평전』, 연려실, 1985.
이승원 편저, 『꾀꼬리와 국화』, 깊은샘, 2011.
이인석, 「자유문학」, 『해방문단 20년』, 정음사. 1966.
정한모, 「목월의 〈경상도의 가랑잎〉」, 『한국 현대시의 현장』, 1983.
조남현, 『한국문학의 사실과 가치』, 서울대학교출판부, 1995.
서울대학교 동아 문화 연구소 편, 《국어국문학 사전》, 1975.
창원아동문학회, 「창원의 인연 – 마산 출신, 마산 창신중학교 교사」, 《창원 아동문학》, 2023년 5월호.

7 「44. 김용제(金龍濟, 1909~1994)」

동경 그리고 경성에서, 친일과 협력 사이를 오가다

Ⅰ. 김용제 문학의 사신 접근 방향

Ⅱ. 〈김용제의 사신 기록물〉 내용 분석

1. 조연현의 친일 의식과 문단 교유

2. 창작의 열정, 그리고 연애시

Ⅲ. 김용제의 주변과 위치

* 참고문헌

Ⅰ. 김용제 문학의 접근 방향

1940년대 일제 어용 문학은 먼저 평론, 수필, 기행문과 같은 비전문적인 문학 장르에서부터 서서히 시작되다가 다음 단계로 시 그리고 소설로 비화되는 양상이었다.[1] 여기에 지촌(知村) 김용제(金龍濟, 1909~1994)는 40년대 문단에서 절대로 호락호락하게 넘길 수 없는 유수한 논객이요 시인이었다.[2] 김용제는 방인근(方仁根, 1899~1975)처럼 개인 창작 활동에서나 문학사 측면에서도 유사한 부분이 많은 연구 대상이다. 여기에 청년 시절 친일 평문으로 친일 논란에 갇혀 있는 조연현도 검토할 수밖에 없다. 그래서 발신자 관점에서 김용제의 개인 창작 활동을, 수신자 관점에서 조연현의 문학사적 시각을 검토할 필요성이 있다.[3]

조연현은 〈작고 문인 사신철〉에서 방인근이나 김용제를 제외하고 작고 문인들을 정리해 보관할 수 있었다. 그런데 굳이 이들을 서류철로 보관한 조연현의 의도는 무엇일까? 문학사 기술을 객관적으로 기술하려는 문학사가이기 때문에 이들의 삶과 문학적 공과를 사신으로 보관했다고 생각된다. 또한 문학사 기술에 있어 자료의 형해화(形骸化)를 우려했기 때문에, 이들 사신을 소중하게 보관한 것이다.

우선 김용제는 한국비평논쟁사에서 카프(KAPF) 문학[4]과 친일 문학 논쟁에 있는 작가이다. 이 지점에서 《현대문학》으로 등단한 오세영(吳世榮, 1942~) 교수는 특히 문학사가들이 1940년대 친일 문학 행적을 생략

1 오세영, 「7. 40년대의 시와 그 인식」, 『20세기 한국시 연구』, 새문사, 1989, 237쪽.

2 임종국, 「7. 김용제」, 『친일문학론』, 평화출판사, 1966, 221쪽.

3 졸저, 『작가 사신 연구 방법론』 참고.

4 조선 프롤레타리아 예술가 동맹(에스페란토: Korea Artista Proleta Federacio, 영어: Korean Artist Proletarian Federation) 또는 단순히 통칭 카프(KAPF)는 1925년 8월에 결성된 사회주의 문학 단체이며, 특히 계급의식에 입각한 조직적인 프롤레타리아 문학과 계급 혁명 운동을 목적으로 삼았다. 최서해, 조명희, 이기영, 한설야 등이 대표적인 작가들이다.

(백철) 혹은 공백기(조연현)로 규정하고 있으나, 굴욕적인 반민족 문학이라 하더라도 마땅히 한국문학사의 일부로 받아들여야 한다는 장덕순(張德順, 1921～1996)[5]의 『한국문학사』(1976)를 인용하고 있다.[6] 오세영은 두 문학사가(백철, 조연현)와 달리 일제 어용 문학과 관련없는 장덕순의 심리 구조로 설명하였으나, 이보다는 문학사에 대한 장덕순의 투철한 비평 의식과 책임 의식에서 출발했다는 점을 강조하였다. 물론 오세영은 역사적 명분에 의해서 은폐될 수 없는 우리 문학사의 일부로 다루어야 마땅하다는 장덕순의 시각과 공유하였다.

그러나 《국민문학》(1943년 2월호) 좌담회에서 김용제와 최재서는 한국 문학이 일본 문학의 한 지방 문학이라고 규정하는 견해를 밝힌 적이 있었던 만큼 두 작가의 친일 부역을 지적하지 않을 수 없다. 최재서는 해방 이후 절필과 대학에서 영미 문학 연구에만 몰두했다. 이 지점에서 조연현은 최재서의 속죄 의식을 평가하였으나, 김용제는 평가하지 않았다. 아마도 1964년에 최재서는 사망하였고, 김용제는 생존해 있었기 때문에 평가를 쉽게 할 수 없었다. 여기에 친일 문학 행위와 문학사적 평가 사이에 조연현의 모습이 투영되었다고 볼 수 있다.

사실 백철(白鐵, 1908～1985)은 친일 활동에 앞장선 이광수(李光洙, 1892～1950)를 앞세워 자신의 친일 작품 활동을 숨기려는 의도가 컸으며, 또한 임화(林和, 1908～1953)의 말에 의지하여 친일에 대한 변명으로 일관하고 있다.[7] 조연현은 일제 강점기와 6.25 동란으로 소실된 자료가 필요하다는 점을 강조했을 뿐만 아니라, 최재서를 만나 그와 관련된 자료를 직접 혹은 간접적으로 구하고자 했었다. 자료를 구하지 못했다는

5 『한국설화문학연구』, 『한국문학사』, 『한국수필문학사』 등을 저술한 국문학자.

6 오세영, 「7. 40년대의 시와 그 인식」, 위의 책, 236～237쪽.

7 노상래, 「백철의 자서전 읽기 – 일제 암흑기와 해방기를 중심으로」, 《국학연구론총》(30집), 2022, 348쪽.

점과 함께 친일 문학에 대한 조연현의 문학사적 시각이 정돈되지 못했기 때문에 문학사에서 의도적으로 생략하였으며, 문학사 공백기라고 규정하였다고 볼 수 있다.[8] 여기에 조연현의 친일 작가에 대한 시각과 함께 친일 의식 연구가 남게 된다.

문학사가이면서 친일 문학 논란에 있었던 수신자 조연현은 이런 문제에 놓인 김용제나 방인근의 사신 기록물을 보관하였다. 특히 자신의 친일 문학 논란이 연상될 수도 있기 때문에 문학사에서 쉽게 논의하지 못했다. 그런데 조연현은 두 친일 작가와 문학적 교류를 하였으며, 특히 사망하기 전 13살이나 위인 김용제를 〈작고 문인 사신철〉에 보관했었다. 이는 친일 문학이 문학사의 절연이 아니라 연속성이라는 그의 문학사 기술 의식에서 비롯된 것으로 해석된다. 김용제의 사신 기록물을 보관한 것으로 볼 때, 일제 강점기 문학사를 '공백기'로 규정해 이에 대한 구체적인 논의를 하지 않았으나, 문학사의 영속성을 분명히 고려했을 것이다. 언젠가는 조연현이, 어떤 형태로든 김용제를 거론했을 것이다. 결국 문학사의 관점에서 친일 문학과 함께 그의 문학성 또한 검토 대상으로 삼아 일제 강점기 문학사를 기술하고자 했을 것이라는 추정을 낳게 한다. 즉 한국문단사 아니면 한국문학사의 측면에서 김용제를 어떻게 기술할 것인가는 조연현의 고통스러운 과제이기도 하지만 필자를 비롯한 연구자들이 해야만 하는 일종의 숙제이기도 하다. 그런데 김용제는 문학과 창작 관련 사신 기록물을 남겨 놓았고, 방인근은 그의 삶에서 빚어진 가난의 고통만을 언급했었다.

김용직은 김용제에 대한 문제의식을 짚었다. 즉 프로문학 활동 시절

8 최재서는 《인문평론》(후에 《국민문학》)의 주간이었다. 그러나 문예지를 중심으로 기술한 한국현대문학사의 관련 자료를 최재서에게서 구하지 못했다. 그래서 1940년대 일제 강점기의 한국문학사를 암흑기로 규정한 것으로 보인다. 다만 그의 죽음이 '국가적 손실'이라고까지 평가하면서 그를 영문학자로, 문학 평론가로서 높이 평가했다.

에는 천황(天皇)과 그 군대는 분명히 김용제에게는 배제하고 타도할 대상이었을 터였다. 그런데 10년도 못 미치는 시간이 흐른 다음, 그의 작품이 천황을 찬양하고 떠받드는 생각의 도가니에 빠졌다는 점을 지적했다. 이것은 개인으로서뿐만 아니라 일제 암흑기를 통틀어 보아도 유례가 없는 방향 전환의 예인데, 그 까닭이 어디에 있었던 것인가라는 문제를 짚었다. 이렇게 구체적인 문제 제기에 답을 찾는 일은 '일제 암흑기의 우리 시와 문학, 나아가서 우리 정신사를 기능적으로 파악하는 데 중요한 열쇠 구실'[9]을 할 것이라고 했다.

여기서 그의 삶과 문단 활동을 참고해야 필요성이 있다.[10] 김용제는 일제 강점기 시대의 문학평론가이며 시인이다. 1925년 충청북도 장호원 소학교를 졸업하고 청주 고등보통학교에 입학하였다. 1927년 부친이 파산하여 가족이 서울로 이주할 때, 유학을 결심하고 1월 1일 단신으로 도쿄에 도착하였다. 그 후 1928년부터 1929년까지 배달 등의 막일을 하다가 4월 도쿄 중앙대학 전문부 법과에 입학하였으나 바로 자퇴했다.

그의 문단 활동은 대략 다음과 같다. 1930년 6월 일본의 문예 동인지 『신흥시인』에 시 「압록강」으로 등단했으나, 이후 그는 줄곧 프롤레타리아 문학 운동에 적극 가담했었다. 1931년 8월 전일본 무산자 예술동맹(NAPF)에 가입하였고, 10월 도쿄에 있을 때 「사랑하는 대륙이여」를 발표했으며, 11월 나프(NAPF) 후신인 일본 프롤레타리아 문화연맹(KOPF)에 가입하였다. 1932년 6월 '코프 대탄압' 때 치안유지법 위반으로 수감되었다가 1936년 3월 11일 출소하였다. 같은 해 10월 28일 '조선 예술좌 사건' 때 문예부 고문으로 검거되었으나, 11월 불기소 처분으로 석방되었다. 이후 1937년 7월 조선에 강제 송환되었다.

---

9 김용직, 「제11장 일제말 암흑기와 시단 – 김용제」, 『한국현대시사』(2), 한국문연, 1996, 587쪽.

10 오무라 마스오, 심원섭 역, 『사랑하는 대륙이여: 시인 김용제 연구』(소명출판, 2016)에 비교적 상세하게 정리되어 있다. 여기에서는 이 연구서를 기본으로 발췌, 요약했다.

귀국 후 문학계의 창작 방법 논쟁[11]에 가세하는 등 1938년 7월 일본 군국주의 단체인 〈동아연맹〉의 간사를 맡기 시작하고, 1939년 4월 《동양지광》에 참여하면서 본격적으로 훼절(毁節)의 길을 걷기 시작하였다.[12] 그리고 조선 총독부 외곽 단체인 〈조선문인협회〉 발기인으로 참여하였고,[13] 침략 전쟁과 대동아 공영권을 찬양한 일본어 시집 『아세아 시집』을 발간하였다. 1944년 3월 〈조선문인보국회〉 기관지 『국민시가』 편집 위원 활동, 그리고 1945년 8월 10일 일본어 시집 『아름다운 조선』을 발간하였으나 해방을 맞아 전질을 폐기 처분하기도 했었다.

1949년 여름 반민특위에서 최재서와 함께 조사를 받은 후 구류 7일 만에 기소 유예로 석방되었다. 국어 문예 총독상의 1회 수상자는 김용제였고, 2회 수상자는 최재서였다. 여기에 수상 전형 위원으로는 박영희(朴英熙, 1901~?), 유진오(兪鎭午, 1906~1987),[14] 유치진(柳致眞, 1905~1974), 백철(白鐵, 1908 ~1985) 등이었다. 그는 85세까지 비교적 장수하였으나, 1994년 6월 21일 사망하였다. 출신지는 충청북도 음성군(陰城郡) 생극면(笙極面)이다.[15]

---

11 「조선문학의 신세대 – 레아리즘으로 본 휴마니즘」(1937)·「문학에 있어서의 진취적 낙천주의」(1938) 등을 통해 리얼리즘을 옹호하였다. 이 시기 평론으로 「현대와 낭만적 정신」(《동아일보》, 1936.7.24~29)·「인간성의 문제와 근대적 문학정신」(《조선일보》, 1937.1.9.~15)·「조선문학의 신세대」(《동아일보》, 1937.6.11.~16)·「리얼리즘문학 발전론」(《동아일보》, 1937.9.14.~18)·「리얼리즘의 옹호」(《동아일보》, 1937.10.14.~16).

12 임종국, 「7. 김용제」, 『친일문학론』, 평화출판사. 1966, 221~232쪽.

13 김학연 외 엮음, 『친일파 죄상기』, 학민사. 1993.

14 유진오는 일제 강점기 조선 시대의 소설가 겸 법학자 등으로 활동한 대한민국의 교육자(대학 교수) 겸 정치인이다. 호(號)는 현민(玄民)이며 한성부에서 출생하였다. 일제 시대에는 보성전문학교의 교수로 지냈고 고려대학교의 창립 초기 멤버 및 총장을 지냈다.

15 김용제의 일제 강점기 활동은 2004년 10월 29일 공포된 대통령령 제18571호 「일제강점하 친일반민족행위 진상규명에 관한 특별법」에 해당하는 친일반민족행위로 규정되어 친일반민족행위진상규명위원회의 『친일반민족행위 진상규명 보고서』에 친일 행적이 상세하게 채록되었다(네이버 지식백과 / 한국민족문화대백과, 한국학중앙연구원). 『친일반민족행위 진상규명 보고서』 Ⅳ-3(친일반민족행위진상규명위원회, 현대문화사, 2009).

이처럼 김용제와 함께 최재서, 방인근과 친일 논란의 작가들을 놓고 친일문학론을 심층적으로 논의할 시점이 온 것이다. 그래서 훼절의 시인 김용제와 한국문학사의 영역을 정리할 필요성이 분명하게 있다. 이 계기는 김용제의 사신 기록물을 통한 그의 삶과 문학과의 상관성을 검토할 수 있는 자료가 공개되었기 때문이다.

조연현은 비평적 시각과 문학사 시각의 접점에서 김용제의 사신 기록물을 문학사에서 어떻게 기술했을까? 이는 김용제의 사신을 보관한 이유와도 관련이 깊다. 문학사가 문학인 동시에 역사라는 이중의 카테고리에 있다고 하더라도, 분명 작가의 문학 정신을 기준으로 문학사를 기술해야 한다. 문학사를 기술하는 비평가라면 비평 정신의 본질인 작가의 문학 정신을 보여 준 작품성을 기준으로 비판 의식을 발휘해야 한다. 그런데 김용제를 비판할 수 있는 사신 기록물은 없고, 인간관계를 중심으로 한 사신만 남아있다. 그렇다면 김용제 친일 문학에 대한 조연현의 비판 의식은 무엇인가? 여기에 답을 하지 않고 그는 떠났다.[16]

Ⅱ. 〈김용제의 사신 기록물〉 내용 분석

1. 조연현의 친일 의식과 문단 교유

〈작고 문인 사신철〉의 작가 대부분은 조연현보다 사망이 빠른데, 김용제만 조연현 사후(1981년) 생존한 유일한 문인이었다. 무려 13년이나 지난 1994년도에 사망했다. 이는 분명 문학사에서 다루어야 할 작가임

16 조연현의 『한국현대문학사』는 문학 저널리즘과 문단의 교유 관계의 조준에서 추출(김주연, 「2. 문학사와 문학 비평」, 『김주연 평론 문학선』, 문학과 사상사, 1992, 56~57쪽)된 것이라면, 김용제도 이의 연장선에서 탐구했을 것이다. 작품성보다는 문학 저널 형식과 인간관계를 추출한 기술이 아닌가 생각된다.

을 증명하려는 조연현의 의도가 있어 보인다. 현재 5통 6장의 사신 기록물이 남아있다.

다음은 엽서 1통 2장의 사신 기록물이다.

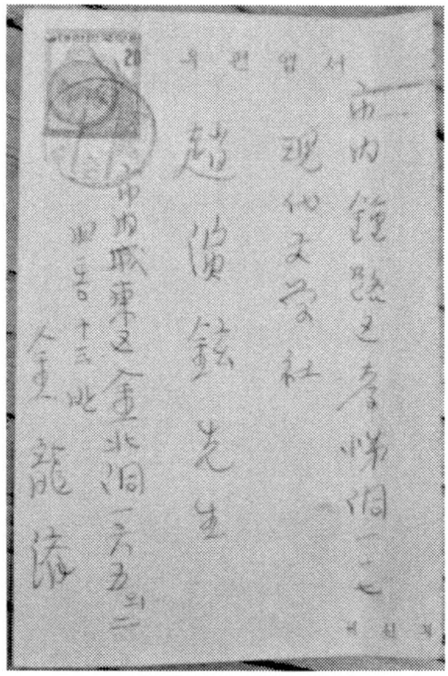

김용제의 엽서 1 – 앞면

〈김용제의 엽서 1〉은 조연현이 재직했던 《현대문학》으로 보낸 사신으로 발신자와 수신자의 주소를 파악할 수 있다. 『작가 사신 연구 방법론』에 따르면, 이름이나 주소지가 적힌 사신은 원본임을 확정할 수 있다. 한 가지 궁금증은 조연현이 일본에서 급사한 해가 1981년인데, 1994년에 사망한 김용제를 〈작고 문인 사신철〉에 생전에 보관했다는 사실이다. 김용제의 사망 전부터 '작고 문인'으로 규정해 보관한 이유는, 김용제가 문학사에서 반드시 짚고 가야 할 작가라는 점을 조연현이 인식했다는 것이다.

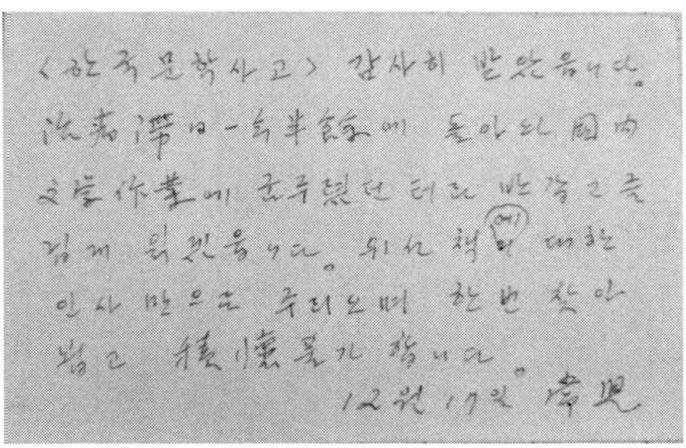

김용제의 엽서 2 – 뒷면

〈김용제의 엽서 2〉에는 다음과 같은 내용이 있다.

> 『한국문학사고』 감사히 받았읍니다.
> 治病滯日 一年 半餘에 돌아와 國內 文學 作業에 굶주렸던 터라
> 반갑고 즐겁게 읽겠읍니다. 위선 책에 대한
> 인사만으로 주리오며 한번 찾아
> 뵙고 積懷[17] 풀가 합니다.
> 12월 17일 ○○
>
> —「전문」

조연현의 『한국신문학고』는 1966년 문화당에서, 1974년 을유문화사에서 각각 출판했다.[18] 출간에 대한 인사와 '적회(積懷)'로 보아 오랫동안 전하지 못했던 소식을 전하는 엽서이다. 병 치료를 위해 일본에 체류했다가 '일년 반 여년' 만에 국내에 들어왔다는 근황을 알리는 내용이다. 조연현의 책 출간일이 바로 엽서 발신일 전후임을 알 수 있다.[19] 물론 조연현이 답신을 했다면, 수신자 김용제의 사신을 추적하면 발신 연도를 파악할 수 있고, 이와 관련된 김용제의 문단 활동 및 창작 활동을 조사할 수 있을 것이다. 그래서 작가 사신 연구에서 '상호 작용성 연구'가 중요하다.

〈김용제의 엽서 2〉에는 다음과 같은 의미를 생각해 볼 수 있다.

첫째, 저작을 통해 발신자 조연현의 학구열을 볼 수 있으며, 또한 이들 사이의 문단 교유의 상황을 파악할 수 있다.

---

17 적회(積懷): 오래 만나지 못하여 쌓인 회포.

18 김명인, 〈생애 및 비평 연보〉, 소명, 2004, 259~261쪽.

19 〈김용제의 사신 2〉와 김용제의《현대문학》 작품 발표 목록에 따르면, 1962년 이후에는 작품을 발표하지 않았다. 이로 보아 엽서는 1966년 12월 17일로 추정된다.

둘째, 발신자 김용제의 창작에 대한 열망을 볼 수 있다.

김용제의 사신 기록문은 현재 2통 2장이다.

〈김용제의 사신 1〉에는 다음과 같은 내용이 있다.

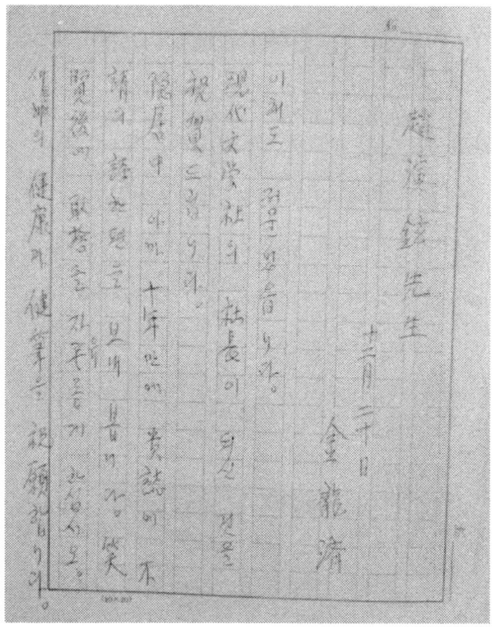

김용제의 사신 1

趙演鉉 先生

十二月 二十日

金龍濟

이해도 저물었읍니다.

現代文學社의 社長이 되신 것을 祝賀드립니다.

隱居 中 아마 十年만에 貴誌에 不請의 詩 한 편을

보내 봅니다.

笑覽[20]에 取捨를 자유롭게 하십시요.

새해의 健康과 健筆을 祝願합니다.

—「전문」

조연현이 '現代文學社의 社長'이 된 해에 보낸 사신으로 보아 1976년도 사신 기록물로 특정할 수 있다. 그리고 1976년도《현대문학》에는 발표된 김용제의 작품이 없는 것으로 조사되었다. 이 해에는 조연현이 자유 중국과 일본 등을 여행했으며, 동시에『문학과 그 현장』(관동출판사),『문학과 인생』(을유문화사),『이끼의 연륜』(어문각) 그리고『조연현 전집』(1~6권, 어문각) 등을 출간했다.《현대문학》에서의 열정과 공로를 인정받아 사장에 취임하는 동시에 자신의 문학적 역량을 동시에 드러내는 다수의 문학 저서를 출판하였다.

〈김용제의 사신 1〉에는 다음과 같은 의미가 있다.

첫째, 수신자 조연현의 삶과 문학의 열정을 볼 수 있다. 즉 왕성한 창작 활동과《현대문학》의 괄목상대(刮目相對)한 성과로 현대문학사 사장이 되었다.

둘째, 70세 가까운 나이임에도 김용제는 창작 원고를 발표하려는 열정을 보인다. 해방 전 친일과 해방 후 우익에 서서 협력하는 문학적 일대기를 구성할 만큼 변화무쌍(變化無雙)한 작가로, 연구 가치가 있는 여러 작가 가운데 한 명이다.

2. 창작의 열정, 그리고 연애시

〈김용제의 사신 2〉에는 다음과 같은 내용이 있다.

---

20 소람(笑覽): 주로 편지에서, 보잘것없지만 자기 것을 웃으며 보아 달라는 뜻으로 겸손하게 하는 말.

趙演鉉 學兄

늘 말씀하시던 原稿,

두 페이지 分의 戀愛詩를 供笑

합니다.

貴 三月號가 마침 特輯인 듯

하오니 末尾에

끼어 두시든지 하십시오.

김용제

—「전문」

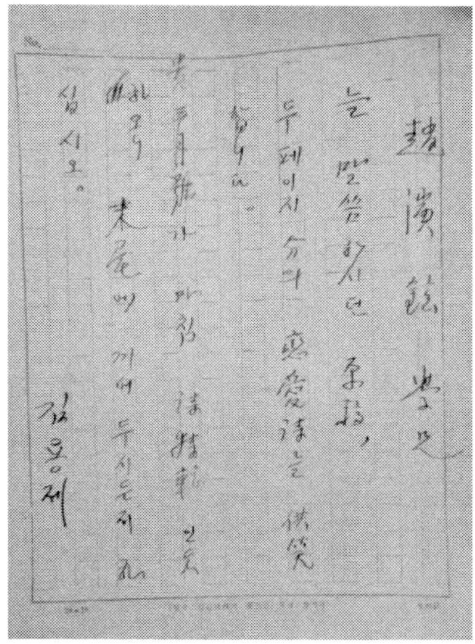

김용제의 사신 2

조연현의 원고 청탁에 따라 창작의 고통 속에 연애시를 보낸다는 내용이다. 그의 삶의 행적과 창작 활동의 변화 지점을 알 수 있다. 두 문인 간의 끊임없는 교유와 김용제의 창작 활동과 조연현의 발표지면 제공 이유가 궁금하다.

〈김용제의 사신 2〉에서 '연애시'를 보내 '특집호'에 수록되기를 희망한다고 했으니, 만약 작품 발표가 되었다면 발신 연도를 추정할 수 있다. 《현대문학》에 발표된 김용제의 작품 목록은 다음과 같다.

발표 연도(연령)	발표 제목	기타
1956년 8월호(통권 20호)	「독서」	
1957년 6월호(통권 30호)	「꽃별꿈」	
1958년 4월호(통권 40호)	「앵도주련」	
1958년 6월호(통권 42호)	「임을 위한 시」	특별호
1958년 9월호(통권 46호)	「추평사」	
1960년 3월호(통권 63호)	「토정비결」	
1961년 5월호(통권 77호)	「양의 우화」	
1962년 5월호(통권 89호)	「꽃 사연」	
1962년 11월호(통권 95호)	「역변에서」	

위 목록에 따르면, 창간호 1955년 1월호부터 1981년 조연현 작고 시까지 김용제가 《현대문학》에 발표한 시 작품은 총 9편이다. 대부분이 1950년 중반부터 60년대 초반까지이다. 김용제가 언급한 3월에는 아예 원고가 실리지 않았다. 특집호는 1958년 6월호인데, 여기에 시작을 발표했다고 한다면 이 사신 기록물은 1958년도로 추정할 수 있다.

〈김용제의 사신 2〉에는 다음과 같은 의미가 있다.

첫째, 문단 교유 관계를 볼 수 있는 사신으로 당시 권위 있는 《현대문학》에 원고 게재를 부탁한다. 위 목록에 따르면, 1962년 이후에는 《현대문학》에 원고를 발표하지 않았다.

둘째, 1950년을 전후해 순수시 창작에 몰두함으로써 친일 문학 논란에서 벗어나려는 의도를 보인다.

〈김용제의 사신 3〉에는 다음과 같은 내용이 있다.

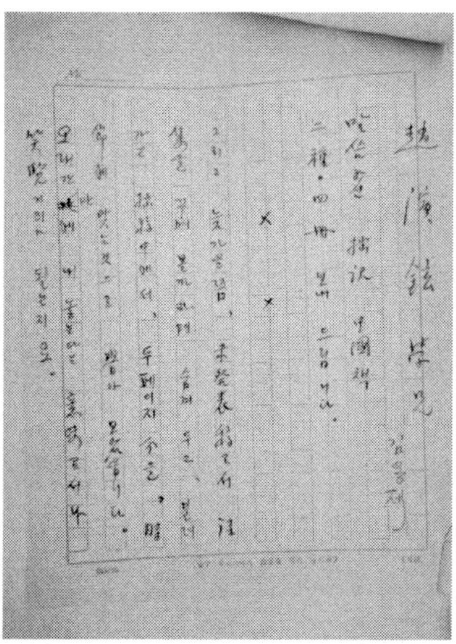
김용제의 사신 3

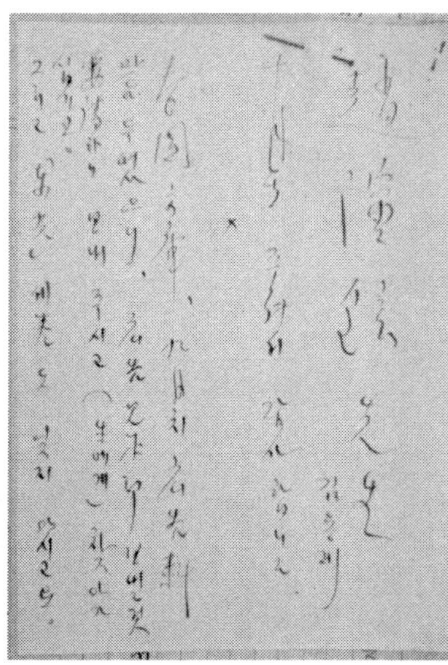
김용제의 사신 4

趙演鉉 學兄

김용제

말씀하신 拙譯 中國 책
二種 四冊 보내드립니다.

× ×

그리고 늦가을쯤, 未發表로서 詩集을 꾸며
볼까하며 숨겨 두고,
불려 가는 拙詩 中에서 두 페이지 分을,
時節에 맞추는 것으로 뽑아 모았읍니다.
오래간만에 내놓는다는 意味로서나
笑覽거리가 될는지요.

—「전문」

김용제는 중국 책을 번역할 정도로 중국 문학에 대한 관심이 많았다. 그의 중국 번역 책을 추적해 보면 발신일을 추적할 수 있다. 그리고 시집을 간행하려는 창작 열의를 볼 수 있다. 광복 후 친일 행적 때문에 5년간 절필했다가 1950년 한국 전쟁과 함께 반공주의 작가로 다시 활동을 재기하면서 시집 『산무정(山無情)』과 『김삿갓 방랑기』를 출판해 대중소설가로서도 주목받게 된다.

조연현은 김용제의 친일 작품 논란보다 1950년 전후해 반공주의로 전향해 순수문학론을 지향했던 점을 인정해 사신을 보관하고 문단 교유를 했던 것이 아닌가 한다. 해방 이후 조연현의 문학적 삶과 문단 행보가 반공주의와 순수문학론을 지향했다는 사실을 결코 무시할 수 없기 때문이다.

〈김용제의 사신 3〉에는 다음과 같은 의미가 있다.

첫째, 해방 후 중국 문학 번역 혹은 순수시 창작의 열정을 볼 수 있다. 이는 해방 전 친일 문학 논란에서 벗어나 사회적 소통망으로서 작가의 창작 방향과 위치를 볼 수 있다.

둘째, 김용제는 해방 후 친일 논란에서 벗어나기 위한 현실적인 타개책으로 꾸준히 연애시와 같은 순수 문학을 추구한 것은 아닌가?

〈김용제의 사신 4〉에는 다음과 같은 내용이 있다.

> 趙演鉉 先生
>
> 김용제
>
> 十月 號 주셔서 감사합니다.
>
> ×
>
> 春園文庫, 九日치 廣告料
>
> 맡아두었으니, 廣告元本○ 보낼 것
>
> 要請하여 보내 주시고(生에게) 찾아가십시요.
>
> 그리고 「東光」 세 卷도 잊지 마시고요.
>
> —「전문」

〈김용제의 사신 4〉의 발신 연도를 '春園文庫, 九日치 廣告料'에 연결지어 보면, 조연현이 관계한 《문예》와 《현대문학》의 광고료인지는 조사를 통해 파악할 수 있지만, 이는 이광수(李光洙, 1892~1950)의 생몰 연대로 보아, 《문예》의 발행 연도와 관련이 있는 것으로 보인다. 《문예》는 조연현이 1949년(30세)에 순수문학과 민족주의 문학 이념을 실현하려는 의도로 창간해 편집장을 맡았다. 이후 《현대문학》(1955년) 창간까지 발행했었다.

그리고 '《동광》 세 권'으로 보면 대략 1954년 이전에 김용제가 조연현에게 보낸 것으로 판단된다. 《동광》은 주요한(朱耀翰, 1900~1979)이 발행인이었고, 1933년 1월에 통권 39호(40호는 원고 압수됨)로 종간되었다. 이후 이광수가 이어 속간하다가 1954년 9월 《새벽》으로 개제되어 발행했으나, 1960년에 종간되었다. 이를 참고해 발신 연도를 추정해 보면, 대략 1949년부터 1954년 사이인 것으로 보인다. 적어도 《현대문학》의 창간 연도인 1955년 이전인 1954년과 《동광》의 창간까지 참고하면 그렇다. 《동광》에는 이광수(李光洙, 1892~ 1950),[21] 주요한(朱耀翰, 1900~1979), 김억(金億, 1896~?), 주요섭(朱耀燮, 1902~1972), 김동환(金東煥, 1901~1958?), 김동인(金東仁, 1900~1951), 양주동(梁柱東, 1903~1977) 등이 필진으로 활약하였으며 민족주의적 입장에 선 작가들이 많았다.

〈김용제의 사신 4〉에는 다음과 같은 의미가 있다.

첫째, 1910년대 천재 작가 이광수의 춘원 문고에 대한 광고료는 독자와의 거리를 좁히는 방향이며, 판매를 따진 것이다. 상업 광고가 작품에 미치는 영향 관계도 고려해 볼 수 있다.

둘째, 1920년대에서 1950년대까지 김용제의 문단 활동을 통시적 관점에서 연구할 필요성이 있다.

일제 강점기부터 해방을 거쳐 1994년까지 오랜 시간을 한국현대사의 굴곡과 변화를 경험하면서 작가 활동을 한 인물이 김용제이다. 어쩌면 김용제는 한국문학사의 굴곡과 변화의 한 축이었다고 해도 과언이

---

21 1917년 〈신한 청년당〉의 활동 자금을 모으기 위해 최초의 장편소설인 「무정」을 총독부의 기관지 《매일신보》에 연재했다. 「무정」은 다음 해 단행본을 내어 1만 부가 팔렸다. 1920년대 말 경성부 인구 25만 명이었고 1926년까지도 전 인구의 99%가 문맹이었으며, 1930년에 이르러서도 70~80% 이상이 문맹이었다. 즉 글을 읽을 줄 아는 5만~8만 명 가운데 1만 부가 팔렸다는 것이다. 당시의 책은 서너 명이 번갈아 보고, 헌책방에서 바꿔 보는 게 예사였음을 감안하면 특급 베스트셀러였다. 「무정」의 스토리 전개로 젊은 층과 노년층으로 나뉘어서 논쟁할 정도다. 「무정」의 성공으로 문인으로서 인기는 단연 톱이었고, 육당 최남선, 벽초 홍명희와 더불어 조선의 3대 천재 문인으로 꼽혔다. 그러나 그는 〈친일파 708인〉 명단 등재되었다(〈나무위키〉 참고).

아니다. 대개의 친일 문학 논란에서 전향하거나 반성의 태도가 일반적이다. 심지어 작가의 이력도 사망이나 납·월북으로 인해 자연스럽게 사라질 수도 있었으나, 김용제는 1994년까지 생존하면서 활동한 이력을 보아 한국문학사에서 검토할 대상임은 분명하다.

〈작고 문인 사신철〉에 등장하는 친일 논란의 두 작가(방인근, 김용제)와 달리 독립운동가 김법린(金法麟, 1899~1964)과 여성운동가 김일엽(金一葉, 1896~1971)까지 정리했던 조연현의 생각은 무엇일까? 이들의 무게는 독립투사요, 그 정신적 가치를 훼손할 수는 없지만 이들에 대한 가치 평가와 문학사 기술은 없었다. 그러나 문학사 기술의 방향에서 김용제를 시대 상황 속의 친일 논란보다는 현대문학사의 작가로서의 관심이 많았던 것은 아닐까? 더구나 해방 이후 김용제의 절필 선언과 반성의 행동 그리고 민족주의적이며 반공산주의자로 돌아선 그의 문단 활동을 긍정적으로 평가한 것이 아닌가?

역사적 사건에 대해 그 현장을 혹독하게 경험한 세대와 그 후의 세대가 바라보는 시각은 분명 다른 점이 있다. 개인의 경험과 시대적인 경험을 동시에 한 세대일수록 삶의 고통을 외면하거나 시대의 탓으로 돌릴 수는 있지만 적어도 일제 강점기 시대에는 반성과 성찰로 기록되어야 치유가 되는 것이다. 그래서 한국문학사에서 일제 강점기 시대의 문학론은 경험하지 못한 세대들에게도 객관적으로 평가된 기록이 전달되어야 한다. 한국문학사가 필요한 이유이다. 그런데 조연현은 일제 강점기 시대의 문학사를 기술하지 않았다.

민족 문제와 직결된 '친일 문제'를 평가할 때 균형 감각은 중요하다. 그래서 일제 강점기의 실체적인 경험 전후의 평가가 중요하다. 유년기에 '국민 총동원령 체제'를 경험한 마지막 세대라고 자처한 비평가 유종호(柳宗鎬, 1935~)의 의견을 듣는 것도 길잡이가 될 수도 있다. 안개 속의 길을 걸었던 일제 강점기 시대에 친일 행위와 친일 작품의 경중을 가리기는 쉽지 않으나, 수필 2편과 시 1편을 《매일신보》에 발표해 친일 작가로 낙인찍힌 김상용(金尙鎔, 1902~1951)과 열 편 정도의 민망한 시와 잡문으로 평생 곤욕을 치른 서정주는 그의 문학적 성취에 비해 흠결이 크게 보인 것은 아닐까 하는 의견을 내놓았다.[22] 젊은이들이 친일파 규탄에 열을 올리는 것을 이해할 수 있으나, 산전수전(山戰水戰) 겪어 알 만한 흠집투성이 늙은 혼백들의 비방에 대해 솔직히 인간에 대한 절망감을 느낀다고까지 했다.

1960년대 젊은 세대였던 임종국(林鍾國, 1929~1989)의 『친일문학론』을 주목할 수 있지만[23] 해방 전 문예지의 최고를 보여 준 《문장》과 《인문평론》이 일제 말에 폐기된 것이 오히려 다행스러운 일이라는 유종호의 말은 대단히 인상적이다. 일제 강점기에 두 잡지가 폐간되지 않고 당시 작가들이 글을 기고했다면 또 얼마나 많은 친일 작가로 낙인을 찍을까? 그래서 문예지의 창간과 폐간이 한국문학사에 끼친 영향 연구도 필요해 보인다. 수신자 조연현의 《예술부락》, 《문예》, 《현대문학》의 의미를 다시 검토할 필요성이 제기되는 지점이다.

일본에서 병 치료를 받았을 만큼 김용제는 여유가 있었던 것으로 보인다. 그러나 방인근은 문단 활동과 함께 자신의 가난과 육체적 고통을 사신으로 남겼다. 친일 작품을 남긴 작가 김상용은 일제 말기 꽃집으로 호구지책(糊口之策)으로 삼았다거나 시대의 굴절에 비판과 풍자의 시인 김수영도 번역일과 아내의 삯바느질로 하루하루 생계를 이어갈 만큼 지독한 가난 속에서 작품 활동을 했다. 재봉틀과 금가락지를 팔아야만 했던 시대를 온몸으로 살았던 김수영.[24] 김상용과 김수영에게도 사신을 받

---

22 유종호, 「안개 속의 길 – 친일 문제에 관한 소견」, 《문학과 사회》, 2005(겨울호, 통권 72), 349쪽.

23 임종국은 『친일문학론』에서 서정주를 친일 문인으로 올리지 않았다. 필자는 이 역시 의문을 제기했었다(졸저, 『조연현 평전』 참고).

24 김현경, 『김수영의 연인』, 책읽는오두막, 2013, 69쪽.

았다고 조연현은 언급했지만 안타깝게도 사신 기록물을 볼 수 없는 상황이다.[25]

조연현은 시대 상황에 대처하지 못한 작가들의 행동과 문학 활동이 작가들의 생계를 보장해 주지 못한 현실의 안타까움을 깊이 생각한 것은 아닐까? 작가들의 현실은 생활고와 시대 상황에 따라 절필과 저항만이 존재할 수 없었다. 동반작가인 이효석(李孝石, 1907~1942)은 1930년 대학 졸업 후, 1년 동안의 룸펜 생활 끝에 제일 고보 시절 은사였던 초염상치(草染常治)의 도움으로 총독부 도서관 검열관으로 취업했다가 한 달 후 그만두고 처의 고향인 경성(鏡城)으로 낙향했다.[26] 경제적 궁핍이 작가의 생활과 신념마저 흔들어 놓았다.

창작의 고통과 시대의 변화를 경험한 문사들은 다음과 같은 말을 남겼다. 최남선은 '제 자식에게 결코 문학을 못 하도록 했소. 일생을 평탄히 보내게끔 의사가 되도록 했소.' 그리고 박목월(朴木月, 1916~1978)은 '한 사람이 30년을 몸 바쳐 전공했음에도 그 전공 분야로 생계를 삼을 수 없는 이 현실을 어떻게 설명할 수 있을까.'[27]라고 탄식했다. 사신 기록물에 나타난 염상섭(廉想涉, 1897~1963)의 생계형 창작 활동과 김광섭(金珖燮, 1905~1977), 이봉구(李鳳九, 1916~1983) 등 문인들의 경제적인 고통을 다시 떠올리게 한다. 아마도 창작의 고뇌보다 현실적인 삶의 고통이 컸음을 표현한 것이나, 당시 일제 강점기의 한국 경제 상황을 고려한다면 모두가 고통 속에 있었음을 부인하기 어렵다.

---

25 2022년 11월 11일 현재.

26 조용만, 「동반자 작가들」, 『30년대의 문화 예술인들』, 범양사, 1988, 76쪽,

27 김병익, 「에필로그 - 한국의 문학인들이 걸어온 길」, 앞의 책, 294쪽.

Ⅲ. 김용제의 주변과 위치

김용제가 제1회 〈총독상〉을 수상할 때, 조선 문인으로 유치환(柳致環, 1908~1967), 최재서(崔載瑞, 1908~1964) 등이 관여했다. 그래서 이 시기의 유치환과 최재서의 문학 활동은 그의 친일 작품 논란과 관계되기 때문에 검토가 반드시 필요하다. 유치환이 북만주로 유랑했던 시기에 창작한 「수」[28]는 친일시 논란이 있었다. 문제는 이 시작이 1942년《국민문학》(5호)에 발표했다는 점이다. 즉 이 작품을《인문평론》이 폐간(1941년 4월)되면서 일제 국책문학의 일환으로 재출간된《국민문학》에 발표했다는 점이다. 1945년 2월(38호)로 종간된 친일 문예 잡지인데, 편집인 겸 발행인이 최재서이며, 창간호에는 이원조(李源祚, 1909~1955), 백철(白鐵, 1908~1985), 박영희(朴寧熙, 1896 ~1930), 김동인(金東仁, 1900~1951), 함대훈(咸大勳, 1906~1949), 주요한(朱耀翰, 1900~1979), 이효석(李孝石, 1907~1942) 등이 작품을 발표했다. 최재서가 한국 문학이 일본 문학의 지방 문학으로 인식한 발언이나 청마 시의 친일 논란, 총독상 심사 등 문제시되는 점을 어떻게 볼 것인가는 한국문학사사에 던져진 과제이기도 하다.

김용제는 여타의 친일 논란 작가 가운데 비교적 연구의 필요성이 축소된 작가이다. 김용제는 일제 강점기와 해방 이후를 거치면서 다양한 문단 활동과 창작 활동을 했던 만큼 문학과 삶의 궤적을 찾을 필요가 있다. 〈작고 문인 사진철〉에 보관된 김용제의 사진에는 창작의 열정만이 남아있다. 조연현은 분명 김용제의 문학사적 가치와 공과를 인식하고 있었을 것이다. 특히 김용제의 문학적 논의는 작가에 대한 평가뿐만

---

28 12월 북만주 흑룡강 어느 작은 거리를 배경으로 하여 율법이 지켜지지 않는 무법의 거리가 된 북방에서 '생명의 허무함'과 '초극의지'를 보여 준 작품이다. 총 18행 1연의 자유시로 1940년 만주라는 광막한 벌판에서 농장 관리인으로 일하면서 쓴 시이다.

아니라 한국시사적인 한 축을 볼 수 있다. 아마도 조연현이 생존했었다면, 친일 문학론에서 김용제를 정리했을 것이다. 그래서 해방 전 그의 친일 문학에 대한 의미를 어떻게 해석하고 있는지를 『한국현대문학사』를 통해 읽을 수 있었을 것이다. 그래서 〈작고 문인 사신철〉은 『한국현대문학사』에서 건너뛰었던 문학사와 문단사를 정리한 후속편이 되는 셈이다.

김용직은 일제 말기를 산 친일 문학인 가운데 최재서와 김문집(金文輯, 1907~ ?) 등의 행동 양태가 가장 못마땅하게 생각되는 경우이고, 이광수와 주요한(朱耀翰, 1900~1979)은 한때 민족 운동에 투신한 경력이 있었다고 평가했다. 이 전력으로 받은 고통을 피하기 위한 고육책으로 친일하고 이를 구명책으로 삼았다는 점을 짚었다. 김용제는 1939년 3월 〈황군작가위문단〉 활동을 김동인, 백철과 함께했으며. 또한 8.15까지 일제의 전시 체제를 옹호하며, 줄기차게 활동한 친일 작가이다. 이에 대해 김용직은 '김용제는 프로문학 운동에 투신한 바 있어, 이로부터 요시찰이 되었던 사정을 감안하면 그의 일제 친일은 사상운동자의 전향으로 풀이'될 수도 있다고 밝혔다.[29]

그러나 조연현은 김용제의 사신 기록물을 보관했을 뿐, 어떤 평가도 내리지 않고 정릉을 떠났기 때문에 후학들에게 과제를 던져 준 셈이다. 그 과제의 명제는 '왜'에 대한 답을 찾아 정리하는 것이다.

---

29 김용직, 「일제 암흑기 문학인들의 의식과 행동」, 『한국 현대시 해석, 비판』, 시와 시학사. 1993, 290~293쪽. 친일 문학인들의 의식 성향과 행동을 나누면, ① 군국주의 일본의 전시 체제, 사상 탄압 속에서도 항일의 기개를 보인 작가 유형: 한용운, 김광섭, 이희승, 윤동주, 이육사 등 ② 강요에 의한 국책 문학 혹은 행사 참여한 작가 유형: 김동인은 일제 말에 쓴 몇 편의 반역 문학 때문이라고 평가하나, 이 시기의 문학은 국책 문학론을 보기 어렵고 또한 불경죄로 기소되어 일 년 감옥을 살았다. ③ 우리 민족의 말과 글, 문화와 역사를 송두리째 뿌리 뽑고 천황의 적자 노릇을 한 작가: 이광수, 주요한, 최재서, 김문집, 김용제 등이다.

*** 참고문헌**

권영민, 『한국현대문학사』, 서울대출판부, 2004.
김용직, 『한국현대시 해석, 비판』, 시와 시학사, 1993.
김윤식 편저, 『한국현대문학연표』, 문학과 사상사, 1988.
김주연, 「2. 문학사와 문학비평」, 『김주연 평론 문학선』, 문학과 사상사, 1992.
김학연 외 엮음, 『친일파 죄상기』, 학민사. 1993.
박철석, 『한국현대문학사론』, 민지사, 1989.
오세영, 『20세기 한국시 연구』, 새문사, 1989.
임종국, 『친일문학론』, 평화출판사, 1966.
조용만, 『30년대 문화예술인들』, 범양사, 1978.
조연현, 『남기고 싶은 이야기』, 부름, 1981.
______, 「고 최재서의 인간과 문학」, 《현대문학》, 1965년 1월호
______, 「부역 문인에 대하여」, 《서울신문》, 1950. 11. 12~13일.
「원로 시인 김용제 씨 별세」, 《중앙일보》, 1994. 6. 22.
「언론이 눈감은 김용제 시인의 친일」, 《한겨레》, 1994. 7. 2.
『춘해 방인근 전집』, 한국교육도서출판사, 1970.

8 「37. 김광섭(金珖燮, 1905~1977)」과 「25. 김환기(金煥基, 1913~1974)」

시인과 화가, 병상의 노래를 우주의 명화(名畫)로 만들다

Ⅰ. 김광섭 문학의 접근 방향

Ⅱ. 〈김광섭의 사신 기록물〉 내용 분석

1. 2천 원의 천직(天職)

2. 시인과 화가가 빚은 예술의 빛깔

Ⅲ. 예술가의 주변과 위치

* 참고문헌

Ⅰ. 김광섭 문학의 접근 방향

병상의 죽음을 잊은 채 창작열을 불태웠던 시인 김광섭(金珖燮, 1905～1977). 호는 이산(怡山).

김광섭은 조연현의 배재중학교 은사였고, 조연현이 문학의 길로 가는 데에 영향을 끼친 문학적 스승이며 동지이기도 했다. 김광섭은 1960～1970년대 산업화와 도시화로 문명화되어 가는 사회 현실을 비판한 「성북동 비둘기」를 남겼다.

평생 문학적 열정이 넘쳤던 시인 김광섭은 〈한국자유문학자협회〉의 기관지였던 《자유문학》(1956년 6월 1일 창간) 판권을 인수해 발간하였으나 운영상 휴간(1963년 8월)되자, 이로 인한 정신적 충격이 컸다. 이러한 정신적 혼란 시기인 1965년 4월 서울운동장 야구 경기 관람 중 뇌출혈로 쓰러졌다. 이때 창원 출신인 설창수(薛昌洙, 1912～1998)와 함께 야구 경기를 관람했다고 성기조(成耆兆, 1934～2023)[1]는 증언했다. 설창수는 부산의 다다이스트 조향(趙鄕, 1917～1984)과 함께 창간호 《자유문학》의 필진으로 참여하였다. 이처럼 사경을 헤매던 시기에 성북동 자택에서 펜으로 쓴 작품 중 하나가 「성북동 비둘기」였다. 차녀 김금옥은 시를 쓰는 아름다운 모습을 종종 지켜보았다.[2]

김광섭은 1905년 9월 22일 함경북도 경성군에서 출생해 북간도를 거쳐 고향에서 한학을 수학하면서 유년기를 보냈다. 이후 1926년 일본 와세다 대학 영문과를 입학해 동향인 문학평론가 이헌구(李軒求, 1905～1983)를 만나 자취 생활을 함께했다. 그리고 1927년 문학평론가, 번역문학가, 영문학자인 정인섭(鄭寅燮, 1905～1983)[3]을 만나 〈해외 문학연구

---

1 충청남도 홍성 출생. 1958년 《시와 시론》에 작품 「꽃」을 발표함. 1972년 《시와 시론》 편집인 겸 발행인.

2 김금옥, 「아버지의 뇌출혈과 〈성북동 비둘기〉」, 《문예운동》, 2006(가을호), 48쪽.

회〉에 가담해 활동했으며, 1950년《문학》을 창간했으나 1집으로 종간되었다. 이후 1956년 창간된《자유문학》2호(1956년 8월)부터 〈자유문협〉 위원장이었던 김광섭이 맡았고, 이후 김송(金松, 1909~1988이 1958년 3월호부터 맡아 1960년 6월호(통권 319호)까지 지면을 확대하는 등 발행을 계속하였다. 그리고 1960년 4.19 이후 〈자유문학사〉를 설립한 김광섭이 다시《자유문학》을 발간하였으나, 기업화되지 못한 운영 때문에 1963년 8월호로 종간되자 김광섭은 정신적 충격을 크게 받았다. 그의 생애에서 가장 활발하게 문학 활동을 펼쳤으나 1963년 경영상 이유로 폐간되었다.[4]《문학》창간 이후, 문예지가 다시 종간되는 비운(悲運)을 맞았다.[5]

이 땅에 변변한 문학지 하나 없다고 생각해 서울운동장 앞 〈국제 보도연맹〉 사무실 한구석에 간판을 달고《자유문학》재간행을 위해 노력했지만 무산되면서 문학적 열정이 식을 수밖에 없었다. 이 때문에 김광섭은 잡지 경영에 대한 현실적인 부담과 심리적 상처가 컸다.[6] 조연현이 1955년 창간한《현대문학》조차 '변변한 문학지'로 보았으나, 그런데《현대문학》은 창간 이후 문단 공간과 작가들의 지형도를 점차 확장하고 있었다. 심지어 신춘 문예를 통과하고도《현대문학》으로 등단하고자 하는 작가들이 많았을 정도로 문단의 위치를 잡았다. 특히 1950~1970년대까지 문단의 권위와 전국적인 지형을 가진 문학지였다. 창간 70주년이 된 2025년, 지금도《현대문학》이 존재하고 있음을 김광섭은 어떻게 생각할까?

김광섭의 삶과 문학에서 일제 강점기 시대의 독립운동은 빼놓을 수

---

3 김욱동, 『눈솔 정인섭 평전』, 이숲, 2020.
4 이인석, 「자유문학」, 『해방문단 20년』, 정음사. 1966, 184쪽.
5 성기조, 「김광섭론: 평화와 동경을 중심으로」, 《문예운동》(2007, 가을호 / 95호), 61~68쪽.
6 성기조, 위의 책, 67쪽.

는 없다. 군국주의 일본의 전시 체제와 사상 탄압 속에서도 한용운(韓龍雲, 1879~1944), 이희승(李熙昇, 1896~1989), 윤동주(尹東柱, 1917~1945), 이육사(李陸史, 1904~1944) 등과 함께 항일의 기개를 보인 작가는 김광섭이었다.[7] 1941년 5월 31일 서대문 형무소로 이감되는 날, 종로 경찰서 유치장 벽에 「이별의 노래」라는 시 작품을 손톱으로 써놓았다. 그는 민족주의자요, 독립투사이다. 그리고 식민지 시대의 지식인이었다. 이것이 그의 시에 묻어나 있기에 민족시인의 위치에 있다.[8] 김규동(金奎東, 1925~2011)은 「김광섭」이라는 시에서 박인환(朴寅煥, 1926~1956), 김수영(金洙暎, 1921~1968) 그리고 3대 기인이었던 '대한민국' 시인 김관식(金冠植, 1934~1970), 술꾼 박봉우(朴鳳宇, 1934~1990)와 함께 얽힌 일화를 담았다.

철없이 구는
박인환을 일류 시인 취급해 주었으며
수영의 까닭 없는 주정조차
넓은 가슴에 감싸줬다.
자랑삼아 마루바닥을 구르며
김관식이 행패를 부려도
놓아두지 그러느냐고
옆 사람을 나무랐고
박봉우를 누군가 도와줘야 한다고 걱정했다
모두들 죄 없는 술들을 퍼마시고

7 김용직, 「일제 암흑기 문학인들의 의식과 행동」, 『한국 현대시 해석, 비판』, 시와 시학사. 1993, 293쪽.

8 1989년에 그의 12주기를 맞아, 〈문학과 지성사〉의 주관으로 《이산문학상》을 제정하여 그의 문학 정신을 기리고 있다.

그러는 것이 시인의 특전인 양
선량한 선생을 괴롭혔으니
곰처럼 산처럼 막아서서
미동도 하지 않는
함경도 든든한 분이셨다.

— 김규동, 「김광섭」 중에서

'선량한' 품격과 '곰처럼 산처럼' '미동도 하지 않는' 김광섭의 모습을 그리고 있다. 이들 중 〈작고 문인 사신첩〉에는 「16. 김관식(金冠植)」,[9] 박봉우는 「33. 김현승(金顯承」[10]에 등장하는 시인이고, 박인환은 「42. 장만영(張萬榮, 1914~1975)」[11]에 등장한다. 김수영의 사신도 따로 보관해 두었으나 지금은 찾을 수가 없었다.

그는 교육자, 독립운동가, 정치인이며 시인으로 다양한 활동을 했으나, 그의 사신 기록물에는 일상적 삶의 고통만이 그대로 녹아 있다. 그러나 불구의 몸으로 남긴 김광섭의 시를 서양화가 김환기 화백이 미술사에 남는 그림의 빛깔로 바꾸었다.

1. 2천 원의 천직(天職)

다음은 김광섭이 조연현에게 보낸 1통 1장의 사신이다. 〈김광섭의 사신〉에는 10년 동안 병상에 있으면서 힘든 시기를 보냈는데, 그 사이

9 졸저, 「16. 김관식(金冠植, 1934~1970): 천상병과 문단을 떠돌던 욕쟁이 '봉필이'에서 인간적인 겸손을 배우다」, 『정릉으로 온 편지』(첫 번째 이야기) 참고.

10 「33. 김현승(金顯承, 1913~1975): 전남 문단의 박봉우 추천으로 미당과 갈등, 그는 퇴고주의자이다」, 『정릉으로 온 편지』(두 번째 이야기) 참고.

11 「42. 장만영(張萬榮, 1914~1975): 과감한 성격의 소유자, 애수의 미를 추구한 이미지스트」, 『정릉으로 온 편지』(첫 번째 이야기) 참고.

경제적인 어려움이 많았다는 것을 조연현은 알고 있었다. 이처럼 경제적인 어려움을 겪는 문인들에게 실질적인 정부 지원이 이루어지도록 조연현은 백방(百方)으로 노력하였다. 그 결과, 윤주영 문공부 장관으로부터 금전적인 후의(厚意)를 받은 김광섭은 이에 대한 고마움과 감사의 마음을 사신에 담았다.

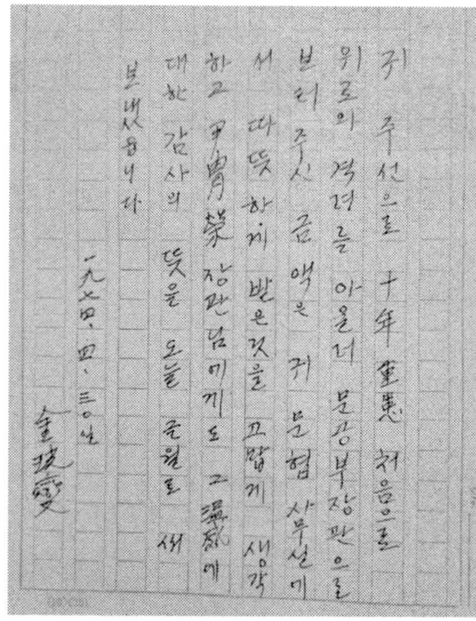

김광섭의 사신

귀 주선으로 十年 重患으로
위로와 격려를 아울러 문공부 장관으로부터
주신 금액이 너무 커 문협 사무실에서
따뜻하게 받은 것을 고맙게 생각하고
윤주영 장관님에게도
그 溫感에 대한 감사의 뜻을
오늘 글월로 써 보냈읍니다.
一九七四. 四月. 三十日
金珖燮

—「전문」

1965년 4월 22일, 야구장에서 갑자기 혼수 상태(뇌출혈)로 쓰러져서 일주일 만에 일어났으나, '절반은 살고 절반은 죽은 기형의 생'을 살았다. 안수길(安壽吉, 1911~1977)은 축구광이었으나,[12] 이에 못지않은 야구광은 김광섭이었다. 이 와중에 《한국일보》의 청탁으로 「봄」을 창작하였다.[13] 그는 병중이었으나, 대표적 시집 『성북동 비둘기』(1969, 범우사)도 이 시기의 성과물이었다.[14]

1965년 5월 3일 《동아일보》에 「시인」을 발표했다. 이 시는 현실 생활에 허덕이는 시인의 삶을 명징하게 표현하고 있다.

꽃은 피는 대로 보고
사랑은 주신 대로 부르다가
세상에 가득한 물건조차
한 아름 팍 안아 보지 못해서

전신을 다 담아도
한 편에 2천 원 아니면 3천 원
가치의 값이 다르건만
더 손을 내밀지 못하는 천직(天職)

—「시인」 중에서

자연의 아름다운 '꽃은 피는 대로 보고' 인간과 자연에서 느낀 '사랑은 주신 대로' 노래로 부르다가 '세상에 가득한 물건조차 / 한 아름 팍 안아 보지 못'한 채 살아야만 하는 것이 시인의 숙명이었다. 그래서 평생 '문학의 업'으로 고통받았던 염상섭과 최남선은 자식들에게 글 쓰는 것을 한사코 만류(挽留)했었다. '세상에 가득한 물건'은 아니더라도 처자

12 황금찬, 「축구를 사랑한 안수길」, 『돌아오지 않는 시간의 저편』, 지성사. 2020, 137~155쪽,

13 김광섭, 「생의 진로 - 병상기」, 『김광섭 산문집』, 문학과 지성사, 2005, 45쪽.

14 이동순, 『시와 시인 이야기』, 월인, 2001, 80쪽.

식과 의식주는 챙길 수 있어야 하는 가장인 시인의 삶조차 고통스러운 현실이었다. 이유는 천직(天職)인 시를 쓰는 것에 '전신을 다 담아도 / 한 편에 2천 원 아니면 3천 원 / 가치의 값'밖에 안 되기 때문이다. 이러한 삶이 시인의 숙명인데 이를 벗어나지 못하는 천직의 삶을 살아야 하기에 시인의 고통은 가중되는 것이다.

조연현은 윤주영 문공부 장관(재임 기간: 1971. 6. 4~1974. 9. 17)에게 문인 연금의 필요성을 촉구하기도 했으나, 고통받는 문인들에게 각각 5만 원 정도의 위로금으로 대신하는 것으로 마무리되었다. 이때 일종의 위로금이 전달된 작가는 박기원(朴琦遠, 1908~1978),[15] 이봉구(李鳳九, 1841~?), 방인근(方仁根, 1899~1975)과 함께였다. 이들의 사신 기록물도 정릉에 남아있다.

〈김광섭의 사신〉을 통해 다음과 같은 점이 파악된다.

첫째, 조연현의 문학적 영향력을 끼친 스승 김광섭에 대한 예우를 한 것으로 보인다. 물론 스승이기 때문만이 아니라, 김광섭의 문학적 성과와 문단에 끼친 영향력을 고려한 것으로 보인다. 더불어 문학계의 발전을 위해 예술원과 학술원을 결성하는 데에도 노력을 기울인 조연현이 문인 연금법까지 조성하려고 노력하였다. 문인들의 복지와 결속력을 다지기 위한 문단 정치력의 결과로 비친다. 이러한 그의 노력은 문단 내에서의 위치가 점차 공고화되는 결과를 낳기도 했다.

둘째, 10년 동안 병마에 시달렸지만, 김광섭의 문학 열정을 볼 수 있다. 이 시기에 그가 남긴 작품으로도 충분히 설명될 수 있다. 그리고 김광섭의 반일 저항에 대해 조연현은 어떻게 평가할 것인지는 궁금하다.

---

15 박기원은 강원도 강릉 출신이며, 같은 지역 출신 문인인 김종후, 최인희, 황금찬 등과 함께 〈강원도 문학관〉 건립 추진을 행정적인 측면에서 고려해 볼 수 있다.

2. 시인과 화가가 빚은 예술의 빛깔

김광섭은 병마와 싸우면서 총 35편의 시를 창작했다. 「성북동 비둘기」는 문명 비판과 자연 탐구, 「저녁에」는 우주적인 성좌의 영혼을 읊은 그의 대표작이다. 4년 뒤에 출판한 시집 『성북동 비둘기』는 병마를 잊게 한 시 창작열의 결실이었다. 특히 김광섭의 「저녁에」는 수화 김환기 화백의 《어디서 무엇이 되어 다시 만나랴》[16]를 존재하게 한 명작이었다. 김광섭은 1942년부터 1944년 해방 전까지 사상범으로 체포되어 영어의 몸으로 시를 썼다. 그는 신체적, 정신적 고통 속에서 치열한 시를 쓴 시인이었다. 그래서 그의 시는 정신적, 체험적 시 쓰기의 전형을 보여준 대표적 시인으로 평가할 수 있다. 인간의 위대함이 언어에 있다면, 그 위대한 언어에 자신의 정신적, 체험적 충격을 표현한 것이다.

김환기는 파리(1956~1959)를 거쳐 안착한 뉴욕(1963~1974)에서 김광섭의 「저녁에」를 읽고 예술적 영감을 받았다. 김광섭은 병마 속에서도 성북동 자택 마당에 놓인 허술한 걸상에 앉아, 저녁마다 반짝이는 별을 쳐다보며 낮과 밤을 달리하여 '나는 어둠 속에서 간다. 너는 날이 밝으면 밝음 속에서 사라지니 무엇이 되어 어디서 나와 너는 다시 만나랴'라는 생각을 시에 담았다. '저렇게 많은 중에서 / 별 하나가 나를 내려본다'는 그 우주의 성좌(星座)가 사는 곳, 그것은 무한한 영혼의 세계가 존재하는 곳이다. 「저녁에」는 특히 세계적인 서양화가 김환기의 《우리가 무엇이 되어 어디서 만나리》라는 그림으로 탄생한 것이다. 시의 언어와 예술적 영감이 충돌하여 형성된 우주적 기운을 김환기는 예술적 감각으로 표현한 작품이다.

이 작품은 「저녁에」의 마지막 구절에서 영감을 얻어 그린 그림으로,

16 김광섭, 앞의 책, 53쪽.

1975년《한국일보》주최〈한국미술대상〉수상작의 제목이기도 하다. 시인과 화가가 빚은 예술품인 셈이다.「저녁에」라는 시는《어디서 무엇이 되어 다시 만나리》라는 제목의 가요로, 가수 유심초가 불러 1980년대에 크게 히트한 대중가요이다. 이들의 만남은 다시 노래로 만들어져 대중들에게 지금도 살아 있다.

김환기는《현대문학》창간호 표지화를 그렸고, 조연현의 초상화(肖像畵)를 그린 화가이다. 김환기는 많은 문인들과 교유하면서 문학 도서들의 표지화를 담당했는데. 1993년 환기 미술관에서「장정과 삽화」전시에 소개된 표지화만 70여 점에 이르렀다. 서정주(徐廷柱, 1915~2000), 김광섭, 조병화(趙炳華, 1921~2003), 정비석(鄭飛石, 1911~1991), 황순원(黃順元, 1915~2000), 최정희(崔貞熙, 1912~1990), 김동리(金東里, 1913~1995) 등의 표지화도 그렸다.[17] 그리고 전영택(田榮澤, 1894~1968)을 중심으로 한〈한국 기독교 문학 선집〉(제1집)의 장정도 김환기 화백이 맡아, 당시 예술계에서는 화제가 되었다.[18]

김환기는「표지화 여담」에서 '월간물 표지인데 표지 인쇄에 있어선 치밀한 교정을 보지 않는 것 같다. 치밀한 교정과 인쇄력을 동원하면 좋든 싫든 원화의 실감이 난다.'[19]는 이야기를 하고 있다. 그림만이 아니라 문학 잡지의 얼굴인 표지화를 작품의 원본 즉 원화로 보아야 한다는 입장이다. 위의 표지화에 등장하는 항아리는 김환기가 그린 미술의 대상이며, 또한 예술적 가치를 표현하는 중요한 대상이다.《현대문학》의 표지화이기 때문에 김환기의 애정을 짐작할 수 있다. 그가 그린 모든 그림은 어떤 형태로 변형되더라도 원화의 실감이 나야 한다는 예술관을 가지고 있다.

---

17 윤범모,「예술에는 노래가 담아져야 할 것 같소」, 앞의 책, 157쪽.

18 주태익,「선생을 보내고」,『늘봄 선생과 함께』, 종로서적, 1978, 314쪽.

19 김환기,『어디서 무엇이 되어 다시 만나랴』, 환기 미술관, 245쪽.

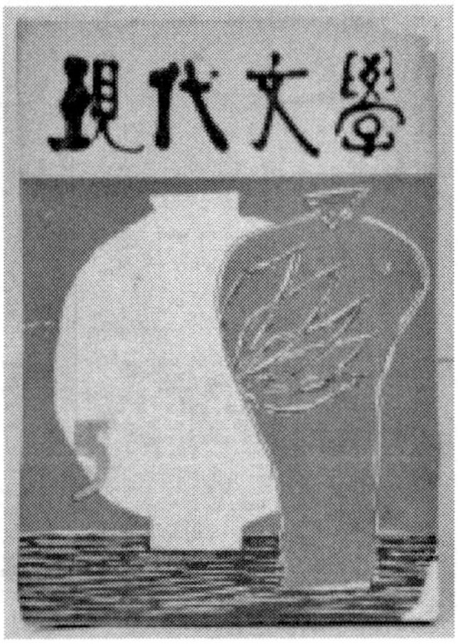

《현대문학》(5호), 1956년 5월호 표지화

서양화가 김환기는 글 쓰는 화가이다. 동양 화가이자 수필가로 유명한 김용준(金瑢俊, 1904~1967)과 쌍벽(雙璧)을 이룬다고 할 수 있다. 1930년대 대표적인 모더니스트이자, 《문장》을 통해 빛나는 활동을 한 시인 정지용(鄭芝溶, 1903~1950)은 '화가도 능히 글을 쓴다. (…중략…) 내가 사귀는 몇몇 화가는 화론이며 화평이며 수필, 사생문, 소품문을 써서 배울 만한 데가 있고, 관조와 감수에 있어서 문(文) 이상의 미술적인 것을 문으로 표현하는 수가 있다.'(《문장》, 1939년 10월)고 문인 화가들을 평가하였다.[20] 그리고 기껏 '언문에 한자를 섞어 끄적거리는 것이 유일의 장기가 되는 문인보다도 빛난 소질을 볼 수 있다.'고까지 문인 화가를 높이 평가한 것을 보면, 이 말의 적격인 화가로는 김용준(金瑢俊, 1904~1967)과 김환기를 떠올릴 수 있다.

김용준의 『근원수필』은 '조선의 모파상'이라 불리던 1930년대 대문장가인 상허 이태준(李泰俊, 1904~1978)의 『무서록』과 함께 수필 문학의 백미(白眉)로 꼽힌다. 김광섭도 평소 이태준의 작품을 매우 좋아했다. 김용준은 이태준, 김환기와 나란히 일본 유학파이며, 절친이었다. 조연현이 주도했던 《문예》(1948년 8월 창간) 9월에 전영택의 소설 『하늘을 바라보는 여인』, 조연현의 평론 「문학과 전통」과 함께 김환기는 수필 「무제」를 발표한다.[21] 《문예》는 시인 모윤숙(毛允淑, 1910~1990)의 자금

---

20 이숭원 편저, 「《문장》지 선후평 6」, 『꾀꼬리와 국화』, 깊은샘, 2011, 343쪽.

21 한국문인협회 편, 「부록: 문예」, 『해방문학 20년』, 정음사. 1966, 214쪽.
소설에 강신재 손창섭 곽학송 서근배 오유권 임상순 권선근 추식, 시에 이원섭 이동주

으로 소설가 김동리(金東里, 1913~1995)가 주간을 맡았으나, 2~3개월 후부터는 조연현이 맡았다. 해방 전《문장》의 신인 추천제처럼 해방 후 이 문예지를 통해 문인들이 대거 등장하였다. 특히 조연현은 해방 직후 혼란했던 문단에서《문예》는 확실히 하나의 새로운 표준이요 새로운 권위의 구실을 했다고 자평했다.

김환기 화백은 '조금도 사무적이지 아닌 심정의 표현을 곧잘 써 보낸 분'으로는 문인 화가라고 할 만큼 많은 사신을 조연현에게 보냈다. 그런데 〈작고 문인 사신철〉의 「26. 김환기」는 사라졌다.[22] 「26. 김환기」로 정리되었다는 의미는 그를 작가로 본 조연현의 안목 때문이다. 김환기 스스로 '예술에는 노래가 담아져야 할 것'이라는 예술관을 규정한 데서도 조연현이 그를 작고 문인으로 분류한 이유를 설명할 수 있는 것이다. 이런 예술 정신 때문에 김환기 화백은 김광섭의 시를 감상하고 그림으로 옮길 수 있는 문인 화가가 될 수 있는 셈이다.

우주의 근원을 그렸던 화가에게 우주와 인간의 운명을 담은 시는 그에게 영감을 주기에 충분한 것 같다. 시적 영감을 차용(借用)한 것이 아니라 시 그 자체를 그림으로 옮겨 놓은 탁월한 감각이 아닐 수 없다. '화면을 온통 파란색으로 무수한 점을 찍은 파격, 바로 파격의 작품이다. 목포의 작은 섬 가좌도의 파란 빛을 너무나 사랑한 김환기는 파란색을 바탕으로 「저녁에」라는 시를《어디서 무엇이 되어 다시 만나리》로 변환시킨 것이다. '김환기의 작품 세계 바탕에는 시 정신이 스며 있음'을 윤범모는 짚었다. 조연현이 〈작고 문인 사신철〉에 김환기 화백을 정리한 이유가 여기에 있었다.

이형기 전봉건 손동인 박양균 이철균 제씨 등이「문예」의 추천을 받고 등단했다. 「문예」가 창간된 3, 4개월 후 주간으로 있었던 김동리 씨가 〈서울 신문〉 출판국 차장으로 자리를 옮기게 되어 내가 그 주간을 맡게 되었다.

22 아마도 조연현이 필요해 외부로 가져가 활용하고 난 뒤에 본인만이 알 수 있는 특정한 곳에 보관했을 가능성이 있다.

윤범모는 문인 화가 김환기의 예술 세계의 바탕에 있는 '시 정신'을 보았다. 윤범모의 탁견(卓見)은 김환기가 남긴 「파리 통신, 1957」에서도 명확하게 확인된다.

> 파리에 와서 정말 바쁘기만 하오. 하루 10시간에서 15시간을 일하고 있소. 그러지 않고는 당해 낼 수가 없구려 …중략… 여전히 항아리를 그리고 있는데 이러다가 종생 항아리 귀신만 될 것 같소. 여기 와서 느낀 것은 시정신이오. 예술에는 노래가 담아져야 할 것 같소. 거장들의 작품에는 모두 강력한 노래가 있구려.
>
> —「파리 통신, 1957」에서

평생 항아리를 쫓았고, 파란색을 기초한 그림을 그렸던 세계적인 화가 김환기는 '시화일률'의 정신을 실천한 문인 화가이다. 그렇기 때문에 광활한 우주에서 김광섭을 만날 수가 있었다. 두 문인이 사라진 하늘에는 김광섭과 김환기의 별이 지금도 떠 있다.

김구용(金丘庸, 1922~2001) 시인의 글씨, 서예가 오세창(吳世昌, 1864~1953)의 글씨, 소전 손재형(孫在馨, 1903~1981)의 그림, 오승우(吳承雨, 1930~2023)의 말 그림 등은 조연현 댁의 거실에 걸린 예술품이다. 시인과 화가의 조우는 설화(說話)처럼 남았다. 예술가들의 주변 이야기를 윤범모는 『시인과 화가』에 담았다. 조연현이 〈작고 문인 사신첩〉의 첫 장에 놓인 염상섭의 소설 『견우화(牽牛花)』(박문서관, 1924)의 표지화를 나혜석(羅蕙錫, 1896~1948)이 그렸다. 그리고 시인 백석(白石, 1912~1996)과 정현웅(鄭玄雄, 1911~1976), 정지용(鄭芝溶, 1903~1950)과 정종여(鄭鍾汝, 1914~1984), 윤동주(尹東柱, 1917~1945)와 조선족 화가 한낙연(韓樂然, 1898~1947), 그리고 김용준과 김환기를 이 책에서 다루고 있다. 1992년 개관한 서울 종로구의 〈환기 미술관〉. 이곳에는 1957년에 그린

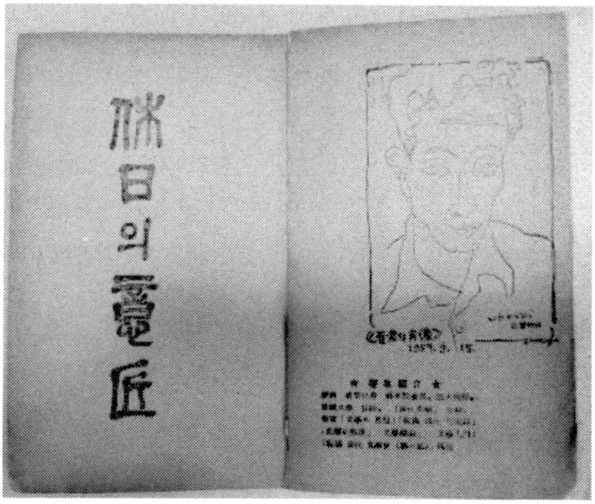

『휴일의 의장』의 내지 – 김환기 그림(조연현의 초상화)

〈매화와 항아리〉의 대표작이 전시되어 있다.

문인과 화가가 만나 아름다움을 빛낸 예술가들이 더러 회자(膾炙)되곤 한다. 고인들의 명언 중에는 시 속에 그림이 있고, 그림 속에 시가 있다는 말이 있다. 이런 명언에 걸맞은 예술가 중, 꼽추 화가 구본웅(具本雄, 1906~1952)과 천재 작가 이상, 이들의 만남에 대한 일화는 유명하다. 그리고 월북한 서양화가 정현웅(鄭玄雄, 1911~1976)은 1930년대 천재 시인 백석(白石, 1912~?)의 대표작인 「나와 나타샤와 흰 당나귀」가 《여성》에 발표될 때, 소녀와 당나귀의 삽화를 그렸다. 그는 표지화에도 능해 이광수의 『사랑』, 『무정』, 박태원(朴泰遠, 1909~1986)의 『천변풍경』 그리고 채만식(蔡萬植, 1902~1950)의 『탁류』를 그릴 정도로 일제 강점기에 활발하게 활동한 화가이다.[23]

김용준의 교유 관계는 이태준과 김환기였다. 이들이 한국문학사의 넓은 길에서 한 갈래로 들어서는 길목을 그렸다고 한다면, 과장된 표현

23 황정수, 『경성의 화가들, 근대를 거닐다』, 「박제가 된 두 천재, 구본웅과 이상의 운명적 만남」, 푸른역사, 2022, 170~182쪽.

은 아닐 것이다. 가령 수필문학사에서 김용준의 「근원수필」, 「복덕방」 그리고 단편 소설사의 상허 이태준의 위치가 이를 말한다. 김환기와의 교유는 성북동 노시산방(老柿山房)의 추억 속에서 얽혀 있다. 김환기는 1913년생으로 김용준보다 아홉 살이나 어렸고, 화풍 자체도 김용준의 것과 달리 추상파 경향이 강했다. 이들의 교유가 가능했던 것은 서양화에 '민족 예술적' 감수성을 버무려 넣는 것에 대한 공통의 관심이 있었기 때문이다. 김용준이 '좋은 친구 수화'의 결혼식 날, 김용준의 아내는 수화의 결혼 예복으로 모시 겹두루마기를 만들어 주었다. 그들은 절친한 사이였다.[24]

동경 하늘에서 천재 이상과 운명적으로 절연을 하면서 변동림(卞東琳, 1916~2004)이었던 김향안은 1944년 김환기와 운명적인 결혼식을 올린다. 이때 정지용과 수필문학의 거목인 김진섭(金晋燮, 1903~1950)이 사회를 맡았다. 남에 서양화가 김환기가 있었던 반면에 북에는 동양화가 김용준이 《문장》을 중심으로 한 문인들과 교유하면서 수묵화를 즐겨 그렸다. 아마도 김용준의 사신이 있었다면, 김환기와 마찬가지로 김용준 역시 〈작고 문인 사신첩〉에 특정 번호와 함께 남았을 것이다. 김용준은 월북과 함께 김환기와 이별했고, 김환기는 1956년 파리로 유학하면서 또 한번의 이별 후에, 1996년 〈환기 미술관〉에서 열린 〈김환기 - 김용준 전〉으로 조우(遭遇)했다.

해방 혹은 6.25 이전의 한국현대문학사는 소위 월북 문인에 대한 탐구가 빠졌기 때문에 월·납북 작가 연구가 필연적이라는 데는 이의가 없었다.[25] 월북 화가인 김용준은 "《문장》은 일제 말기 이태준, 이병기(李

---

24 조영복, 『경성의 화가들, 근대를 거닐다』, 「김용준 - 자살과 초탈 사이에 선 예술가의 표정」, 247~248쪽.

25 다만 발굴되지 못한 자료와 정치적인 문제만 있을 뿐이다. 1988년 월북 문인 해금 이후, 봇물처럼 쏟아진 월북 작가 연구는 결국 한국현대문학사의 한 축을 완성하는 데 필수적이다. 동시에 월북 작가의 삶의 행적도 작가 연구의 보조 자료로서 연구가 동시에 이루어

秉岐, 1891~1968), 정지용 등등에 의해 주도된, 전통과 은일을 이념으로 했던 일군의 문인, 화가들의 집단 소통 공간이었다. 여기에는 문인들뿐만 아니라 당대의 뛰어난 화가들이 같이 참여하고 있었는데, 이들 화가의 역할은 단지 잡지의 표지화나 삽화를 그리는 데만 있지 않았고, 미술이론 소개나 미술 평론을 쓰거나 직접 수필 장르의 주요한 필진으로 참여하면서 문학적 글쓰기를 동시에 실천"[26]했다는 점에서 《문장》과 그의 문필 활동의 의미를 찾을 수 있다. 이처럼 김환기를 비롯한 화가들과 소통 공간을 소중하게 생각했기 때문에 《현대문학》의 주간이었던 조연현은 사신을 주고받았다.

Ⅲ. 예술가의 주변과 위치

1930년대 「탁류」, 「태평천하」를 통해 풍자(諷刺)와 비판(批判)의 미학을 보여 주었던 소설가 채만식(蔡萬植, 1902~1950)은 평생 소원이 원고지를 집에 쌓아두고 창작하고 싶다고 했을 만큼 창작과 원고지에 대한 욕망이 컸다. 물론 창작의 고통 속에서 그의 가난이 빚어낸 욕망이 그의 소설 작품인지도 모른다. 〈작고 문인 사신철〉은 작가들이 원고지로 사신 형식을 빌려 조연현에게 보낸 것이다. 계용묵(桂鎔默, 1904~1961)과 유치환(柳致環, 1908~1967)은 자신의 이름이 박힌 원고지로 사신을 보낸 적이 있었다. 당시 구하기 힘들었던 원고지는 작가들이 소중하게 생각한 것이었고 또한 가치를 지닌 것이기도 했지만, 작가들의 경제적인 삶과도 연관성이 있다고 보아야 한다. 두 문인의 생애를 들여다보면, 경

져야 한다. 월북 예술가인 김용준은 서양화가, 동양화이면서 미술 평론가이며, 수필집으로 유명한 『근원수필』의 저자이기도 하다(조영복, 앞의 책, 「김용준, 자살과 초탈 사이에 선 예술가의 표정」, 돌베개, 2002.) / 윤범모, 『시인과 화가 – 한국 문단과 화단, 그 뜨거운 이야기』, 다홀미디어. 2021. / 방민호, 『서울 문학 기행』, 아르테, 2017.).

26 조영복, 앞의 책, 「김용준 – 자살과 초탈 사이에 선 예술가의 표정」, 247~248쪽.

제적 생활이 비교적 여유로울 때도 있었고, 어려울 때도 있었다. 그래서 전용 원고지는 작가의 경제적인 삶과 연결되어지며, 또한 전용 원고지를 사용했던 시기의 작품 세계도 관련성이 있을 것이라는 생각이 든다. 원고지의 향수, 그 향수는 이제 사라지는 시대가 되었다.

조연현은 채만식의 작품에 관심을 두지 않았고, 그와는 연분이 없어 보였다. 아마도 서울의 표준이 아니라는 생각 때문인가? 그런데 김광섭과 김환기에게는 관심을 두었던 것 같다. 특히 임화(林和, 1908~1953) 주도의 좌익 문단에 대항해 우익 문단을 건설하려는 조연현은 독립운동가 김광섭과 함께 활동했었다. 조연현의 중동 중학 시절 사제지간의 인연도 이러한 활동 참여에 영향을 미친 것인지는 궁금하다.

6.25 동란으로 조연현은 부산의 광복동, 남포동으로 피난 다니면서 《문예》 전시판을 만들었고, 계용묵(桂鎔默, 1904~1961)은 1.4 후퇴 때 제주도로 피난해 창작 활동을 이어갔다. 여기서 계용묵은 1951년 《신문화》을 창간하여 3호까지 발간하였다. 조연현은 계용묵의 사신을 보관한 이유 중 하나는 6.25 동란 중에도 잡지를 창간한 문인이라는 문학적 동질감 때문일 것이라는 생각이 든다.

1952년 2월 27일, 제주도에 있는 계용묵이 김환기 부부를 만났던 일을 회상하면서 김환기에게 사신을 보낸다. 이 사신에는 '재미있는 글이 써지면 알려 주시오.'라고 할 만큼 김환기는 글을 쓰는 화가이기도 하다. 김환기는 「1. 그림에 부치는 시」, 「2. 이조 항아리」(《신천지》, 1946), 「3. 봄」(《백민》, 1950) 등과 같은 시작도 발표했다.

서울대 영문과 교수, 시인인 송욱(宋稶, 1925~1980)은 천주교 신자이면서도 특이하게도 민족시인 만해 한용운, 율곡 이이 연구를 통해 그들의 민족성과 학문에 깊은 존경심을 표현했었다. 콧대가 높기로 소문난 송욱은 김환기 화백을 존경했다. 아마도 예술가로서 치열한 삶을 산 그를 존경했을 것이다.

김광섭 시와 김환기의 그림에서 보듯이, 한국시문학사의 한 방향으로 시와 그림의 관계를 탐색하는 것도 설정해 볼 수 있을 것 같다. 가령 1953년 제주도 서귀포를 거쳐 통영시에 겨울을 보낸 이중섭의 항남동 성림 다방 전시회에서 청마는 〈달과 까마귀〉에 매혹되어 시 「괴변(怪變) – 이중섭의 〈달과 까마귀〉」를 《현대문학》(1967년 2월호)에 발표했다.[27] 그래서 한국 시화 연구도 필요해 보인다. 나아가 문인들의 인상기를 쓴 작품에 대한 탐색의 즐거움도 있을 것 같다.

27 문덕수, 『청마 유치환 평전』, 시문학사. 2004, 329쪽.

*** 참고문헌**

김광섭, 「생의 진로 - 병상기」, 『김광섭 산문집』, 문학과 지성사, 2005.
김금옥, 「아버지 뇌출혈과 '성북동 비둘기'」, 《문예운동》, 2007(가을호),
김재홍, 『한국현대시인연구』, 일지사. 1986.
김욱동, 『눈솔 정인섭 평전』, 이숲, 2020.
김용직, 「일제 암흑기 문학인들의 의식과 행동」, 『한국 현대시 해석, 비판』, 시와시학사. 1993.
______, 『한국현대시문학사』(2), 한국문연. 1996.
김환기, 『어디서 무엇이 되어 다시 만나랴』, 환기 미술관, 2021(8쇄).
김향안, 『월하의 마음』, 환기 미술관, 2016.
방민호, 『서울 문학 기행』, 아르테, 2017.
성기조, 「김광섭론: 평화와 동격을 중심으로」, 《문예운동》, 2007(가을호),
손종호, 「김광섭의 '성북동 비둘기'」, 『한국현대시 작품 연구』, 학문사, 1989.
이동순, 「김광섭 - 산길에서 읽어본 「산」 시」, 『시와 시인 이야기』, 월인, 2001.
이숭원 편저, 「《문장》지 선후평 6」, 『꾀꼬리와 국화』, 깊은샘, 2011.
윤범모, 『시인과 화가 - 한국 문단과 화단, 그 뜨거운 이야기』, 다할미디어. 2021.
주태익, 「선생을 보내고」, 『늘봄 선생과 함께』, 종로서적, 1978.
조영복, 『월북 예술가들, 오래 잊혀진 그들』, 돌베개, 2002.
황정수, 『경성의 화가들, 근대를 거닐다』, 푸른역사, 2022.
한국문인협회 편, 『해방 문학 20년』, 정음사. 1966.

Ⅲ

〈작고 문인 사신철〉의 사료적 가치와 과제

〈작고 문인 사신철〉을 읽는 동안 조연현의 모습이 사라졌다가 끊임없이 드러난다. 발신자인 작고 문인의 사신을 연구하는 동안, 발신자와 함께 그는 문학적 운명처럼 나타난다. 때로는 수신자 조연현 연구처럼 느껴질 때도 있었다. 이들은 '문학적 운명'이었다.

문학을 비평하느냐와 연구하느냐에 따라 작품에 대한 논의의 방향이 달라진다. 즉 비평문과 연구 논문을 쓸 때, 그 글의 형식이나 작품 접근법 또한 달라지게 마련이다. 그런데 '어정쩡하고 평범한 글'이 항상 문제시된다. 조남현(曺南鉉, 1948~)은 이와 같은 문제점을 다음과 같이 언급한 적이 있다. '기성 평론가들은 독창성의 면에서도 자신 없고 자료의 철저한 탐색에도 자신이 없을 때 흔히 이런 평범을 취하게 되는 것이 아닌지'하는 어중간한 태도를 지적하고 있다.

조연현은 비평의 독창성을 찾기 위한 '생리 비평' 정신을 실천했으며, 평생 '자료의 철저한 탐색'에도 노력을 기울이는 문학사가요 문학 연구자였다. 〈작고 문인 사신철〉에는 작가들에게 귀한 자료를 빌려달라는 내용이 여러 사신에 등장한다. 특히 대표적 문학 연구서 『한국현대문학사』에서 확인이 가능하다. 다만 문학사 기술을 위한 철저한 자료 수집의 노력에 비해 조연현의 비평론이 치밀한 분석과 체계적인 논의로 전개되었느냐에 대한 평가는 집중적인 연구가 필요하다. 나아가 조연현의 『한국현대문학사』는 문학 저널리즘과 문단의 교유 관계의 조준에서 추출된 것이라는 평가를 참고할 필요가 있다.[1] 발신자들은 대개 《현대문학》과 관련된 내용이나 조연현이 문학사 기술을 위해 필요한 문학 관련 자료를 작가들에게 구하는 노력을 〈작고 문인 사신철〉에서 읽을 수 있으며, 문학 관련 귀한 자료를 건네준 작가들을 조연현 자신의 저서에서 일일이 거명해 감사를 표명하였다.

---

1 김주연, 「2. 문학사와 문학 비평」, 앞의 책, 56~57쪽.

문학 작품의 궁극적 가치 평가는 한국문학사와 문단사 위치 정립에 있다. 이러한 정립은 작가 정신에 있으며, 이 작가 정신은 반드시 시대 상황에 대응하는 시대 의식을 담은 작품에 근거한다. 이러한 작가 정신 그리고 작품성의 근거를 작고 문인들의 사신 기록물에서도 찾을 수 있다. 그래서 〈작고 문인 사신철〉은 한국문학사와 문단사의 정립에 필요한 기초적 자료이다.

〈두 번째 이야기〉를 읽는 동안 몇 가지 생각이 떠올랐다.

첫째, 꽃은 깊은 산속에서 고독하게 피어나지만, 고독 속에 핀 꽃은 찾은 자에게만 즐거움을 준다는 사실을 알았다. 정릉의 조연현이 고독하게 간직했던 〈작고 문인 사신철〉의 작고 문인 10명에게서 찾은 즐거움을 이 책에 담았다.

둘째, 한국 문단에서의 '깃대종(flagship species)'은 문학지로서는 《현대문학》이고, 문학사 저술로서는 『한국현대문학사』라고 할 수 있다. 여기에 작가 사신 연구의 깃대종으로서 〈작고 문인 사신철〉을 더하고 싶다.

셋째, 〈작고 문인 사신철〉의 작고 문인들이 남긴 그 심연의 언어를 다 이해했을까? 문단 야사(野史)처럼 읽지 않고 문학사와 문단사를 읽는 연구자로서 이해했을까? 이 두 의문은 아직 남아있다.

1. 사료적 가치

〈작고 문인 사신철〉의 〈첫 번째 이야기〉에 이은 〈두 번째 이야기〉에 대한 사료적 가치를 정리하면 다음과 같다.[2] 물론 〈첫 번째 이야기〉를 참고하면서 다음 글을 읽었으면 좋겠다.

첫째, 농촌 문학론에서 이민 문학론을 다룬 안수길(安壽吉, 1911~1977)과 국내 농민 문학의 대표 작가 박영준(朴榮濬, 1911~ 1976)의 일

---

2 다음 기사를 인용한 이유는 〈작고 문인 사신철〉의 가치와 연구 방향 등 참고할 부분이 있기 때문이다. 가령 작가, 작품의 창작 과정 및 가치, 발신자와 수신자의 관계, 문학사적 평가 등과 같은 기준을 찾을 수 있다. 필자는 이미 『작가 사신 연구 방법론』(2023)을 출간했었다. 시론적 성격의 논의이기 때문에 객관적이고 체계적인 방향성을 탐구하는데 이 기사가 도움이 될 것이라는 점을 들어 공유한다. 물론 〈작고 문인 사신철〉과 모차르트 편지를 비교해 평가하는 것이 아니라, 사신 연구 방향성을 제고할 수 있다는 점이다.
(서울=연합뉴스, 임화섭 기자) 작곡가 볼프강 아마데우스 모차르트(1756~1791)의 친필 편지가 온라인 경매에서 44만 유로(6억 6천만 원)에 유럽의 개인 수집가에게 낙찰됐다고 독일 dpa 통신이 2024년 12월 6일(현지 시간) 전했다. 이 편지는 모차르트가 1783년 4월에 독일 태생의 프랑스 악보출판업자 장-조르주 지버(1738~1822)에게 보낸 것으로, 독일어로 작성됐다. 이 편지의 원본은 한동안 소실된 것으로 알려졌으나, 한 가문의 기록보관소에서 나중에 발견됐다. 이 편지에는 모차르트가 지버에게 악보로 출판하도록 피아노 협주곡 3곡과 현악사중주 6곡 등 작품들을 판매하겠다고 제안하는 내용이 담겨 있다. 여기에 거론된 현악사중주 6곡은 모차르트의 유명한 '하이든 사중주집'에 대한 첫 언급으로 추정된다. 모차르트의 '하이든 사중주집'은 모차르트가 1785년 빈에서 '작품 10'으로 출판한 6곡의 현악사중주 모음이다. 현대식 번호로는 현악사중주 제14~19번이다. 모차르트가 존경하는 음악계 선배 요제프 하이든(1732~1809)에게 헌정했기 때문에 이런 통칭이 붙었다. 하이든은 이 작품들이 출판되기 전인 1785년 1월과 2월 모차르트의 집에서 열린 두 차례 모임에서 전곡을 들어본 후 모차르트의 아버지 레오폴트에게 극찬을 했다. 하이든은 "하느님께 맹세하건대, 그리고 솔직한 사람으로서 말씀드리건대, 당신 아들은 제가 직접 아는 작곡가와 이름으로만 아는 작곡가를 통틀어서 제가 알고 있는 가장 위대한 작곡가입니다."라고 말했다. 하이든의 이런 평가는 레오폴트 모차르트가 딸 나네를에게 1785년 2월 보낸 편지에 기록돼 후세에 전해졌다.

상적인 삶을 볼 수 있다는 점에서 가치가 있다. 특히 시대 상황과 작가의 삶이 작품에 미치는 영향 관계를 검토하는 데 의미를 찾을 수 있다. 즉 작가의 성정과 등장인물 간의 관련성 연구가 가능하다면, 문학 연구 방법론의 주체적인 개방성에 대한 문제의식을 보여 줄 수 있기 때문에 〈작고 문인 사신철〉의 가치를 새롭게 볼 수 있을 것이다.

둘째, 유치환(柳致環, 1908~1967) 시인이 두 여성 문인을 대하는 감정을 읽을 수 있다. 이영도(李永道, 1916~1976)와 반희정 같은 여성과의 교유를 어떻게 볼 것인가라는 물음을 찾아갈 수 있었다. 그리고 4.19 의거를 기점으로 그는 한국 문단과 절연하는 파란을 일으켰다. 이런 문단 사건도 이들과 감정을 교류했었다. 그래서 작가 전기적 요소와 문단이면사를 볼 수 있었다.

셋째, 정태용(鄭泰榕, 1919~1972)은 조연현과 인간적으로 친밀한 관계이다. 이러한 교유 관계로 인해 어려운 출판 상황에서도 그의 유작을 출간하는 데 누구보다도 앞장섰다. 물론 김수영(金洙暎, 1921~1968)의 시비 건립에도 많은 힘을 보태었다. 수신자 조연현의 인간적인 삶의 모습을 볼 수 있다.

넷째, 〈두 번째 이야기〉에서 다룬 작가의 사신 기록물을 통해 1940년대~1970년대의 한국 문학 지형도를 볼 수 있다. 최인희(崔寅熙, 1926~1958) 사신에 등장하는 《문예》와 《현대문학》이 한국 문학 지형에 끼친 영향을 알 수 있다. 그리고 《문예》 추천작인 「길」(모윤숙 추천)은 가곡으로 만들어질 만큼 음악성이 뛰어난 작품이다.[3]

다섯째, 〈두 번째 이야기〉에서 친일 논란의 작가 방인근(方仁根, 1899~1975)과 김용제(金龍濟, 1909~1994)의 사신 기록물을 보관한 것에서도 조연현의 문학사 시각이 보인다. 즉 한국문학사 기술에 필요한 자료 수

3 박종석, 「3. 사신 내용 심화 단계」, 『작가 사신 연구 방법론』, 월인, 2023, 185쪽.

집 차원에서 이들을 바라보고 있음이 드러난다. 물론 문학사에 일제 강점기를 다루지는 않았으나, 급사하지 않았다면 그의 문학사 기술은 이어졌을 것이다. 아마도 "광기의 회오리가 불던 일제 말기 국민 총동원 시기에, 살기 위해 허드레 선전 문건 몇 편을 썼던 문인들에게 친일의 낙인을 찍는 게 과연 정의인가?"라는 유종호의 문제의식에 심리적인 동조가 있었던 것이 아닌가?[4]

문학사의 위치에 있는 작가뿐만 아니라 친일 논란 작가까지를 포함한 사신 기록물을 보관한 이유 중 하나는, 조연현 자신의 문학적 삶과 함께 문학 평론과 문학 연구 및 문학사 기술에서 누락(漏落)된 부분과 불협화음(不協和音)을 점검하여 총체적인 문학사 및 문단사 연구의 자료를 정리할 의도가 있었다고 할 수 있다. 그러나 그 구체적인 연구나 논의를 정리하지 못하고 한국문학사를 떠났다.

그에게 삶의 시간이 주어졌다면, 〈작고 문인 사신철〉을 근거로 한국문단사와 문학사를 정리해 『한국현대문학사』 후속편을 집필했을 것이다.

---

4 유종호, 「안개 속의 길 – 친일 문제에 대한 소견」, 《문학과 사회》, 2005(겨울호).

2. 남은 과제

작가군에서 소외되었던 임옥인(林玉仁, 1915~1995)은 1940년《문장》의 추천(이태준 추천)을 받은 소설가이다. 이후 작가로서 왕성한 활동을 했으며, 〈한국문학가협회〉 중앙위원과 월간 〈부인경향〉 편집장을 맡기도 했다. 특히「일상의 모험」(《현대문학》, 1968.1~1969.4)은 살인범, 양로원 할머니들, 고아 출신 학생들 등 주인공들의 이야기를 통하여 작가의 인생관을 다채롭게 엮은 장편이다.[5] 김수돈(金洙敦, 1917~1966)은 정지용(鄭芝溶, 1903~1950)의 추천을 받았으나 역시 한국문학사에서 사라졌다. 그래서 그의 시력과 문학 세계를 검토한다면, 한국시문학사의 변화 지점에 김수돈이 있음을 조명할 수 있다.

위의 두 작가 외에도 60여 명에 이르는 작고 문인들의 사신 가운데는 흥미로운 사실도 있었다. 가령 시인 마종기(馬鍾基, 1939~?)의 부친인 마해송(馬海松, 1905~1966)과 소설가 김훈의 부친인 김광주(金光洲, 1910~1973)의 경우이다. 그리고 임화(林和, 1908~1953)의 처인 지하련(池河蓮, 1912~?)도《문장》의 추천 작가이다. 이 외에도 박남수(朴南秀, 1918~1994), 이한직(李漢稷, 1921~1977) 등도 그 빛나는 잡지의 등단 작가이기도 하다. 이처럼 한국문학사에서《문장》의 가치를 주목하는 이유를 등단 작가들의 활동에서 찾을 수 있다.

〈작고 문인 사신철〉의 내용과 발신자 작가들의 작품을 심도 있게 검

5 『국어국문학자료사전』, 한국사전연구사, 1994, 2466~2467쪽.

토하지 못한 아쉬움은 남았다. 그 이유는 다음과 같다.

첫째, 정지용의 추천 시인인 김수돈과 박목월의 추천 시인 오용수 그리고 모더니스트 장만영 등은 매우 인상적이었다. 김용제도 친일 논란에 갇혀 문학적 공과는 묻혀버린 상황이다. 그래서 이들에 대한 문학성과 문학적 공과를 다룰 필요가 있었지만, 사신 연구와 관련된 심층적인 작품 분석까지 접근하지 못했다. 필자는 다만 작가와 작품 연구에 필요한 1차 자료 정리 차원에서 사신 기록물을 정리했다.

둘째, 〈작고 문인 사신철〉에 등장한 예술가와 학자들에 대한 식견과 이해도가 부족한 필자의 문제가 큰 이유이다. 한 작가에 대한 연구가 얼마나 어려운지를 다시 깨닫게 되었다. 문학 외 예술가들과 학자에 대한 깊은 연구가 선행되어야 하기 때문이다. 이를 해결하기 위해서는 전공자들의 도움이 필요하다. 〈작고 문인 사신철〉에서 조연현이 '문인'이라 규정한 개념에는 전통적인 작가들만 포함된 것이 아니라 다양한 부류의 문인들이 포함되어 있어, 이들을 이해할 정도의 깊은 안목이 있는 연구자들이 관심을 가져야 가능한 것이 사실이다.

셋째, 조연현과 교유 관계에서 수신자의 위치에 있는 작가들의 사신을 발굴하고 조사해야만 〈작고 문인 사신철〉의 수수께끼가 풀릴 것이다. 그러나 본고에서는 이를 다루지 못했다. 이에 따라 한국문학사와 문단사의 확장에도 한계가 있었다. 그리고 동시대의 작가 사신 연구이다 보니, 작가들 사이에 있었던 문단 일화가 중복되는 점도 있었다. 이는 한 작가마다 사신 연구에 필요한 문단 일화가 등장하다 보니, 불가피하게 나타난 상황이 되었다.

넷째, 《현대문학》과 조연현의 문단 활동이 이들과 깊은 관련을 맺고 있기에 수신자 조연현의 시각이 밑바탕에 항상 깔려 있었다. 그래서 특정 작가의 사신 연구이지만 조연현의 문학사 인식과 의식이 필연적으로 투영되어 이를 검토할 필요성이 있었다.

그리고 〈작고 문인 사신첩〉의 근대 작가들 대부분이 신문이나 잡지를 통해 작품 활동을 했기 때문에 이에 대한 연구가 어느 정도 진척되었다고 판단된다. 신문과 잡지를 통한 연구가 필요하지만, 작가들의 사신 연구도 비평문학의 새로운 지평을 열 수 있다는 점에서 의미가 있다.

*** 참고문헌**

김　철, 『국문학을 넘어서』, 국학자료원, 2000.
박이도, 『내가 받은 특별한 선물』, 스타북스, 2022.
______, 『육필로 나눈 문단 교우록』, 스타북스, 2023.
박종석, 『한국 현대시의 탐색』, 역락, 2001.
______, 『작가 사신 연구 방법론』(제3판), 역락, 2007.
______, 『조연현 평전』, 역락, 2006.
______, 『작가 사신 연구 방법론』, 월인, 2023.
박철화, 『관계의 언어』, 열림원, 2002.
신형기 외, 『문학 속의 파시즘』, 삼인, 2001.
이어령, 『한국작가전기연구』, 이화여대, 동화출판사, 1975.
정진권, 『수필 쓰기의 이론』, 학지사, 2020.
조남현, 『한국문학의 사실과 가치』, 서울대학교출판부, 1995.
한국서간문학관 건립추진위원회, 『한국 문인 서간집』, 2009.

부록

사신 기록물 연구 자료

1. 1940년대 농민문학과 친일 논란의 소설가

39. 안수길(安壽吉, 1911~1977)

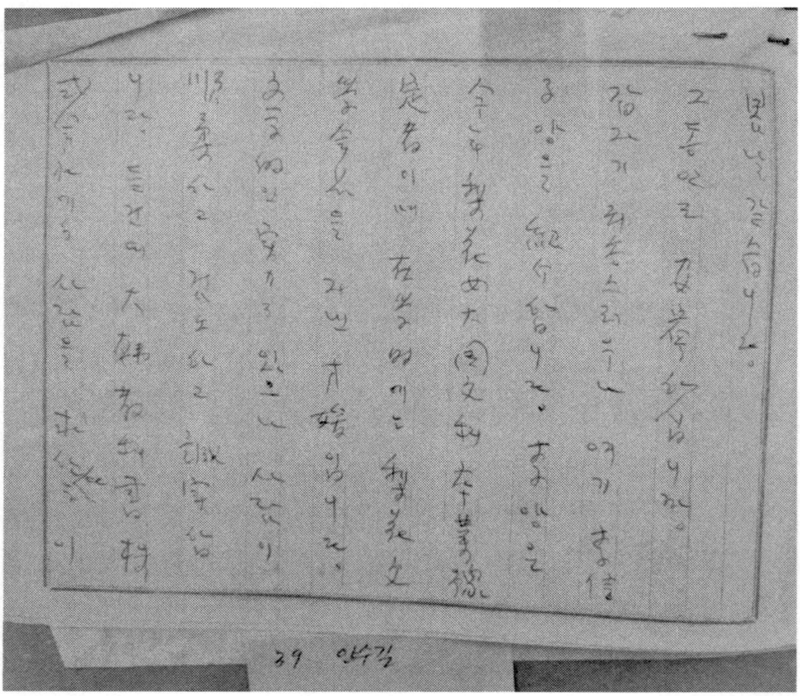

안수길의 사신 1

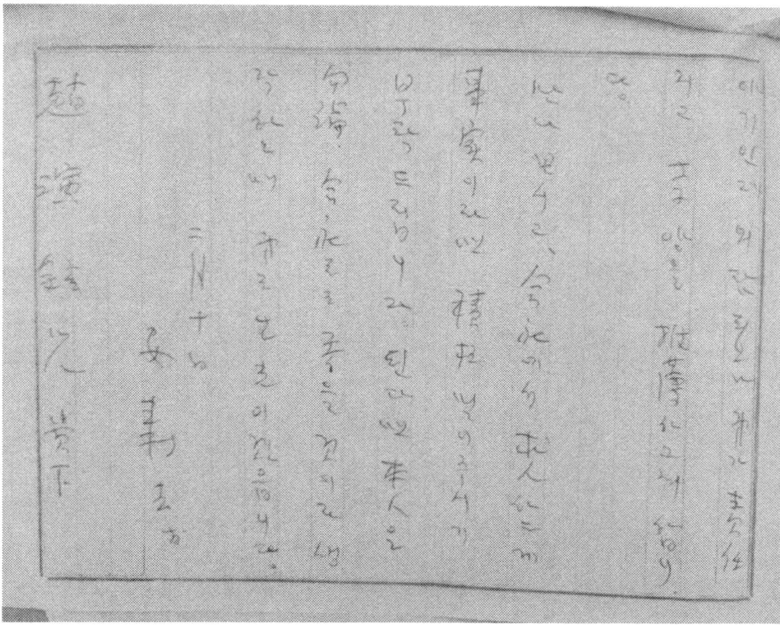

안수길의 사신 2

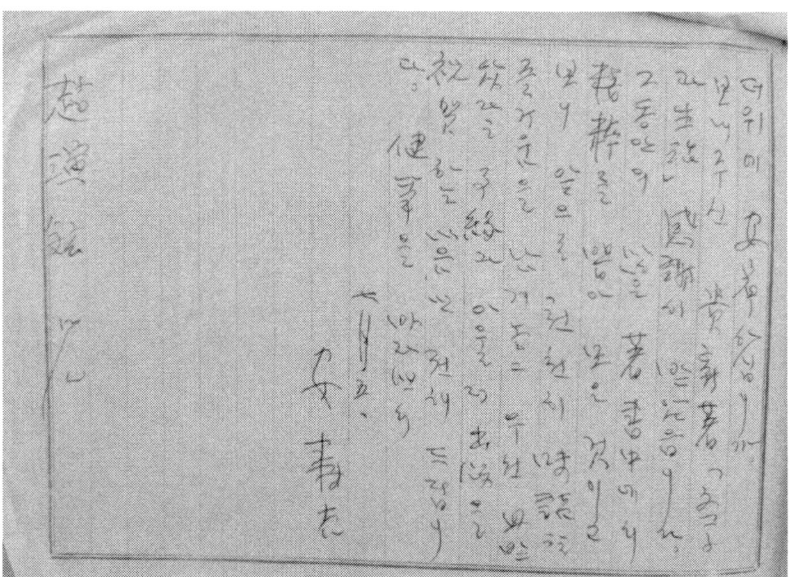

안수길의 사신 3

31. 방인근(方仁根, 1899~1975)

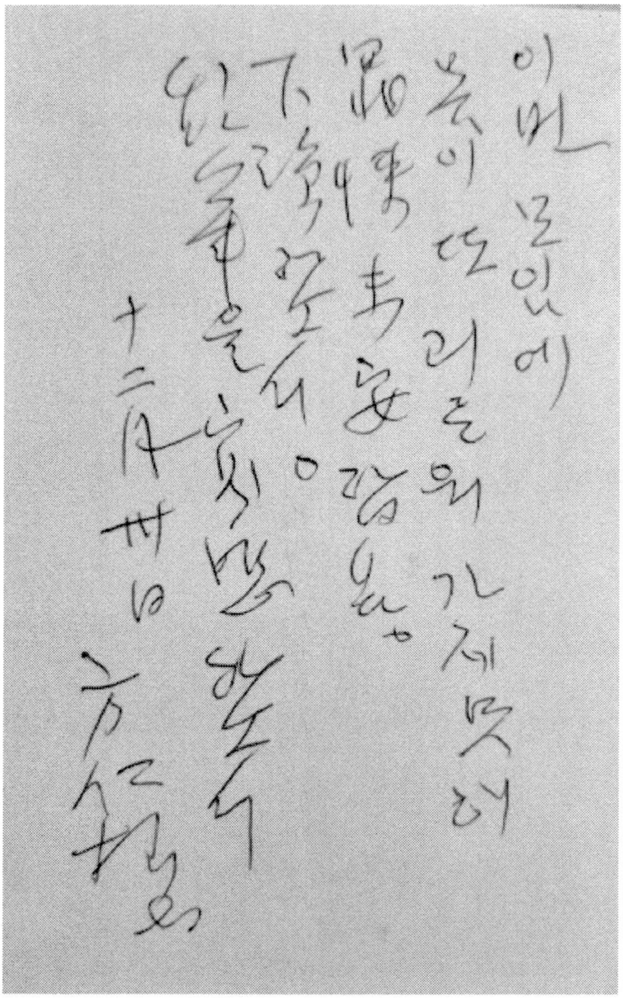

방인근의 사신 1

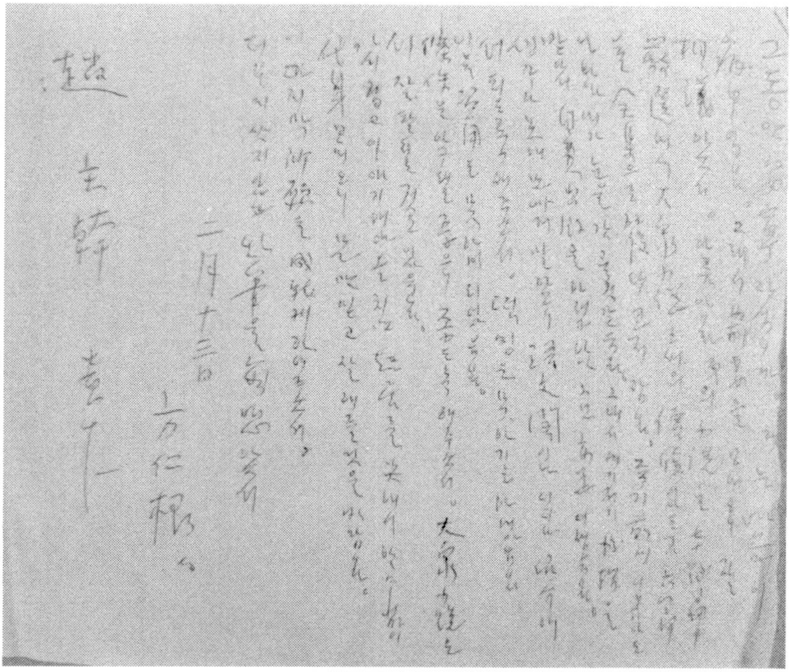

방인근의 사신 2

2. 해방 전후 시인의 지형도

2. 유치환(柳致環, 1908~1967)

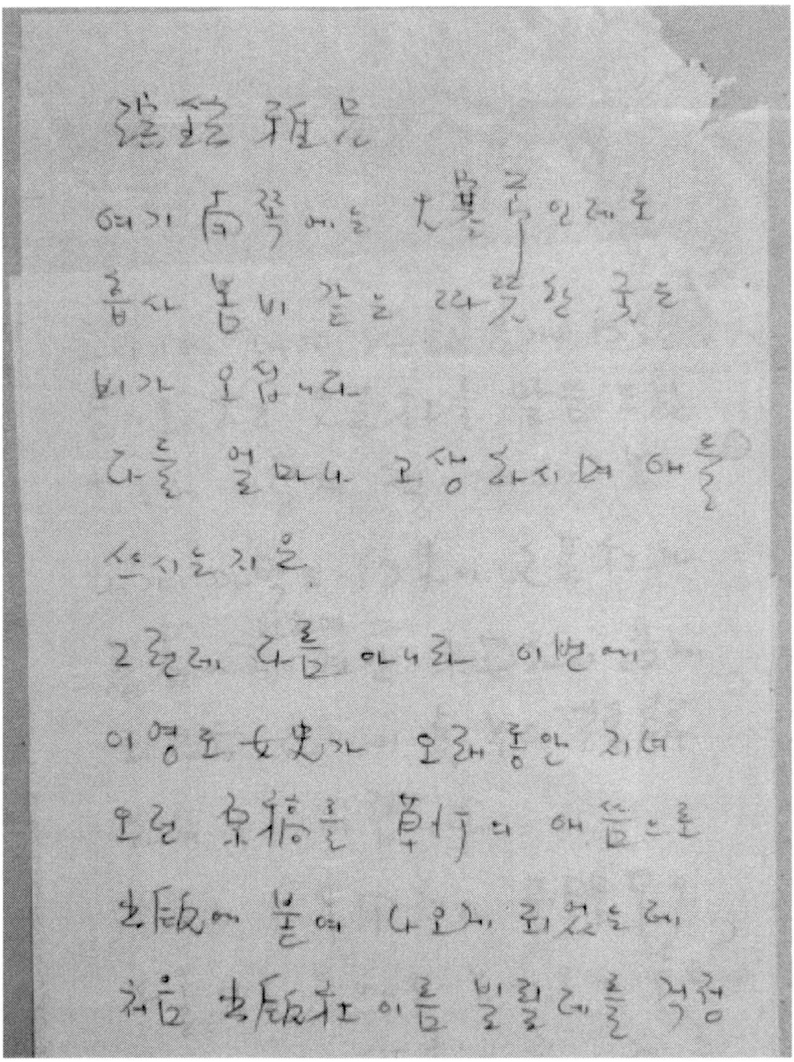

여기 南쪽에는 大寒중인데도
흡사 봄비 같은 따뜻한 [illegible]
비가 오옵니다.
다들 얼마나 고생하시며 애를
쓰시는지요.
그런데 다름 아니라 이번에
이영도 女史가 오래동안 지녀
오던 原稿를 草汀의 애씀으로
出版에 붙여 나오게 되었는데
처음 出版社 이름 빌릴데를 걱정

유치환의 사신 1

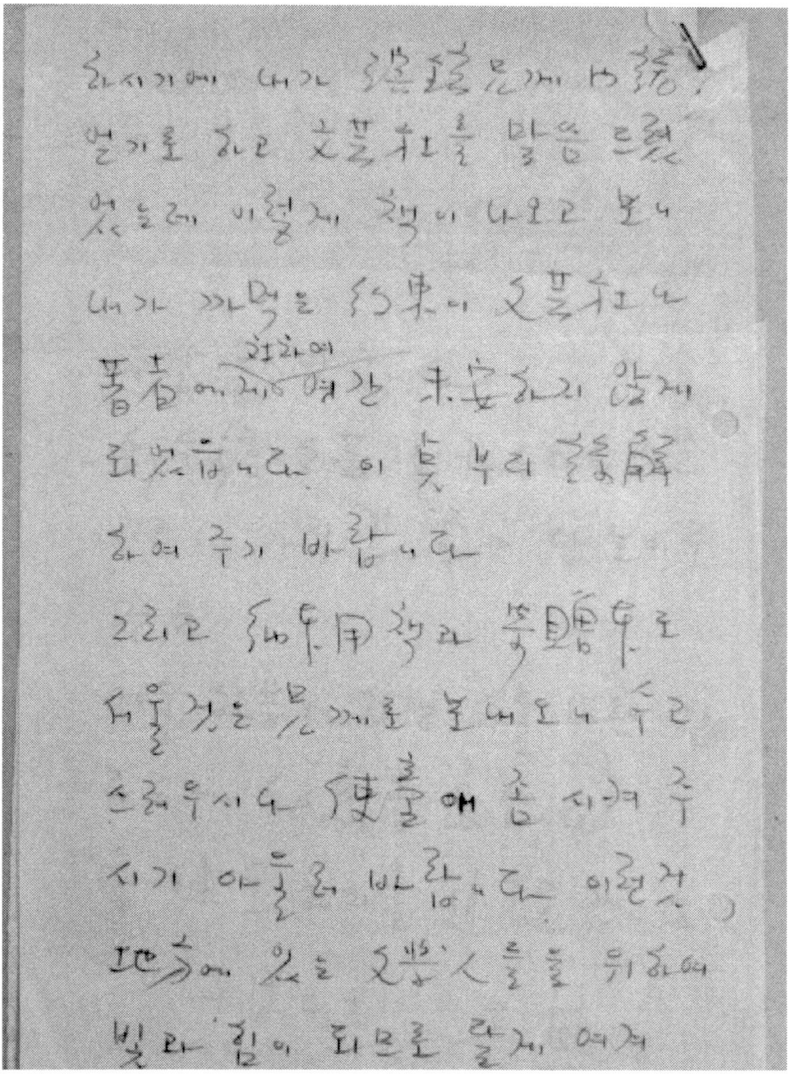
하시기에 내가 [illegible] 드렸
별지로 하고 文學社를 말씀 드렸
었는데 이렇게 책이 나오고 보니
내가 까닭을 約束이 文學社는
[illegible] 未安하지 않게
되었습니다 이 뜻 부디 諒解
하여 주기 바랍니다
그리고 [illegible] 寄贈도로
[illegible] 것을 [illegible] 보내오니 수고
스러우시나 [illegible] 좀 시켜 주
시기 아울러 바랍니다 이런것
地方에 있는 文學人들을 위하여
빛과 힘이 되므로 [illegible]

유치환의 사신 2

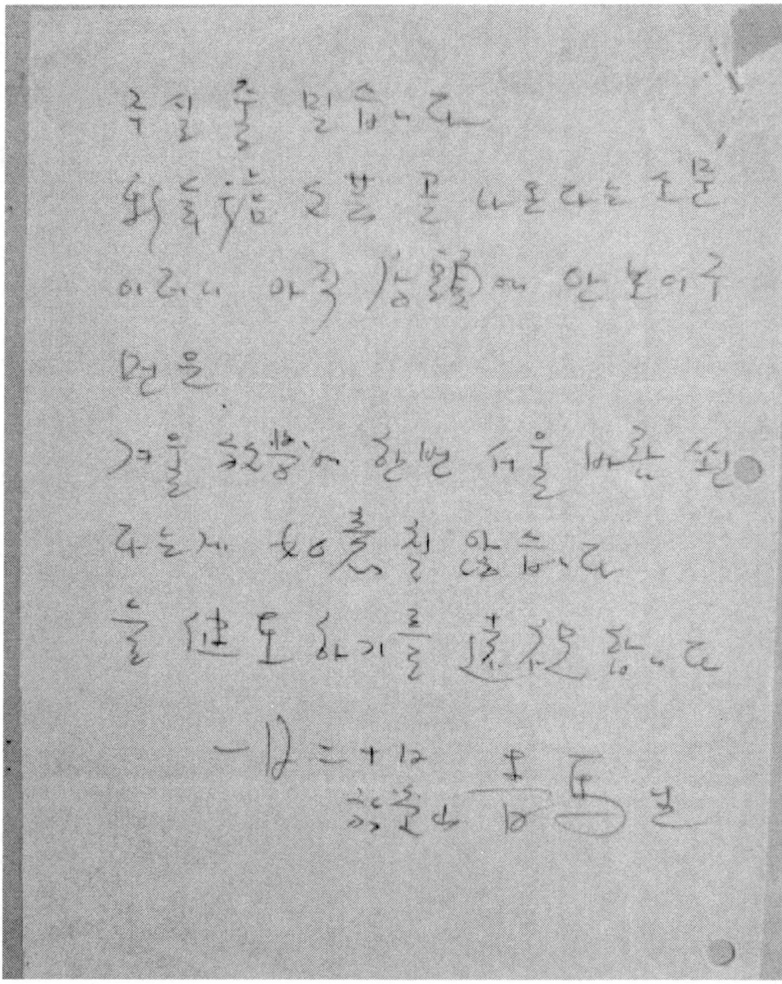

주실 줄 믿습니다
[illegible] 도 봄 꼭 나온다는 소문
이오니 아직 [illegible]에 안 보이주
면은
가을 [illegible]에 한번 서울 [illegible]
다는데 [illegible] 칠 않습니다
늘 健康하기를 遠祝합니다
一月 二十日
[illegible]

유치환의 사신 3

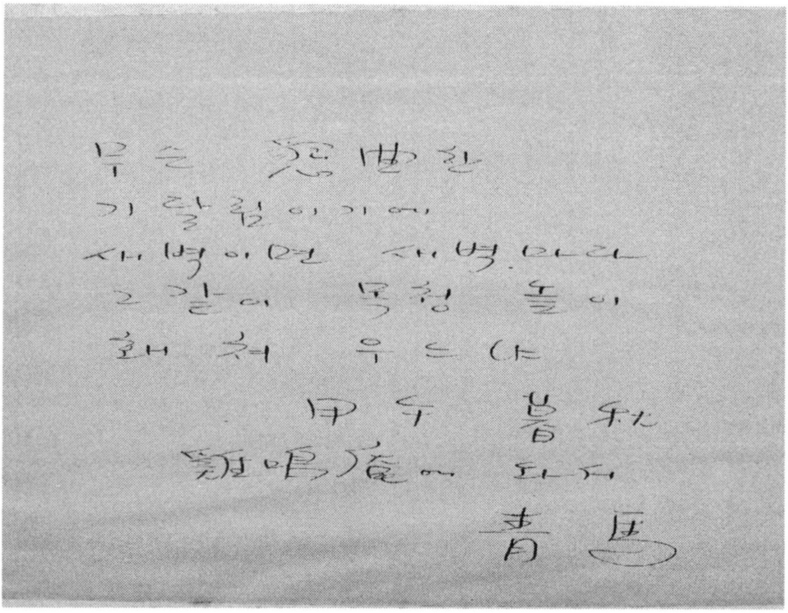
무슨 怨恨한
기달림이기에
새벽이면 새벽마다
그 같이 목청 돌이
홰쳐 우느냐
甲午 暮秋
鷄鳴庵에 와서
青馬

이영도의 〈애일당지〉에 보관된 정마의 사신

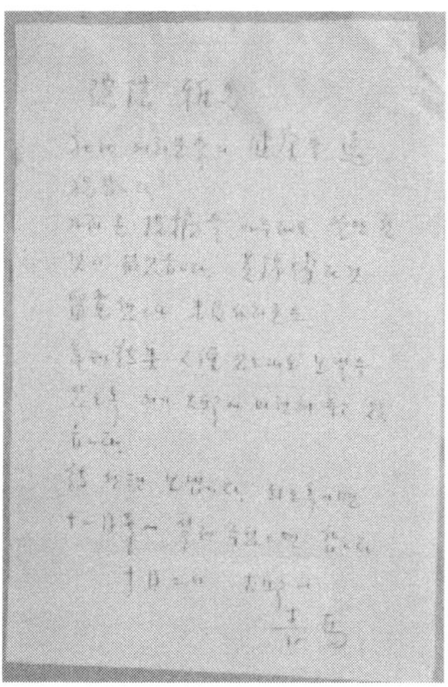

유치환의 사신 4

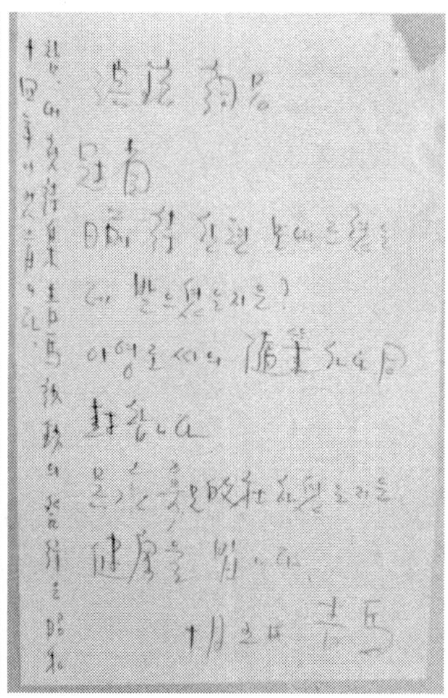

유치환의 사신 5

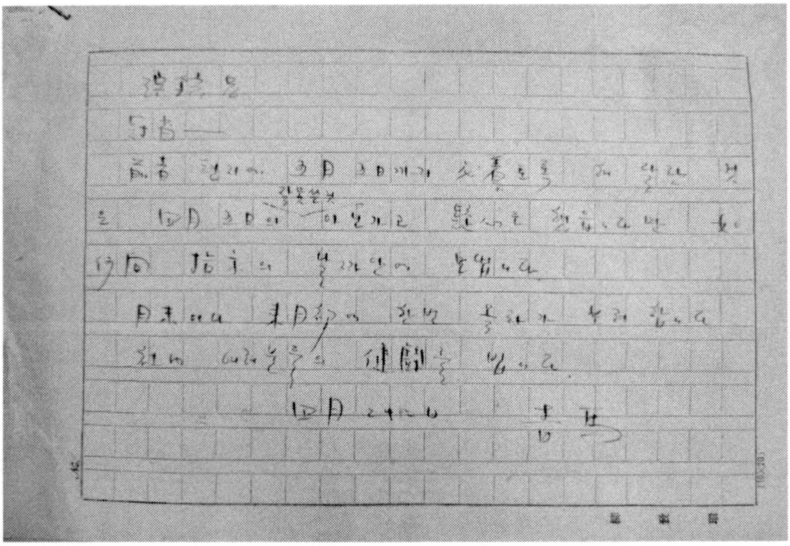

유치환의 사신 6

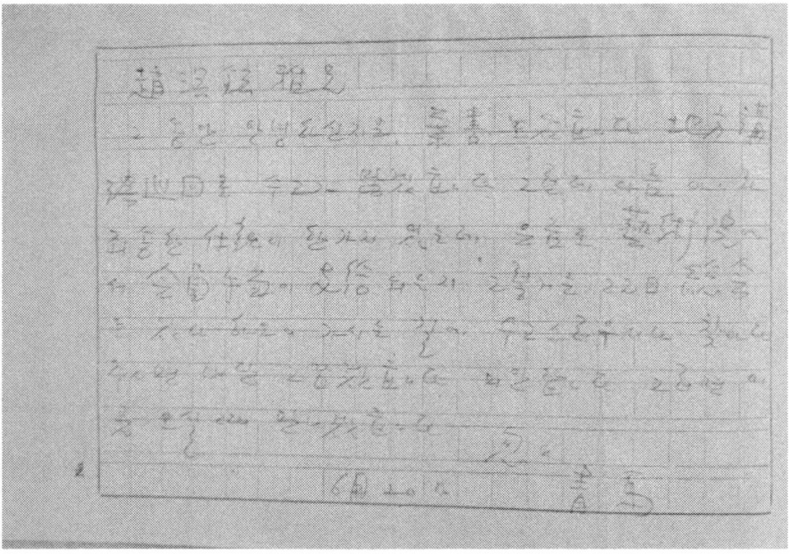

유치환의 사신 7

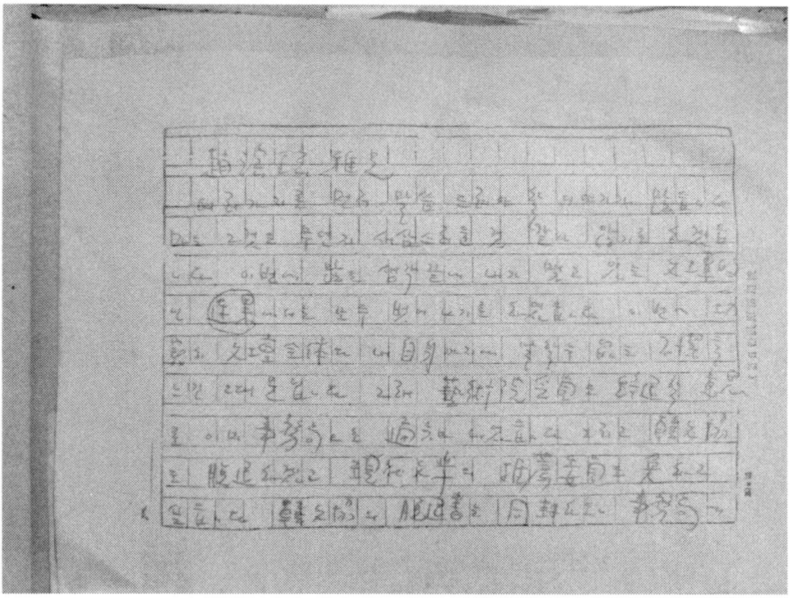

유치환의 사신 8

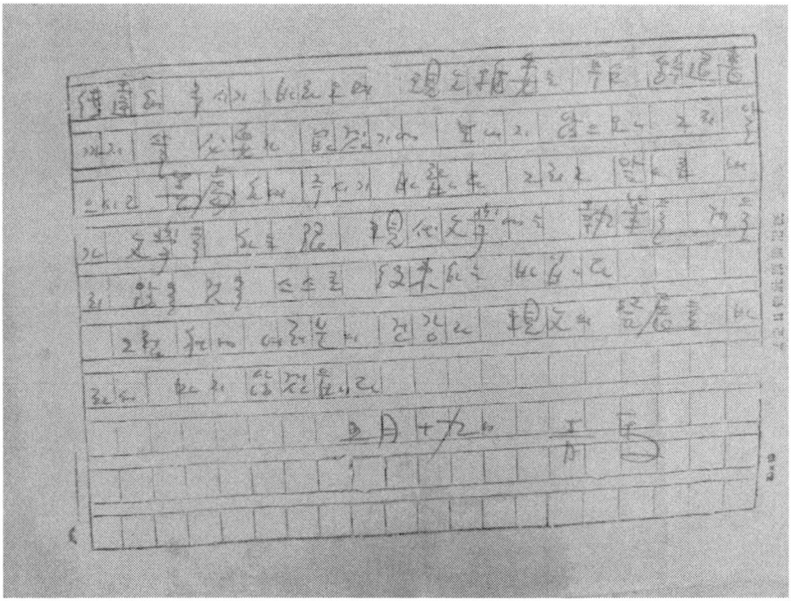

유치환의 사신 9

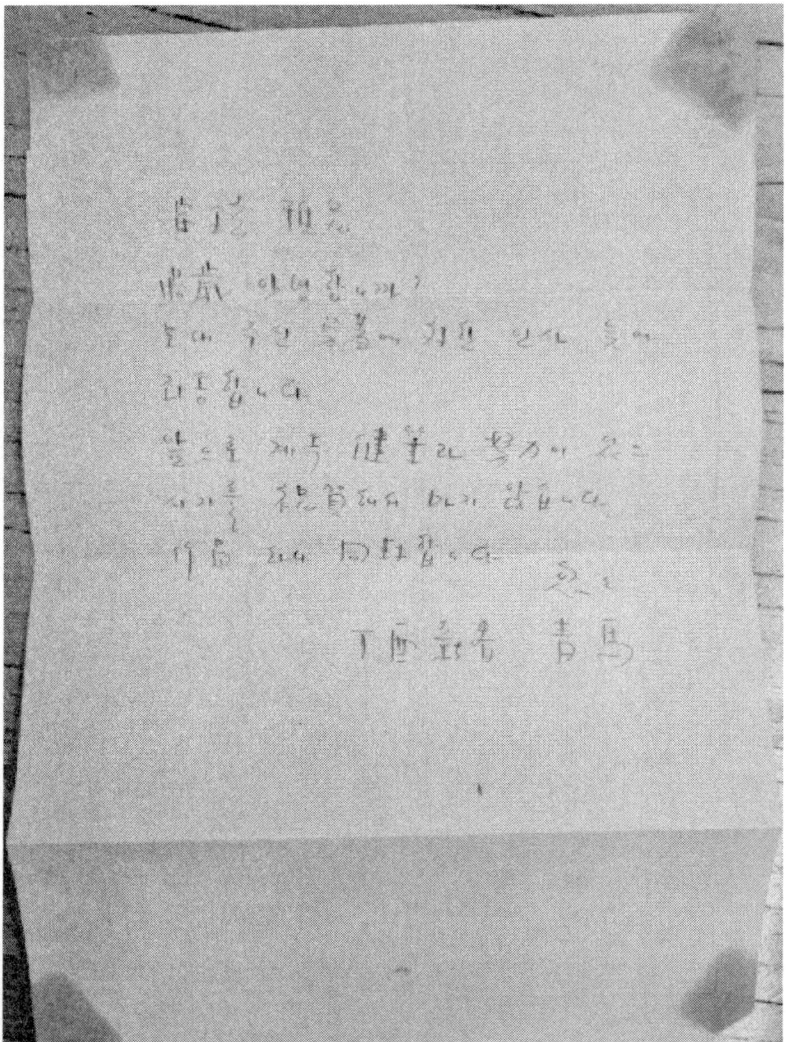

[illegible] 前

[illegible] 안녕합니까?

[illegible]

감동합니다.

앞으로 계속 健筆하시기 [illegible]

[illegible] 바랍니다.

[illegible] 합니다.

丁酉 [illegible] 靑馬

유치환의 사신 10

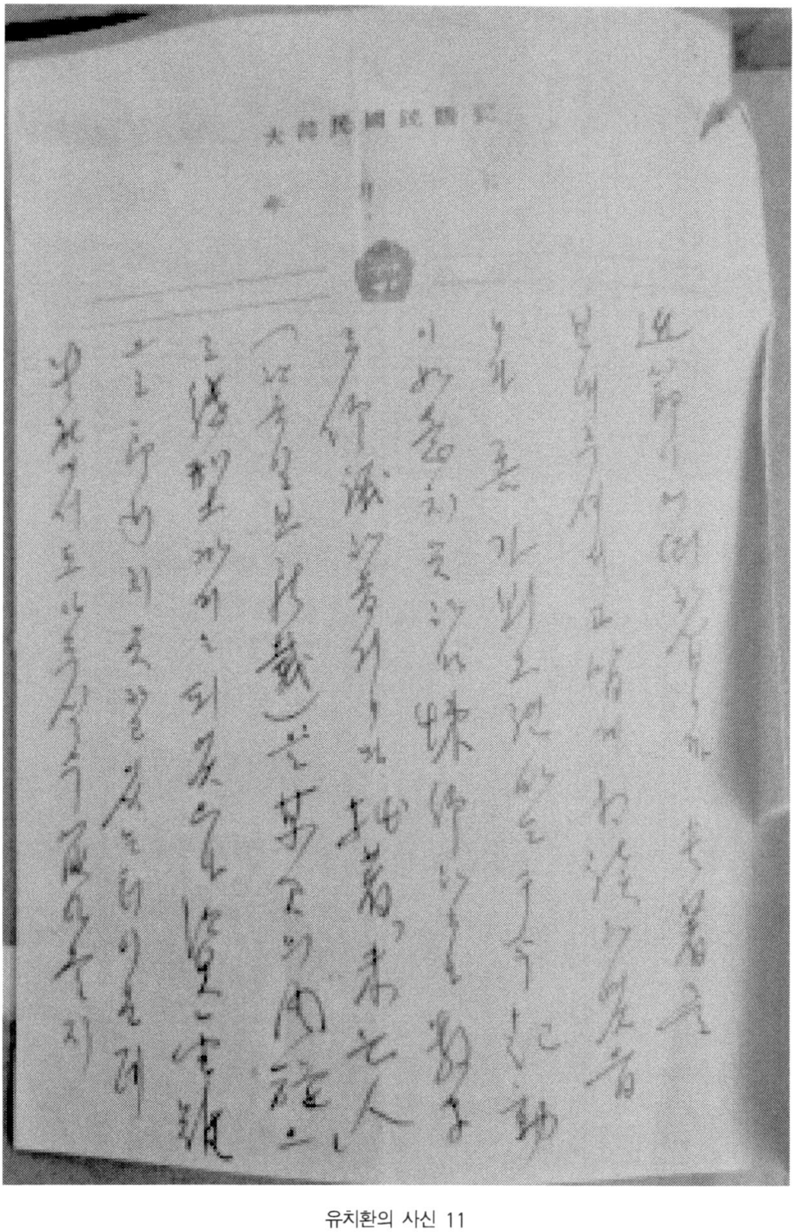

유치환의 사신 11

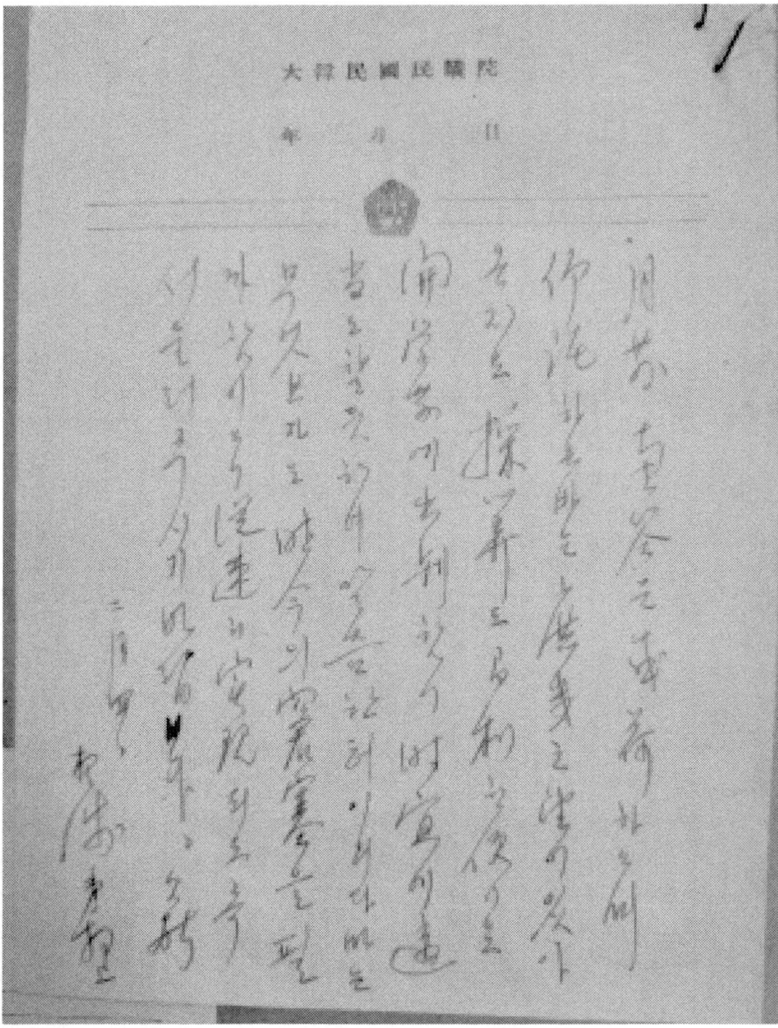
大韓民國民議院

年 月 日

유치환의 사신 12

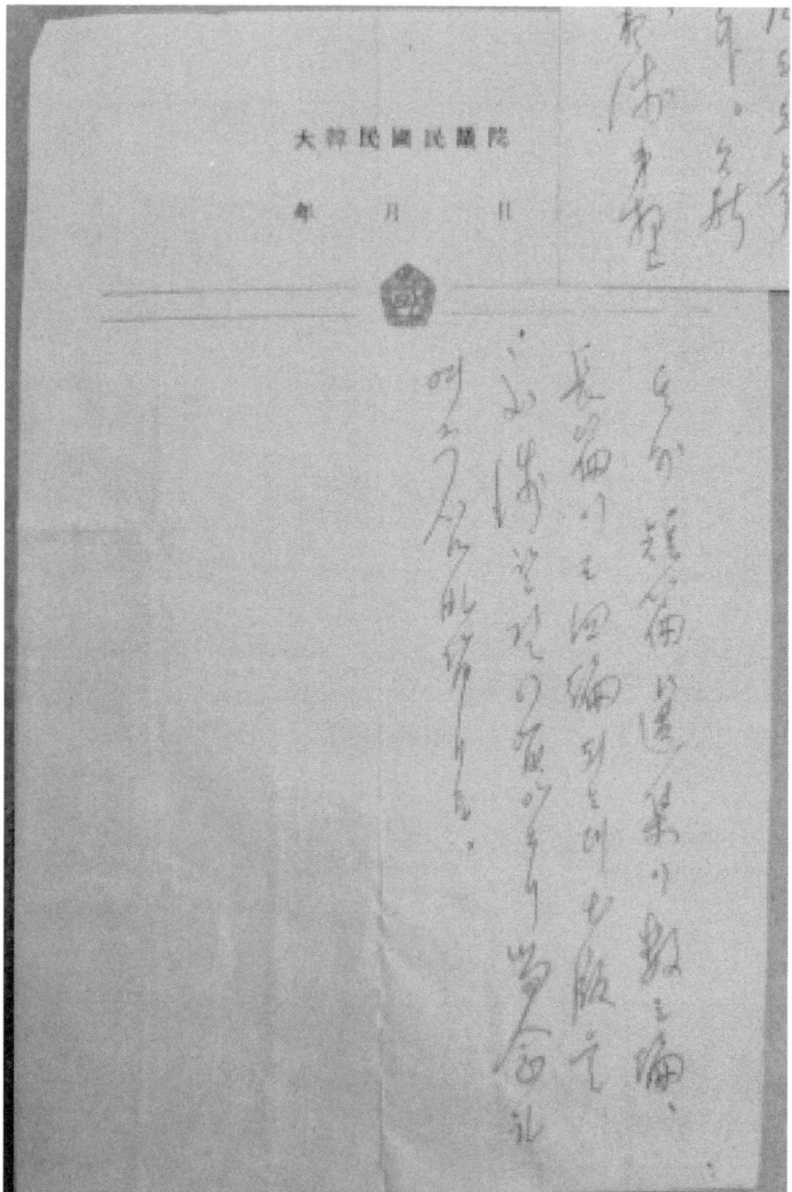

유치환의 사신 13

35. 이영도(李永道, 1916~1976)

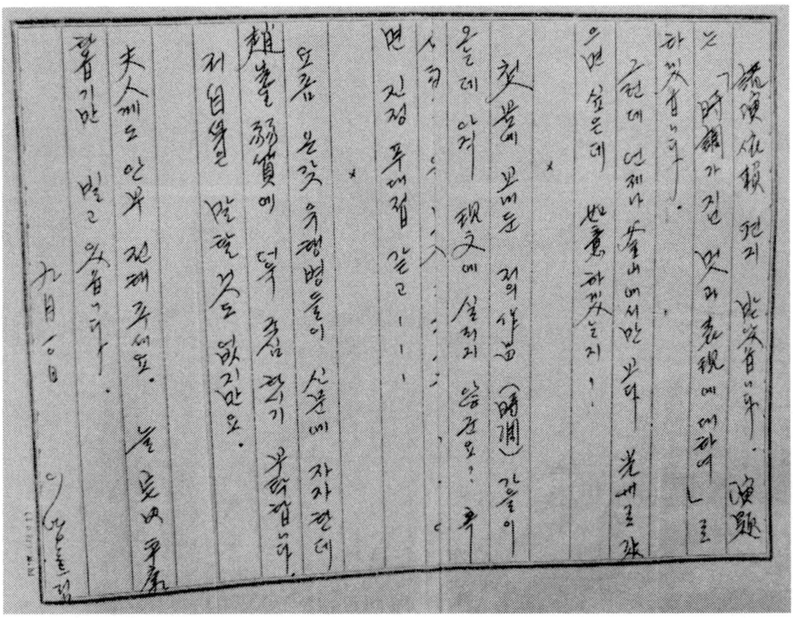

이영도의 사신 1

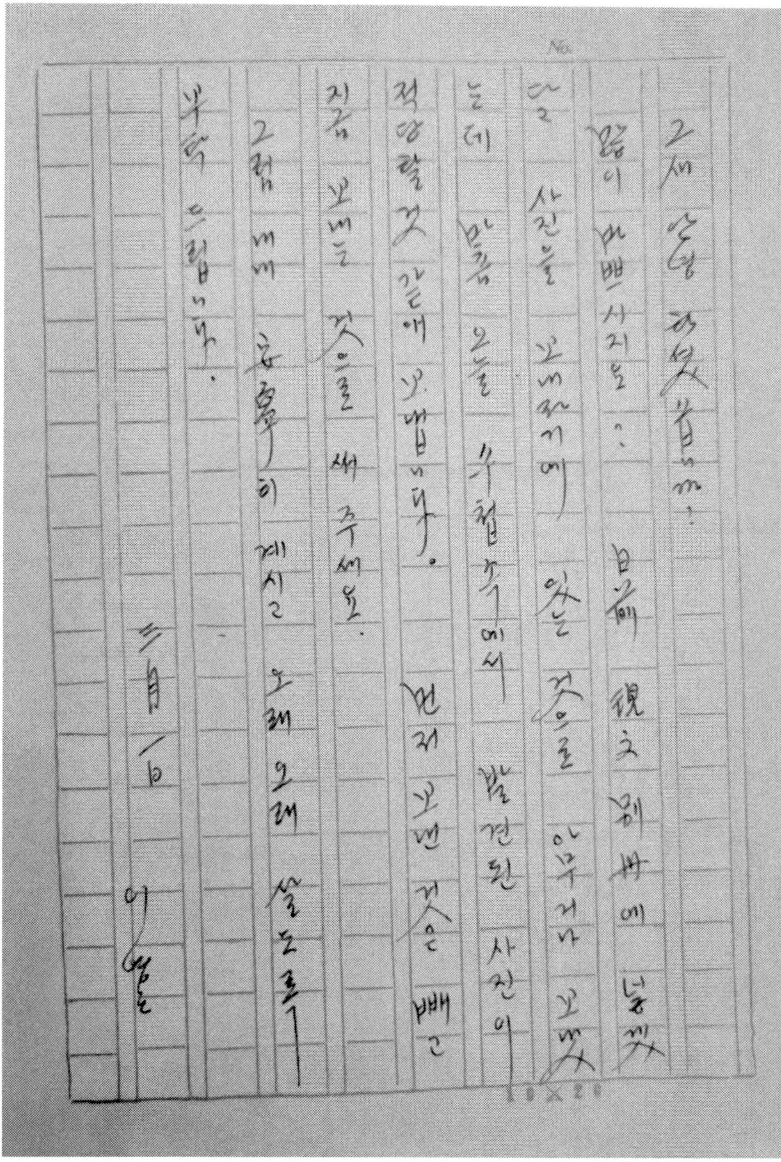
그새 안녕하셨습니까?
몹시 바쁘시지요? 日前 現文 別冊에 넣겠
던 사진을 보내주기에 있는 것으로 아무거나 보냈
는데 말씀을 우체국에서 발견된 사진이
적당할 것 같애 보냅니다. 먼저 보낸 것은 빼고
지금 보내는 것을 써 주세요.
그럼 내내 安寧히 계시고 오래오래 살도록
부탁 드립니다.
三月 16 이영도

이영도의 사신 2

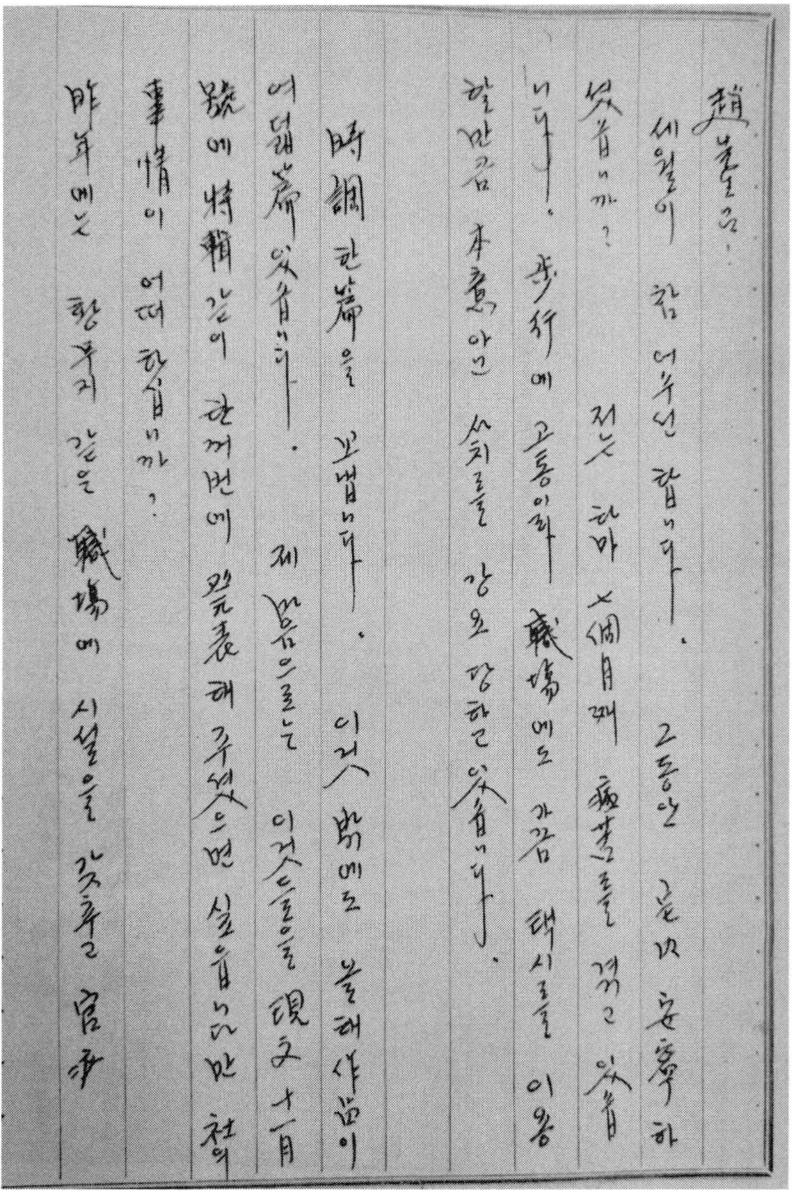
趙 선생님.
세월이 참 더우신 합니다. 그동안 곤히 安寧하
셨읍니까? 저는 한마 七個月째 痲薬를 겪고 있읍
니다. 步行에 고통이라 職場에도 가끔 택시로 이용
할만큼 本意 아닌 사치를 강요당하고 있읍니다.

時調 한 篇을 보냅니다. 이것 밖에도 올해 作品이
여덟篇 있읍니다. 제 마음으로는 이것들을 現文 十月
號에 特輯같이 한꺼번에 發表해 주셨으면 싶읍니다만 社의
事情이 어떠하십니까?

昨年에는 황무지 같은 職場에 시설을 갖추고 官

이영도의 사신 3

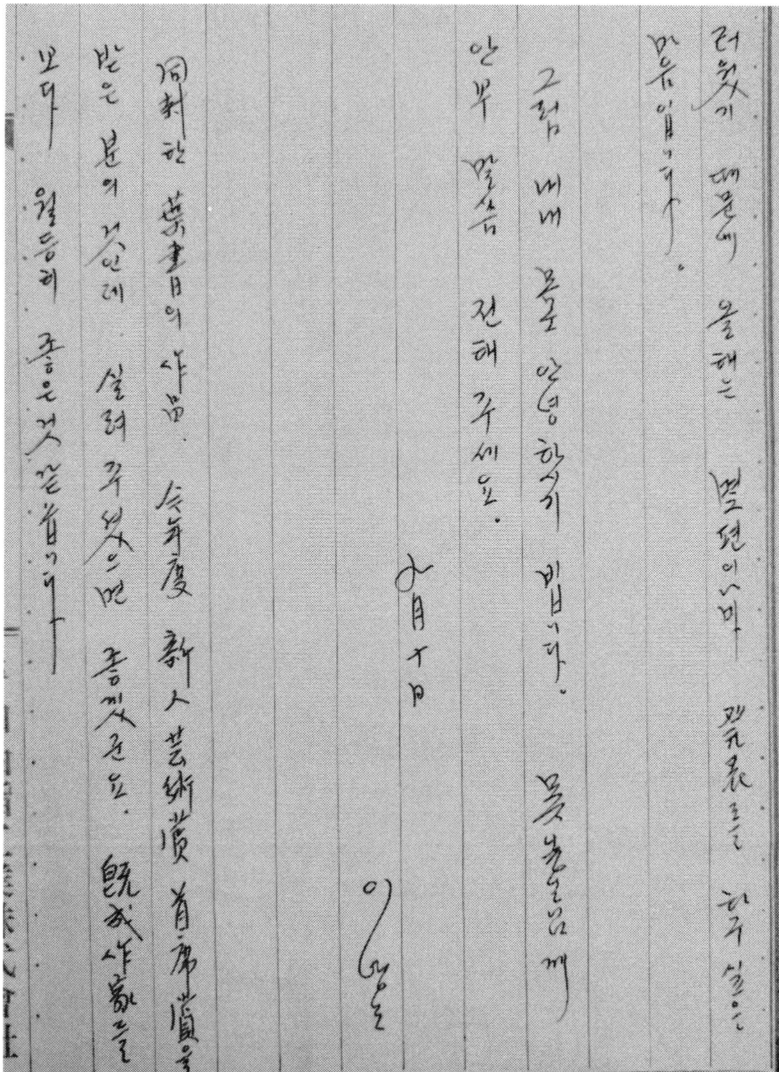
러웠기 때문에 올해는 몇편이나마 發表를 할가 싶은
마음입니다.
그럼 내내 몸 안녕하기 빕니다. 뭇 높은님께
안부 말씀 전해 주세요.
2月 十日
이영도

同封한 葉書의 作品. 今年度 新人藝術賞 首席賞을
받은 분의 것인데 실려 주셨으면 좋겠어요. 旣成作家들
보다 월등히 좋은 것 같습니다.

이영도의 사신 4

11. 이호우(李鎬雨, 1912~1970)

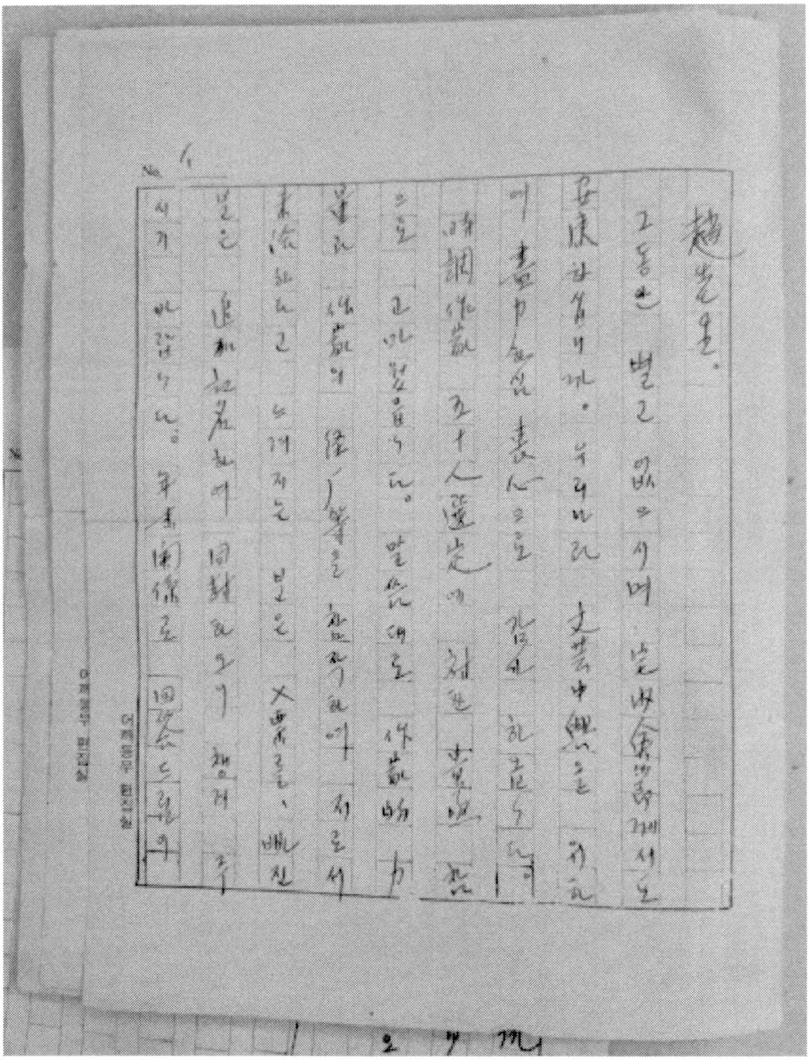

이호우의 사신 1

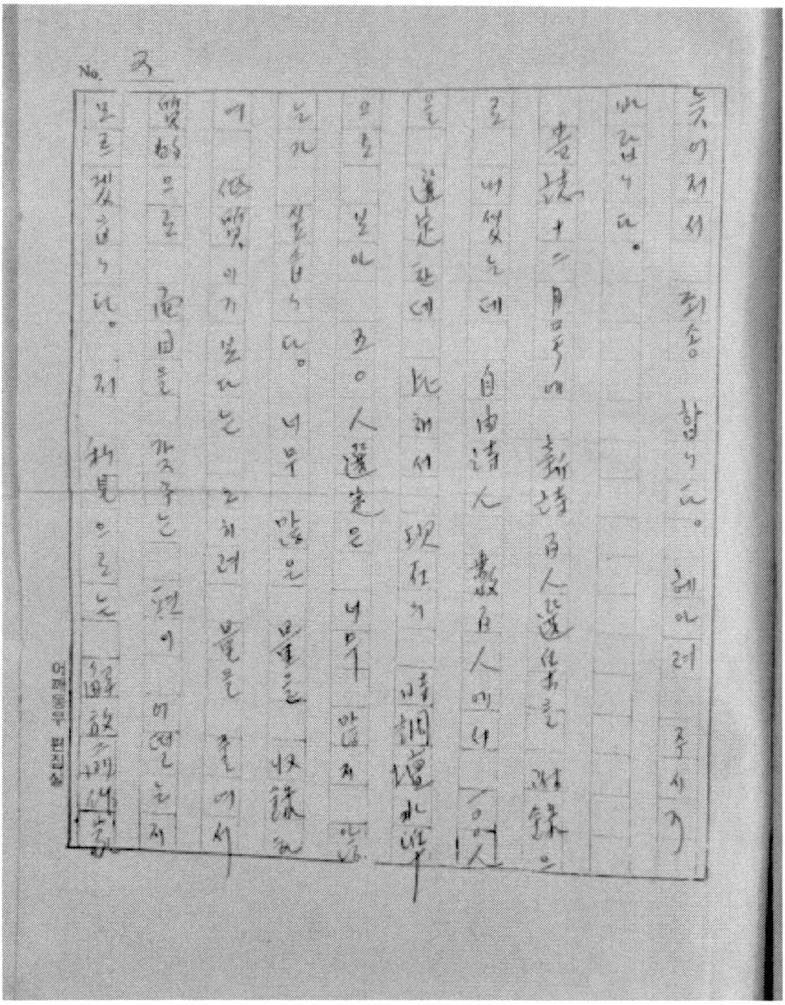

이호우의 사신 2

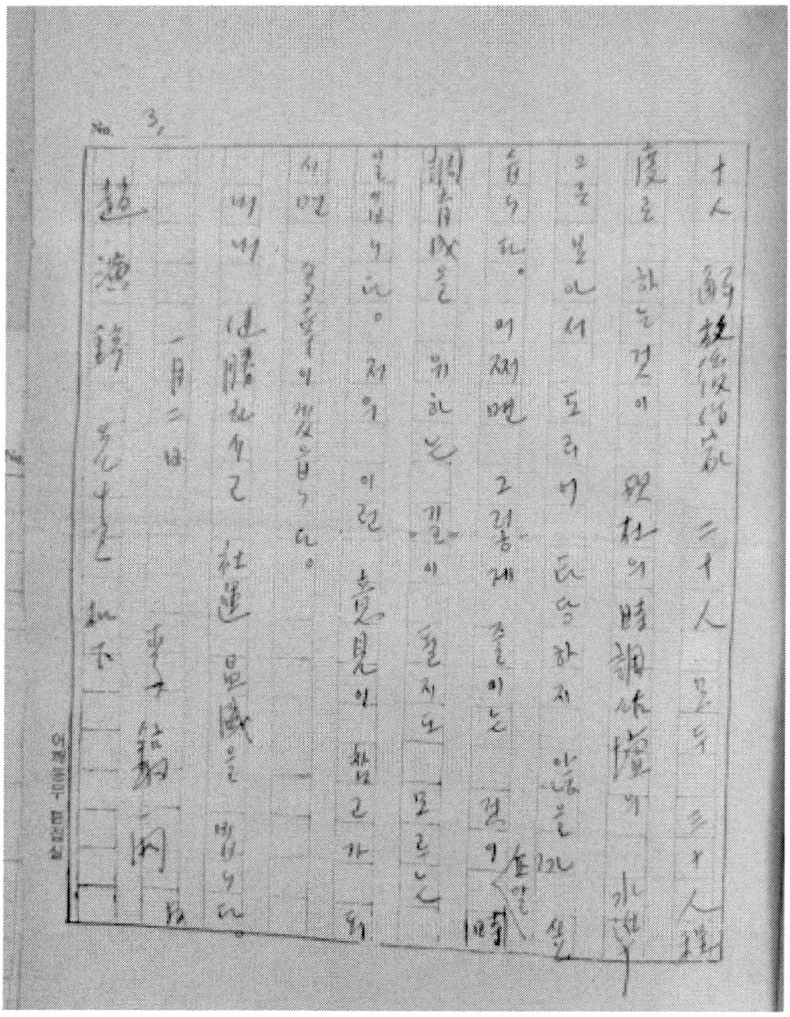

이호우의 사신 3

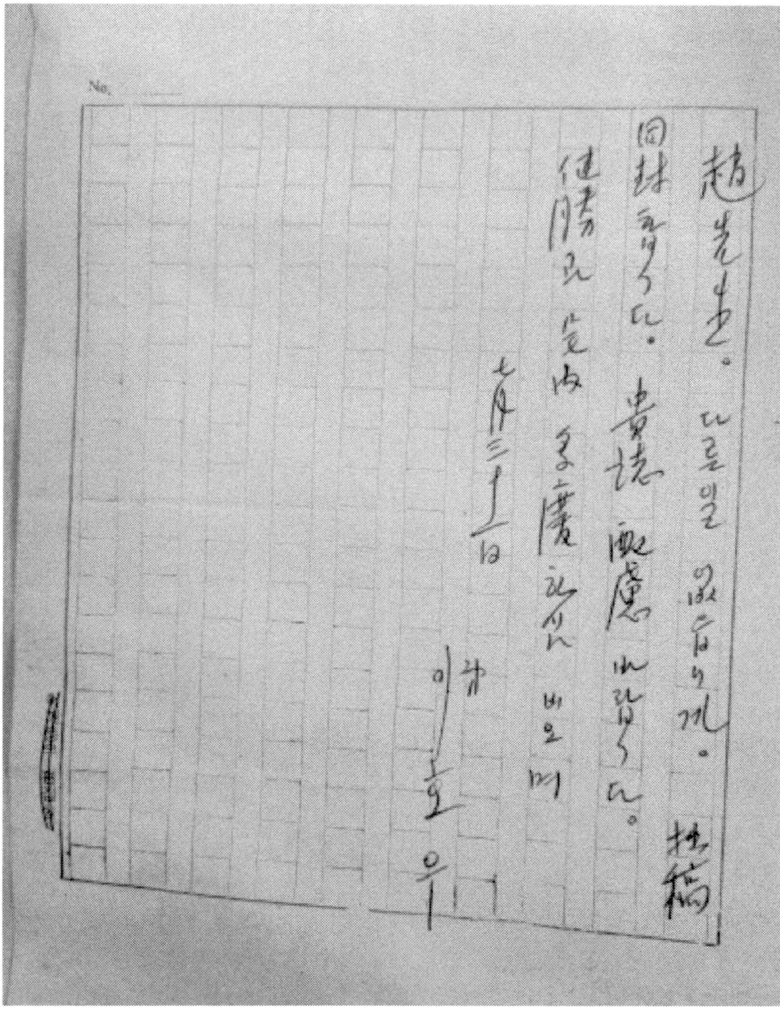

趙先生。 다른 일 없읍니까。 拙稿
同封합니다。 貴志 配慮 바랍니다。
健勝과 발전 多慶하시길 바오며
七月三十日
이호우

이호우의 사신 4

33. 김현승(金顯承, 1913~1975)

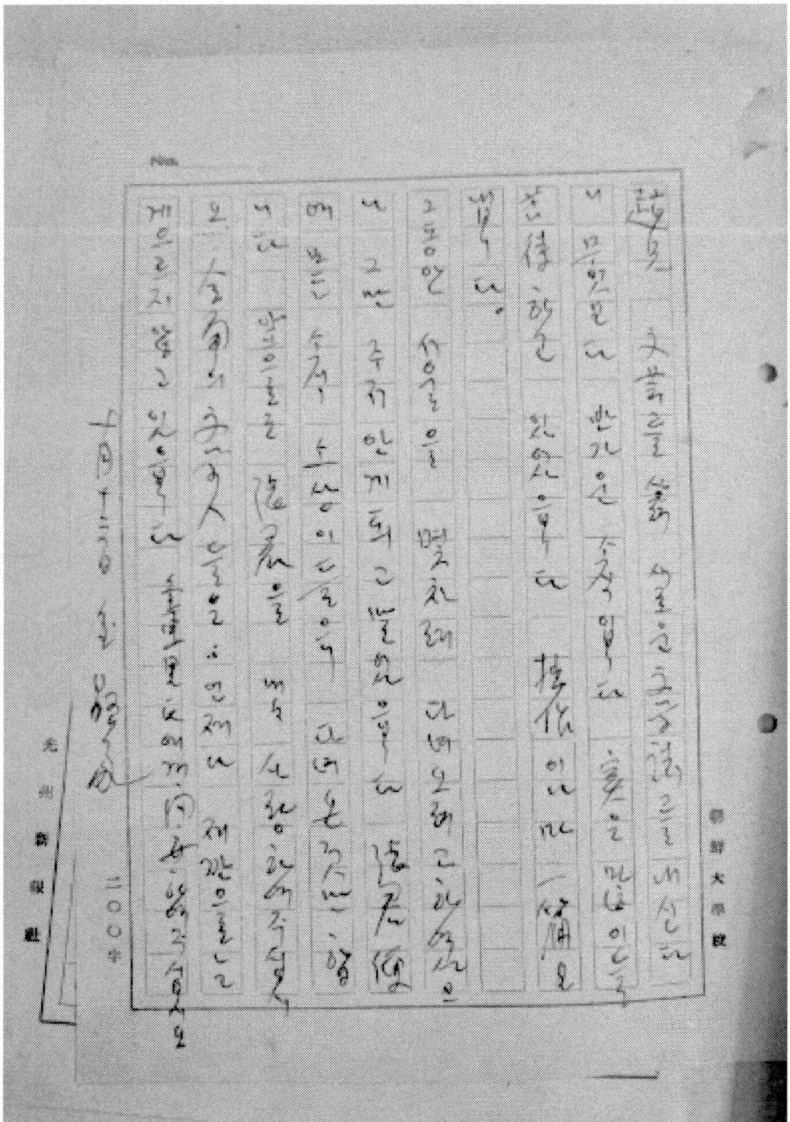

김현승의 사신 1

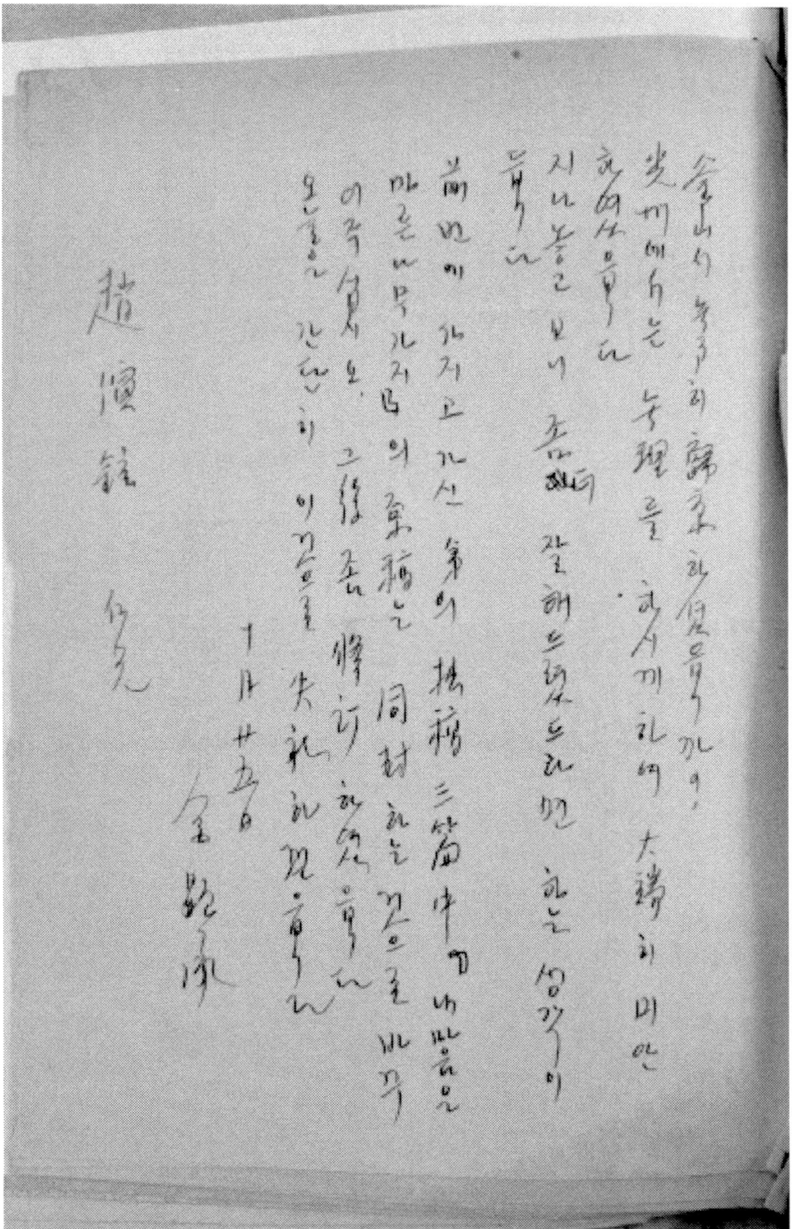

김현승의 사신 2

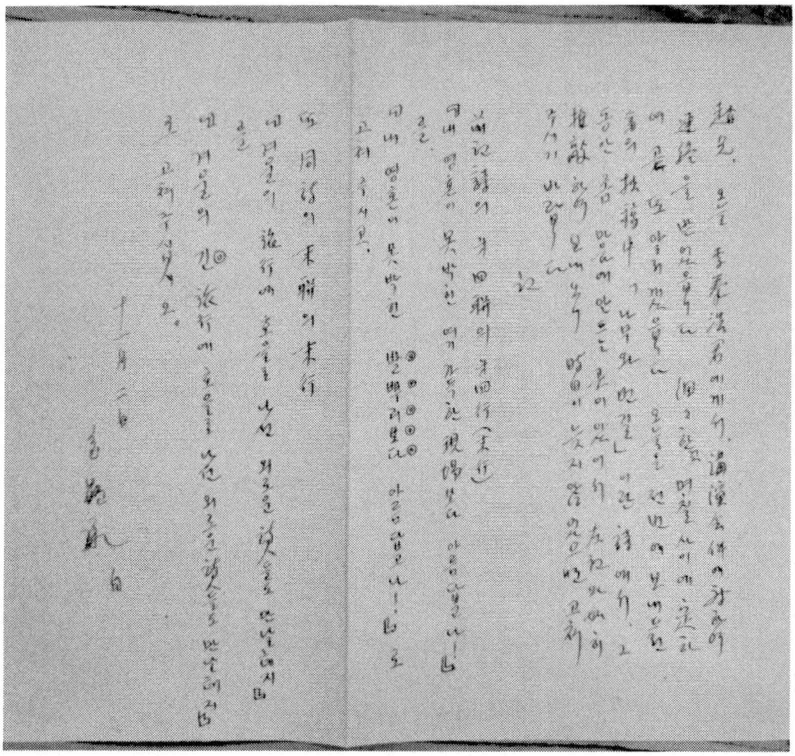

김현승의 사신 3

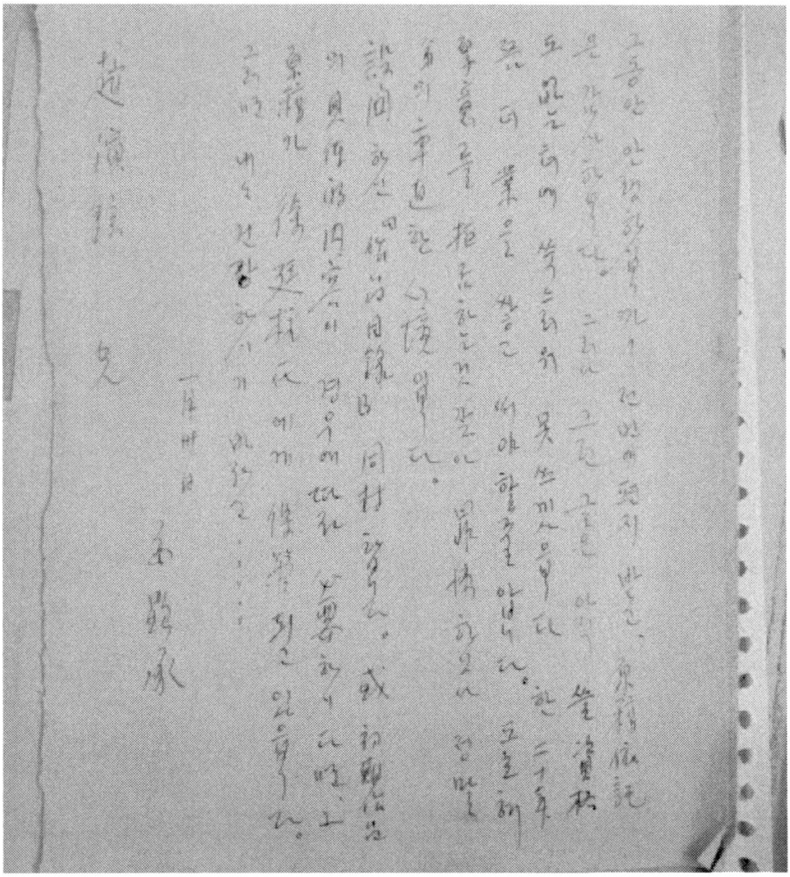

김현승의 사신 4

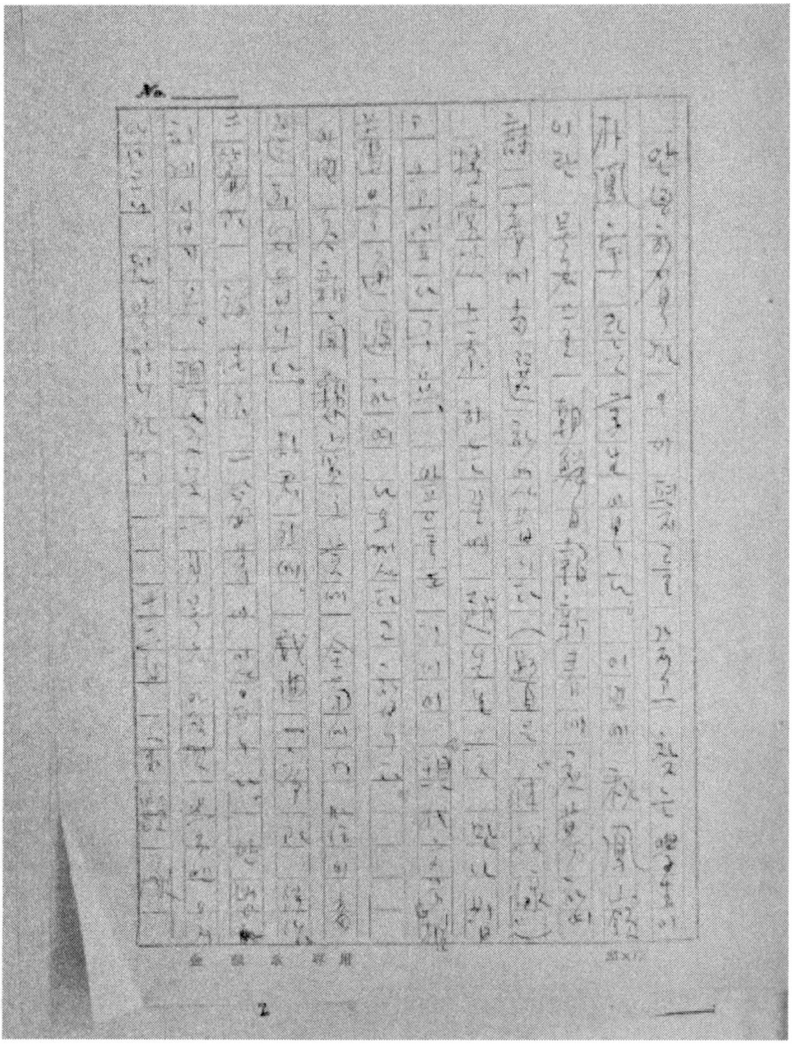

김현승의 사신 – 박봉우

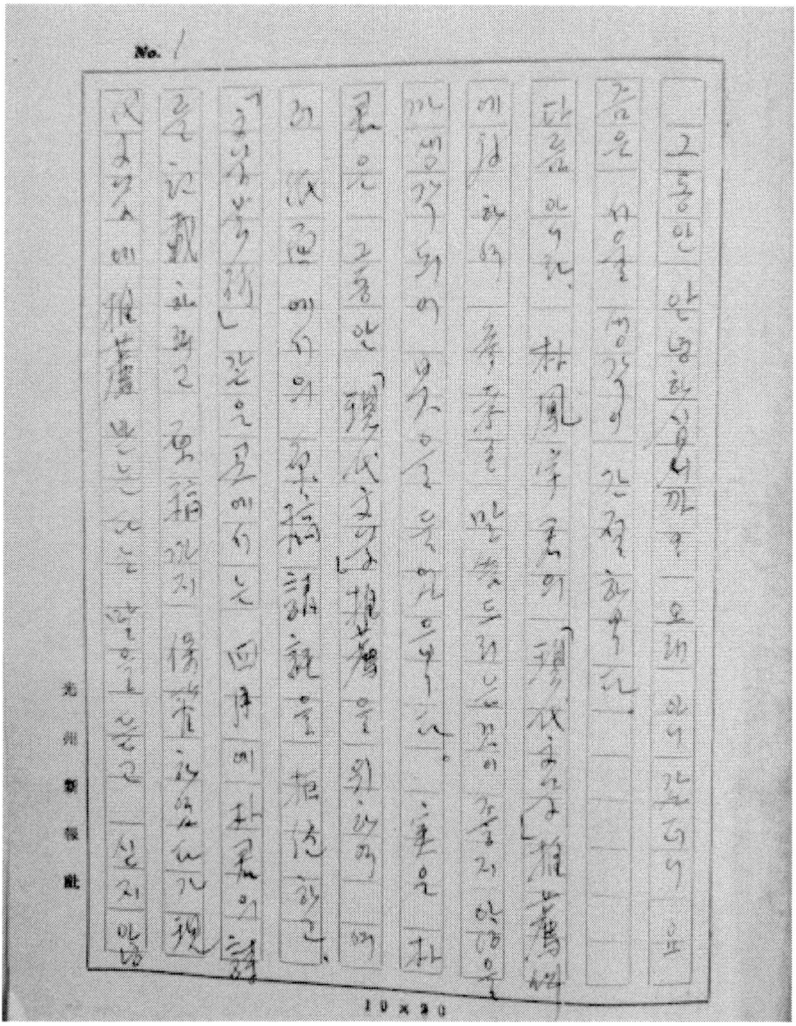

김현승의 사신 6 – 박봉우(1)

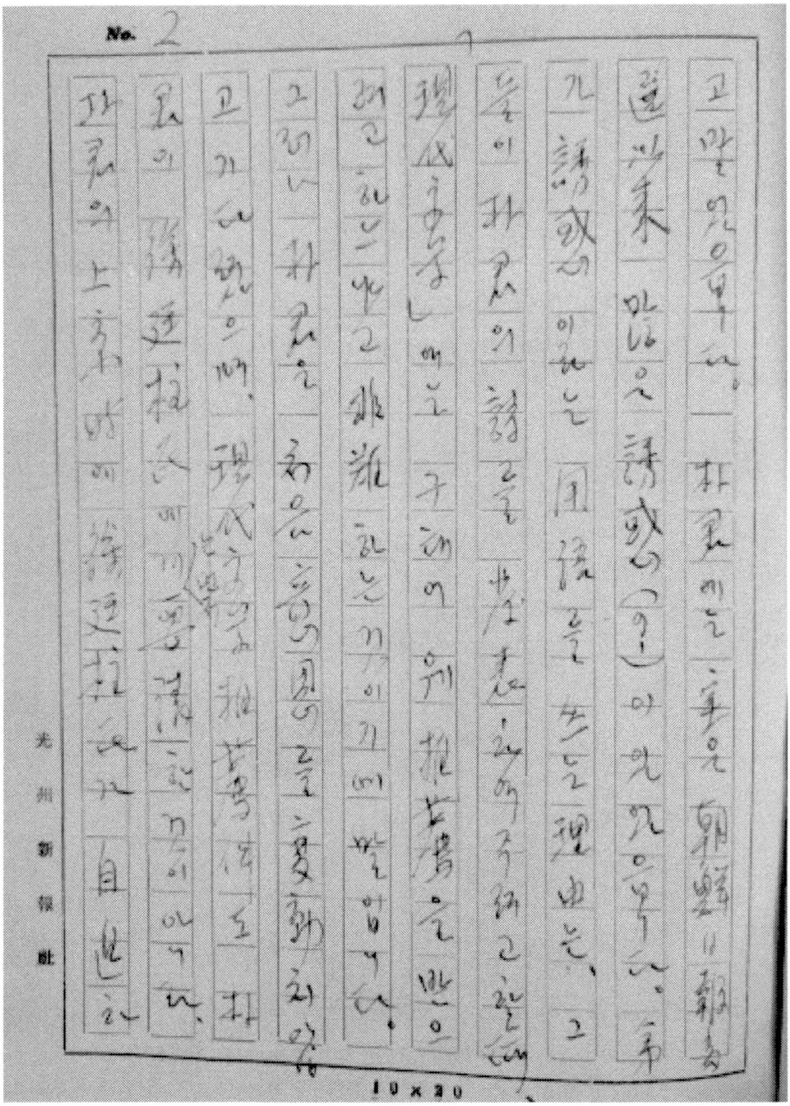

김현승의 사신 7 – 박봉우(2)

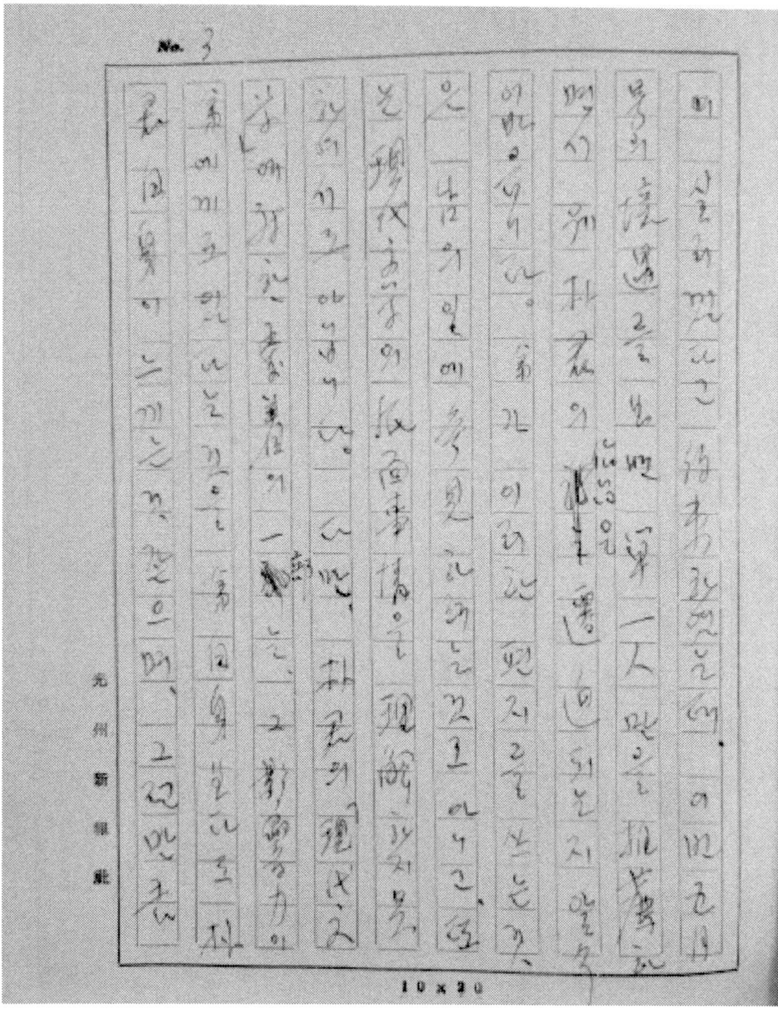

김현승의 사신 8 – 박봉우(3)

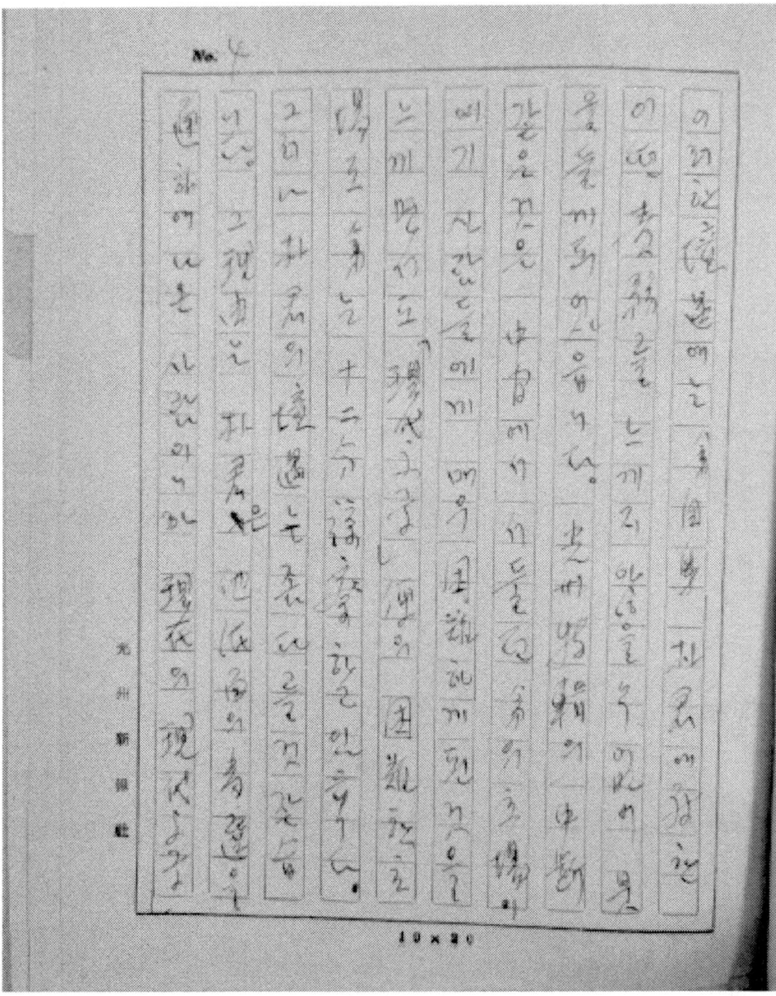

김현승의 사신 9 – 박봉우(4)

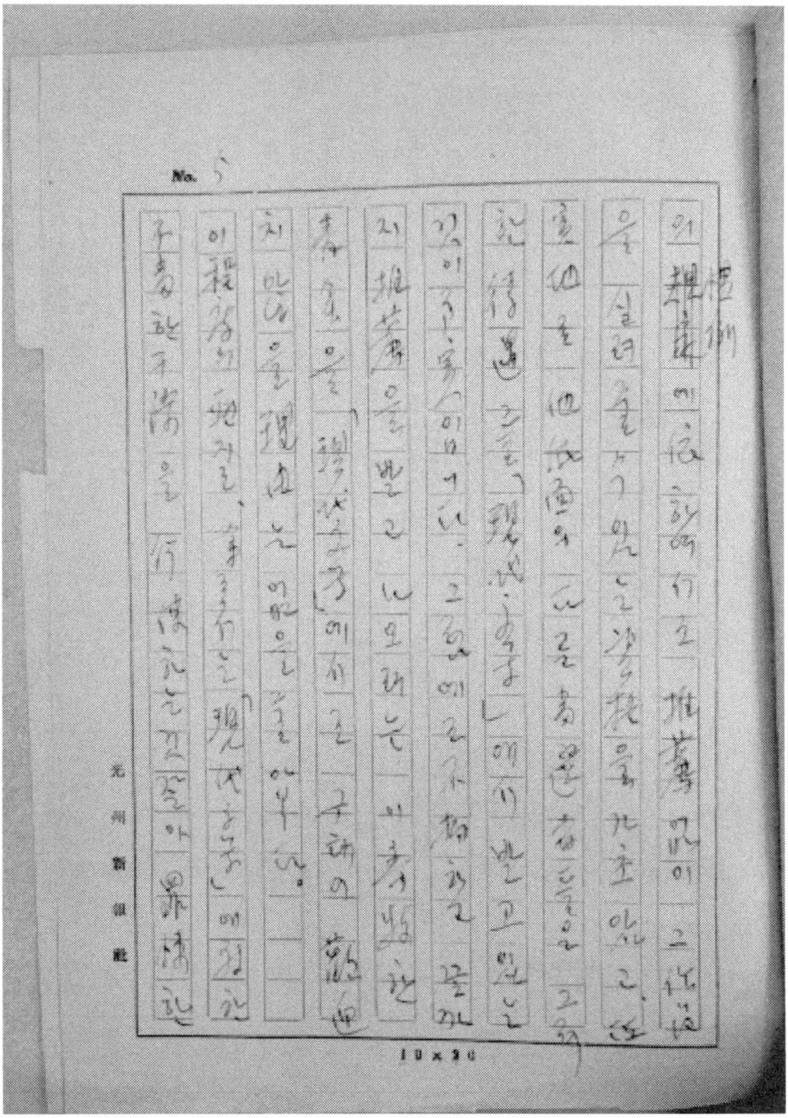

김현승의 사신 10 - 박봉우 사신(5)

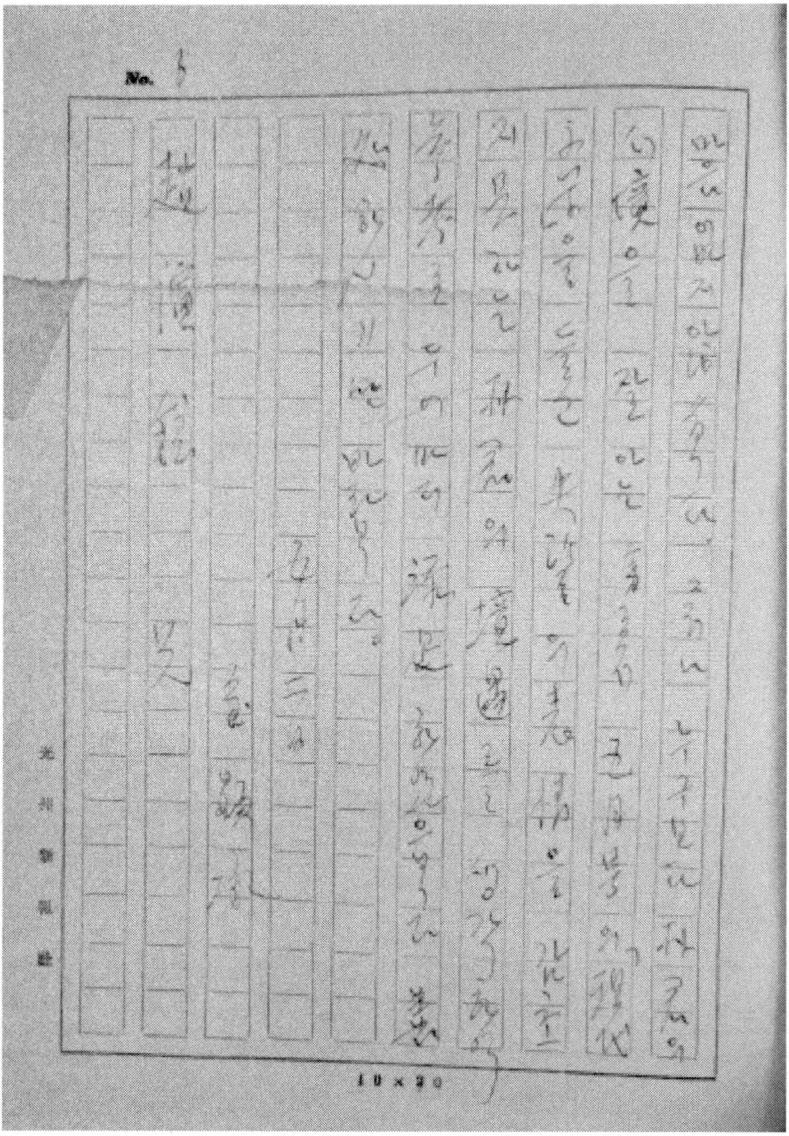

김현승의 사신 11 - 박봉우(6)

10. 최인희(崔寅熙, 1926~1958)

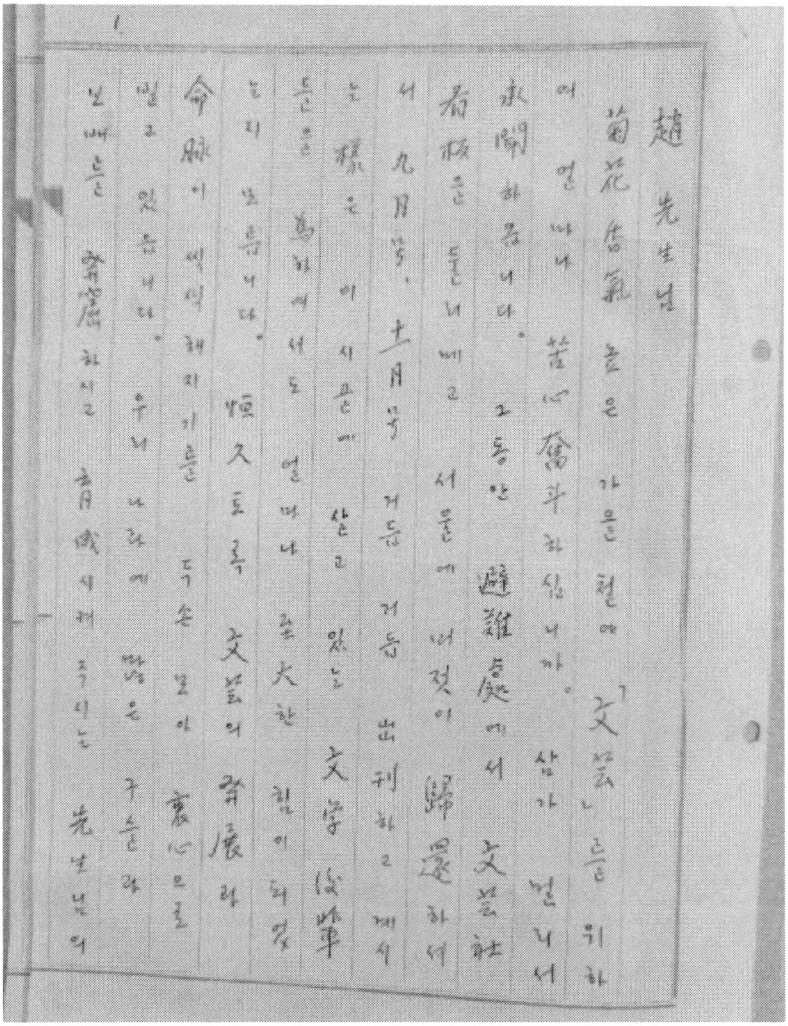

최인희의 사신 1

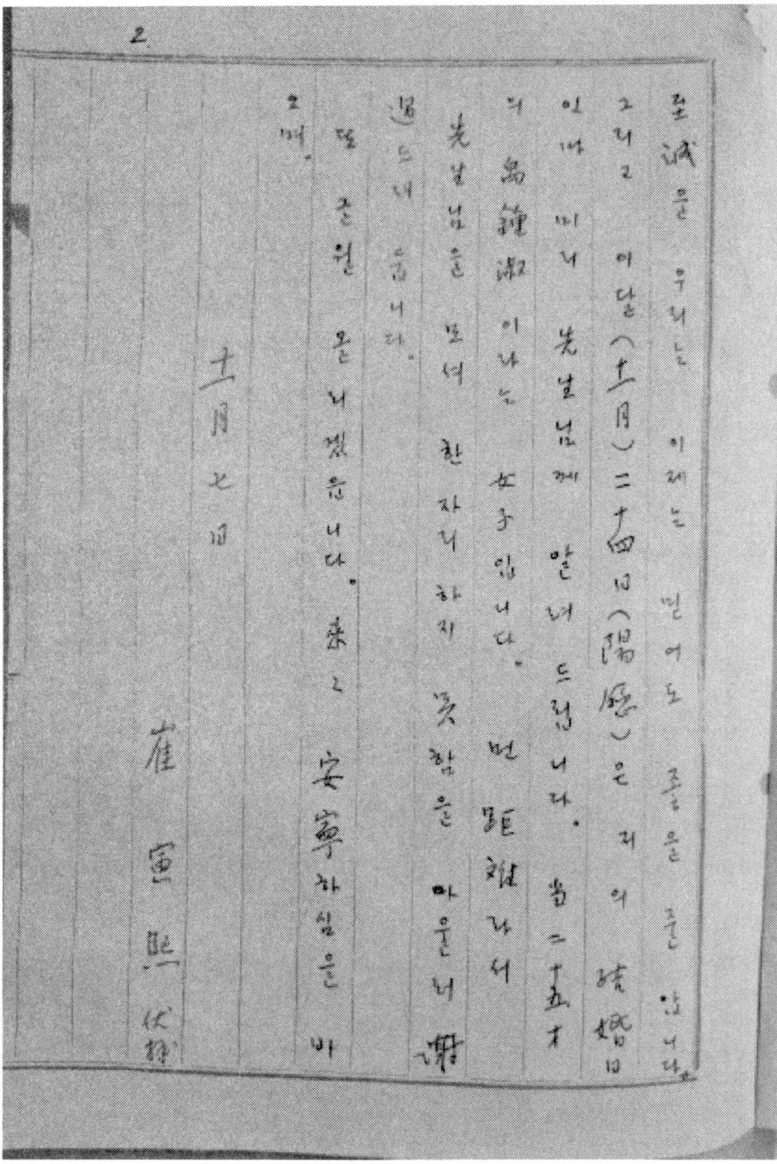

至誠을 우리는 이제는 믿어도 좋을 줄 압니다.
그리고 이달(十月) 二十四日(陽曆)은 저의 結婚日
이[illegible] 先生님께 알려 드립니다. 當二十五才
의 烏鍾淑이라는 女子입니다. 먼 距離라서
先生님을 모셔 한자리 하지 못함을 마음으니 謝
過드리옵니다.
또 조원 올리겠읍니다. 來來 安寧하심을 바
오며.

十月 七日

崔寅熙 伏拜

최인희의 사신 2

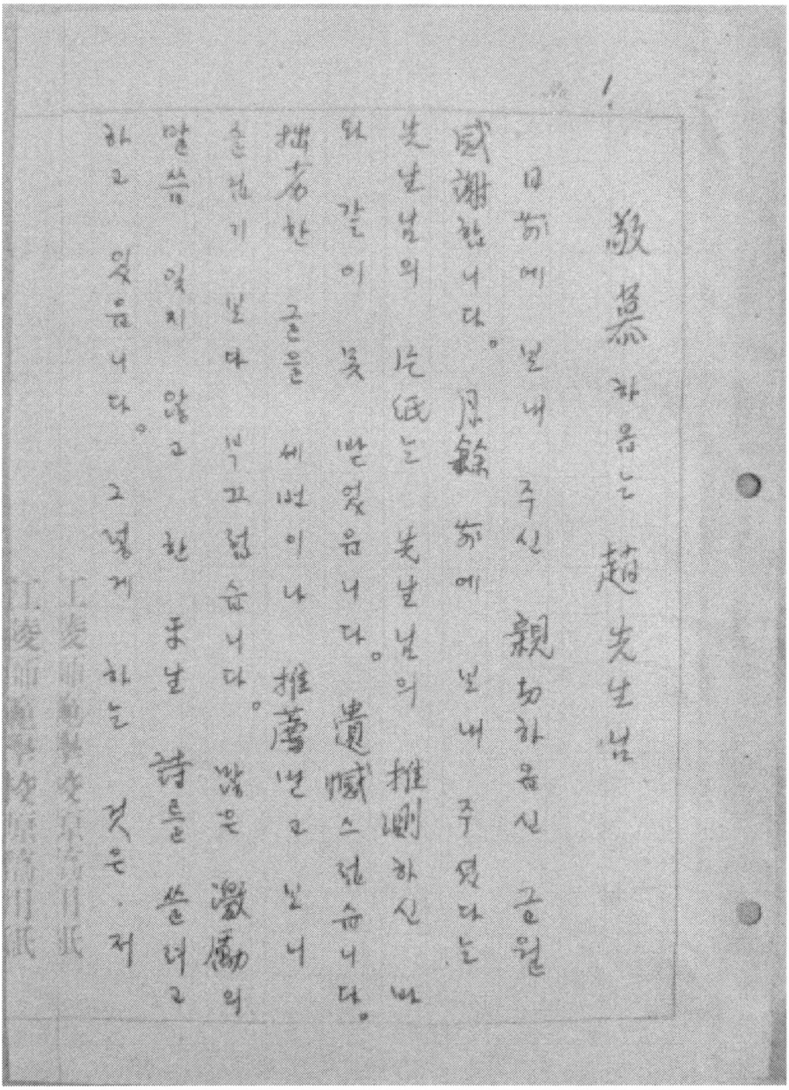
No. 1

敬慕하옵는 趙先生님

日前에 보내주신 親切하옵신 글월
感謝합니다. 原稿에 보내주셨다는
先生님의 片紙는 先生님의 推測하신 바
와 같이 못받었읍니다. 遺憾스럽습니다.
拙劣한 글을 세번이나 推薦받고 보니
송구하기 보다 부끄럽습니다. 짧은 激勵의
말씀 잊지 않고 한 좋날 詩를 쓰려고
하고 있읍니다. 그렇게 하는 것은 · 저

江陵師範學校原稿用紙

최인희의 사신 3

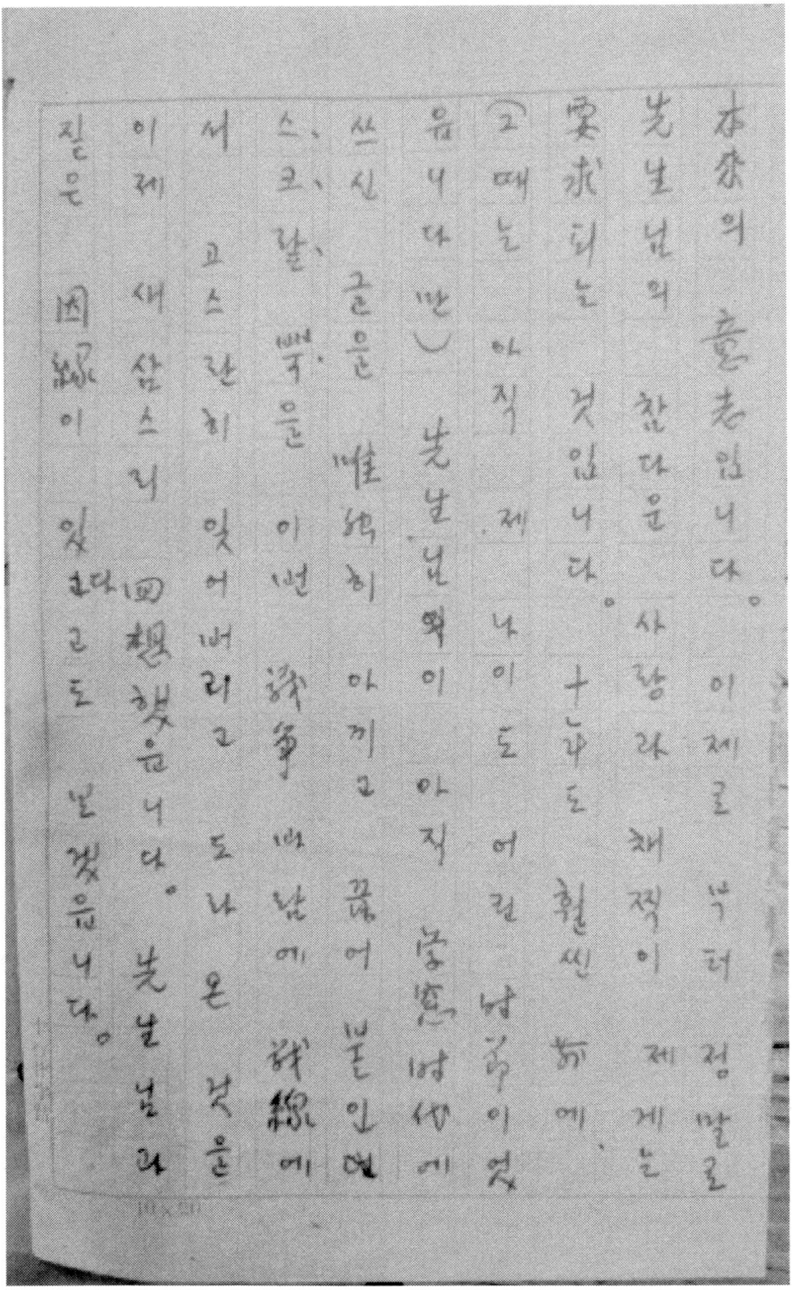

本來의 意志입니다。 이제로부터 정말로
先生님의 참다운 사랑과 채찍이 제게는
要求되는 것입니다。 十年도 훨씬 前에、
(그때는 아직 제 나이도 어린 少年이었
읍니다만) 先生님께서 아직 學窓時代에
쓰신 글을 唯純히 아끼고 끊어 붙인 엘
스、크、랩、북을 이번 戰爭 때 남에 戰線에
서 고스란히 잊어버리고도 나온 것은
이제 새삼스리 回想합니다。 先生님과
짙은 因緣이 있었다고도 보겠읍니다。

최인희의 사신 4

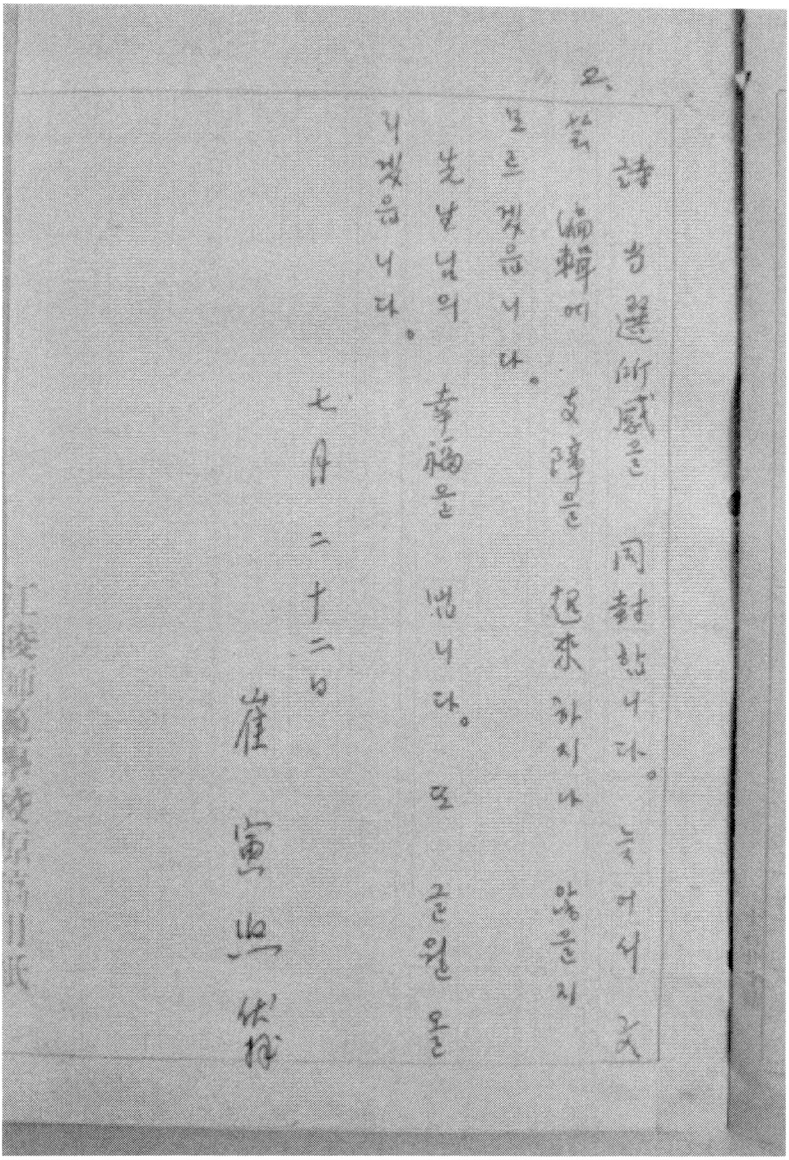

2.

詩 等 選 所感을 同封합니다. 늦어서 文
學 編輯에 支障을 招來하지나 않을지
모르겠읍니다.
先生님의 幸福을 빕니다. 또 글월 올
니겠읍니다.

七月 二十二日

崔寅熙 伏拜

江陵師範學校原稿用紙

최인희의 사신 5

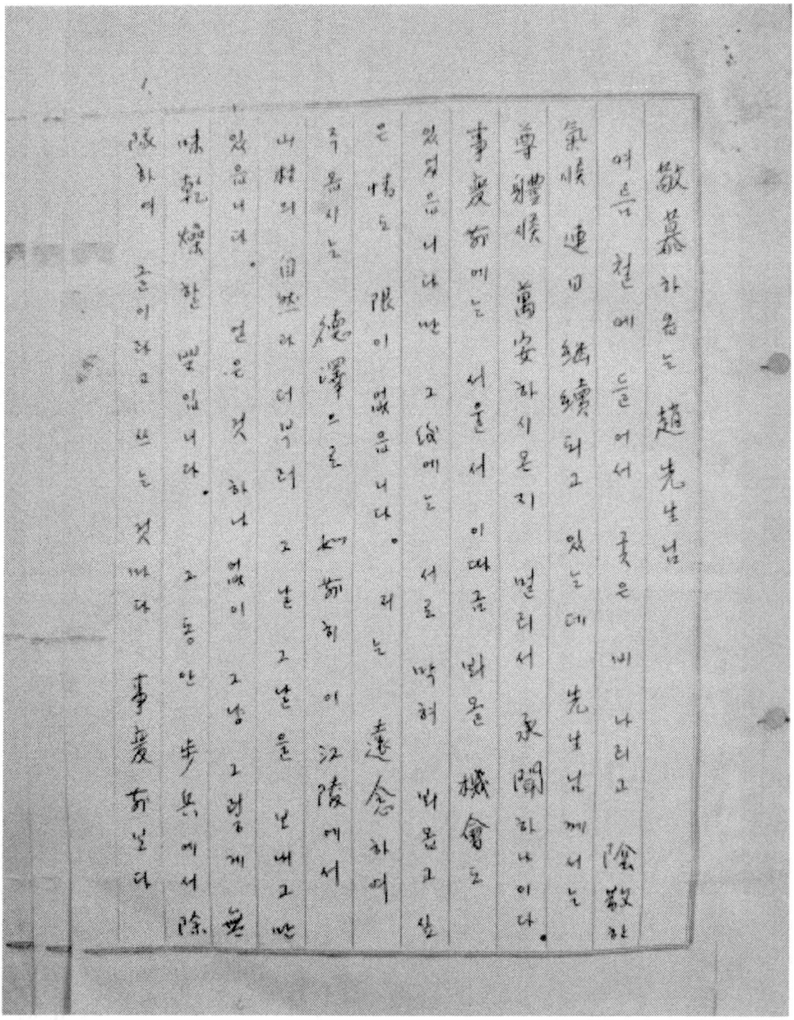
1.

敬慕하옵는 趙 先生님
여름철에 들어서 궂은 비 나리고 陰散한
氣候 連日 繼續되고 있는데 先生님께서는
尊體候 萬安하시온지 멀리서 承聞하나이다.
事業所에는 서울서 이때금 밝은 機會도
있었읍니다만 그 代에는 서로 막혀 버렸고 살
은 情도 限이 없읍니다. 저는 遠念하여
주옵시는 德澤으로 無事히 이 江陵에서
山村의 自然과 더부러 그날 그날을 보내고만
있읍니다. 얻은 것 하나 없이 그냥 그렇게 無
味乾燥한 뿐입니다. 그동안 步兵에서 除
隊하여 좀이라고 쓰는 것마다 事業所보다

최인희의 사신 6

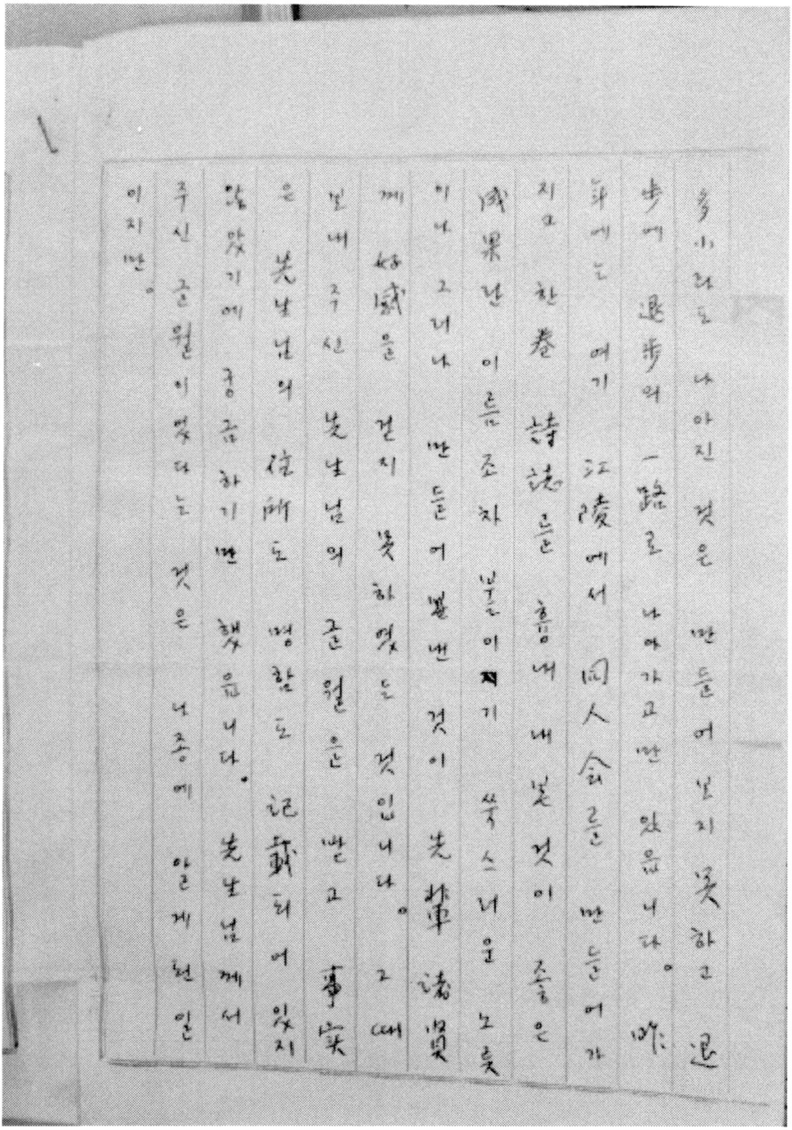
多少라도 나아진 것은 만들어 보지 못하고 退
步며 退步의 一路로 나아가고만 있읍니다. 昨
年에는 여기 江陵에서 同人会를 만들어가
지고 한 卷 詩誌를 흉내내 본 것이 좋은
成果는 이름조차 붙이기 쑥스러운 노릇
이나 그러나 만들어 보낸 것이 先輩諸賢
께 好感을 걸지 못하였든 것입니다. 그때
보내주신 先生님의 先生님의 글월은 받고 事實
은 先生님의 住所도 명함도 記載되어 있지
않았기에 궁금하기만 했읍니다. 先生님께서
주신 글월이 였다는 것은 나중에 알게 된 일
이지만.

최인희의 사신 7

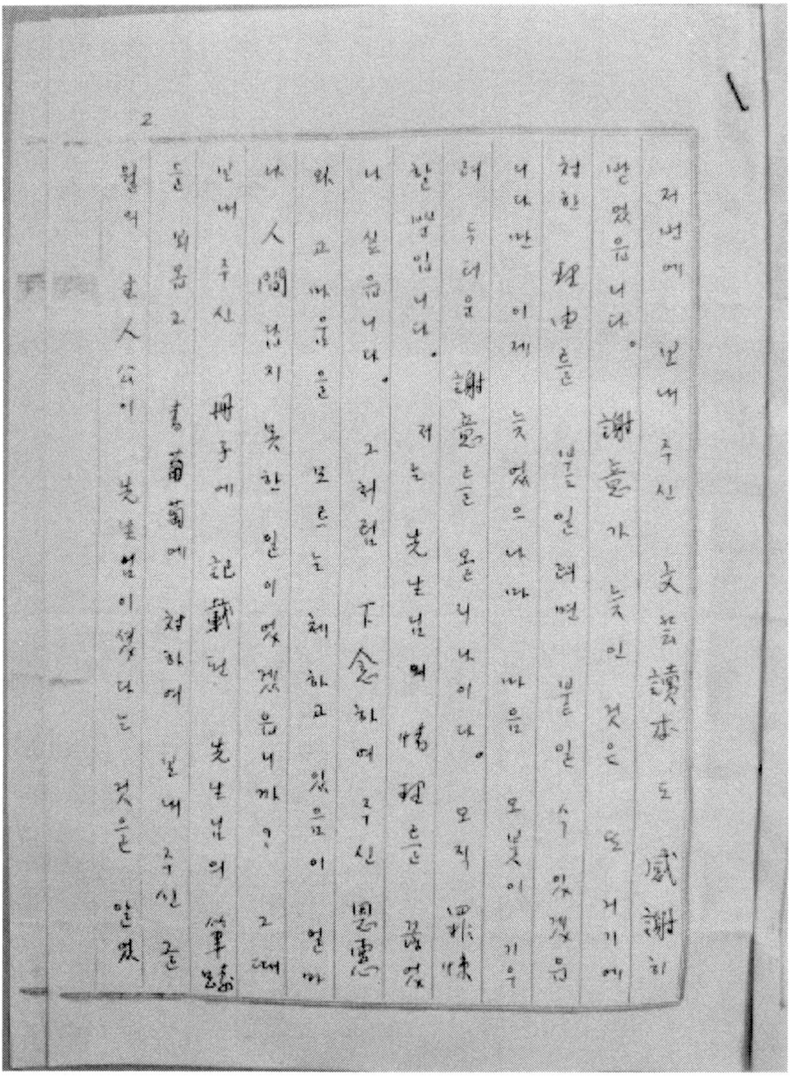
2

저번에 보내주신 文藝讀本도 感謝히
받았읍니다. 謝禮가 늦인 것은 또 너기에
청한 理由를 붙일려면 붙일 수 있겠읍
니다만 이제 늦었으니까 마음 오붓이 기우
려 두려운 謝禮를 올니나이다. 오직 罪悚
한 뿐입니다. 저는 先生님께 情理를 끊었
나 싶읍니다. 그러헙 下念하여 주신 恩惠
와 고마움을 모르는 체하고 있음이 얼마
나 人間답지 못한 일이었겠읍니까? 그때
보내주신 冊子에 記載된 先生님의 筆跡
을 뵈옵고 書簡에 청하여 보내주신 글
월이 主人公이 先生님이셨다는 것을 알았

최인희의 사신 8

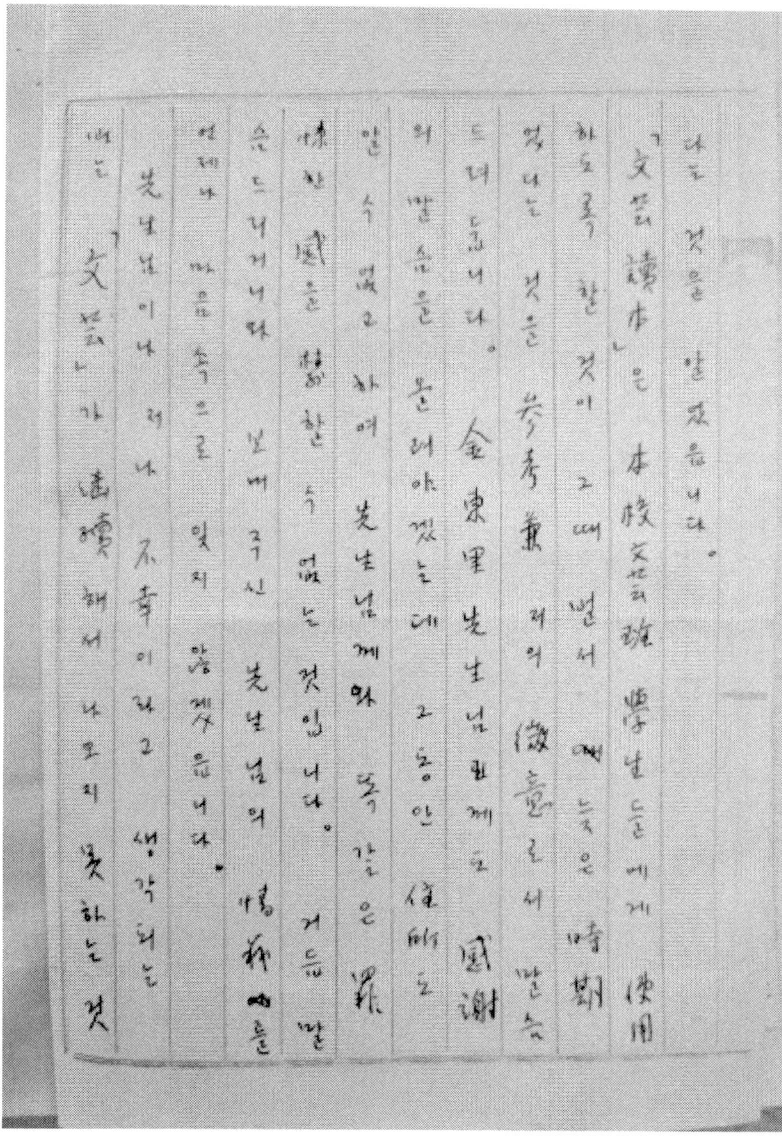

다는 것을 알았읍니다.
「文藝讀本」은 本校文藝班 學生들에게 使用
하도록 한 것이 그때 벌써 예 늦은 晩期
였다는 것은 參考兼 저의 微意로서 말슴
드려 둡니다. 金東里 先生님께도 感謝
의 말슴을 올려야겠는데 그동안 住所도
알 수 없고 하여 先生님께와 똑같은 罪
悚한 感을 禁할 수 없는 것입니다. 거듭 말
슴드리거니와 보내주신 先生님의 情誼를
언제나 마음 속으로 잊지 않겠읍니다.
先生님이나 저나 不幸이라고 생각되는
때는 「文藝」가 連續해서 나오지 못하는 것

최인희의 사신 9

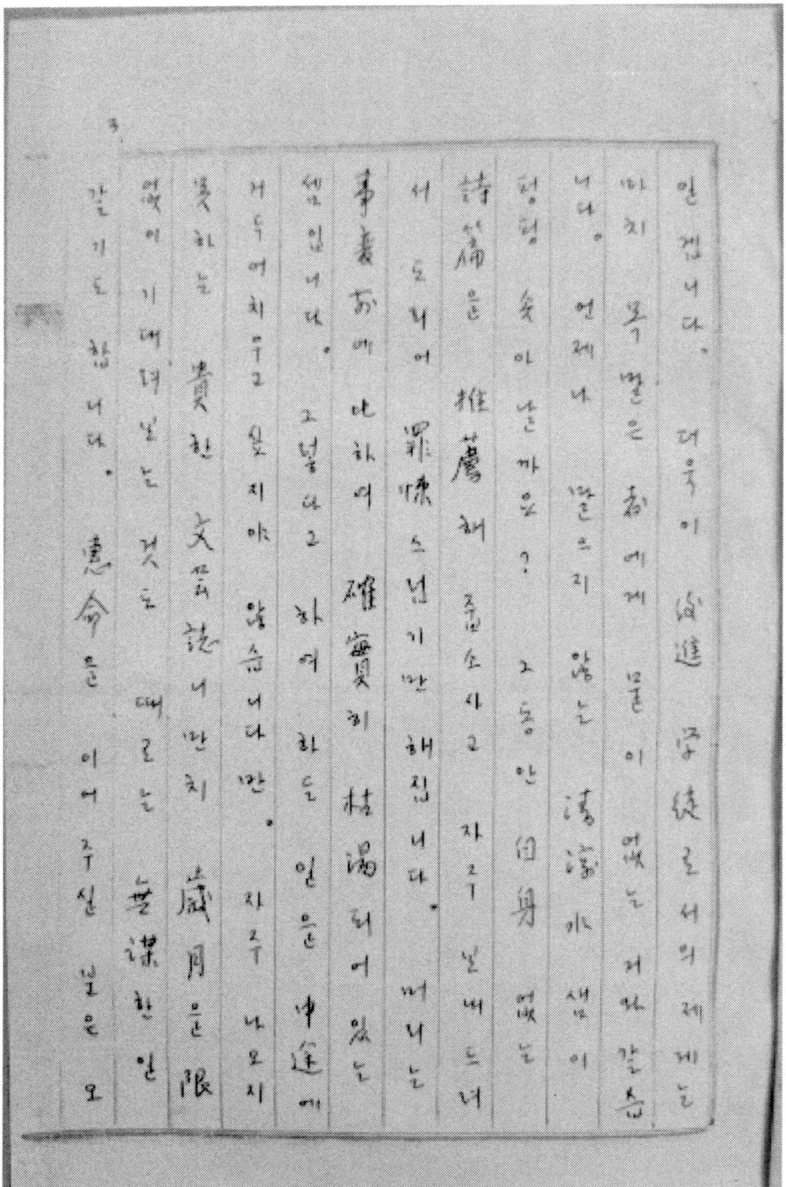

인겠니다. 더욱이 修進 學徒로서의 제게는
마치 목멸은 者에게 물이 없는 거와 같습
니다. 언제나 말으지 않는 淸淡水 샘이
펑펑 솟아날까요? 그동안 自身 없는
詩篇을 推薦해 주소서 자주 보내드너
서 도리어 罪悚스럽기만 해집니다. 떠나는
事業家에 比하여 雄寶히 枯渴되어 있는
셈입니다. 그렇다고 하여 하든 일은 中途에
거두어치우고 싶지마는 않습니다만. 자주 나오지
못하는 貴한 文學誌니만치 歲月을 限
없이 기대려보는 것도 때로는 無謀한 일
같기도 합니다. 惠命을 이어주실 날을 오

최인희의 사신 10

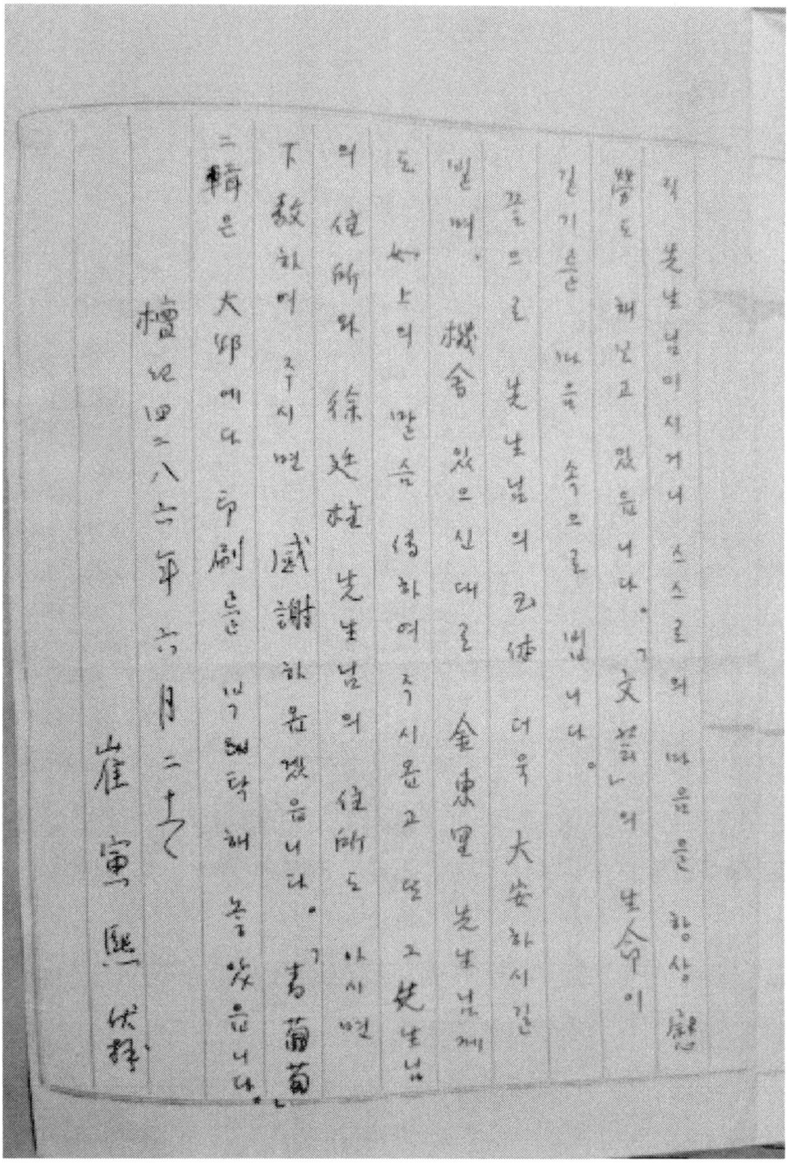

직 先生님이시거나 스스로의 마음은 항상 感

謝도 해보고 있읍니다. 文獻의 生命이

길기를 마음 속으로 빕니다.

끝으로 先生님의 玉体 더욱 大安하시길

빌며. 機會 있으신대로 金東里 先生님께

도 如上의 말슴 傳하여 주시옵고 또 그 先生님

의 住所와 徐廷柱 先生님의 住所도 아시면

下敎하여 주시면 感謝하옵겠읍니다. 書簡箋

二精은 大邱에다 印刷를 부탁해 놓았읍니다.

檀紀四二八六年 六月 二十七

崔寅熙 伏拜

최인희의 사신 11

18. 김수돈(金洙敦, 1917~1966)

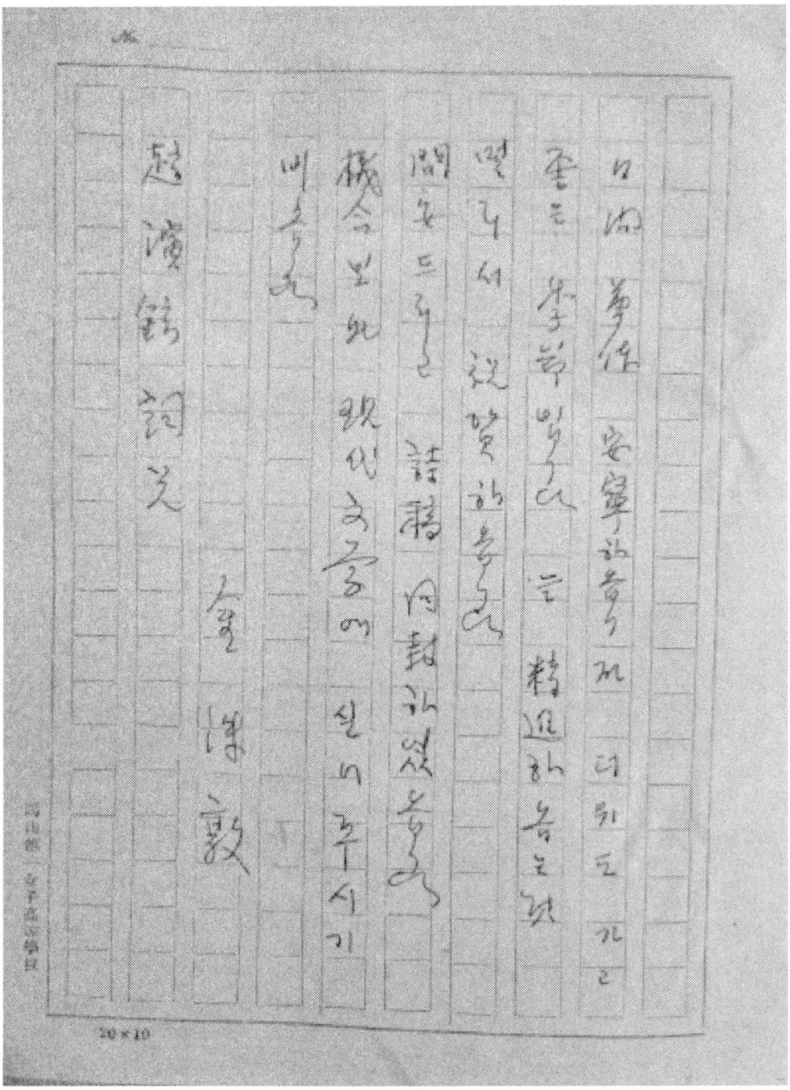
日間 華信 安寧하옵시고 더위도 가고
秋는 季節 맞으오니 늘 精進하옵소서
받고서 [illegible] 하옵니다
聞으로도 [illegible] 詩稿 同封하였음니다
機會보아 現代文學에 실어주시기
바라오며

金洙敦

趙演鉉 詞兄

김수돈의 사신

44. 김용제(金龍濟, 1909~1994)

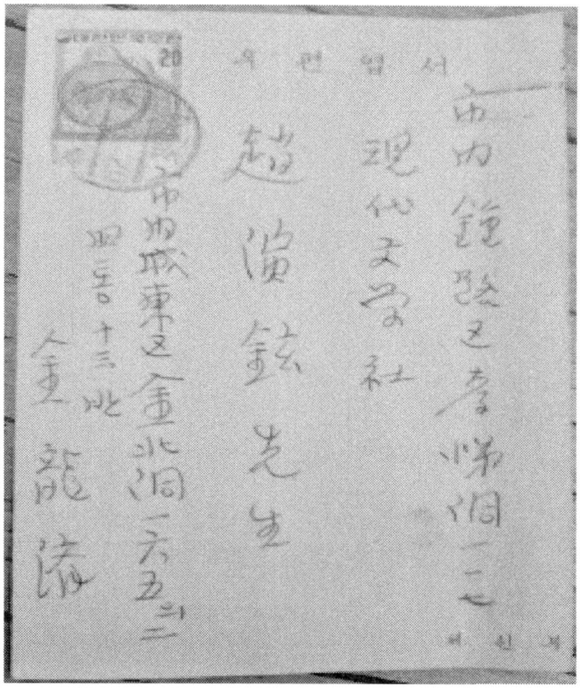

김용제의 엽서 1 – 앞면

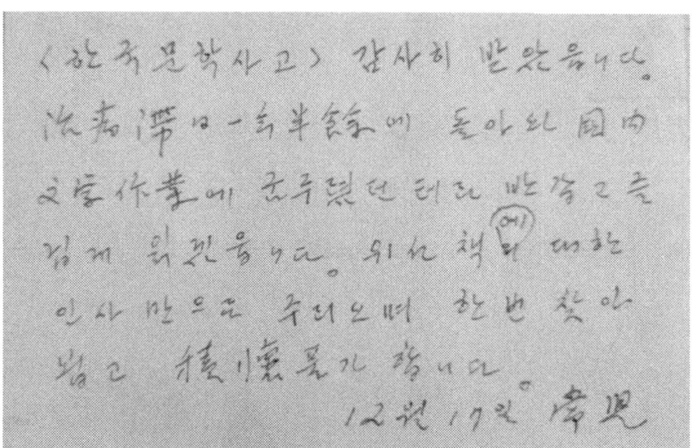

김용제의 엽서 2 – 뒷면

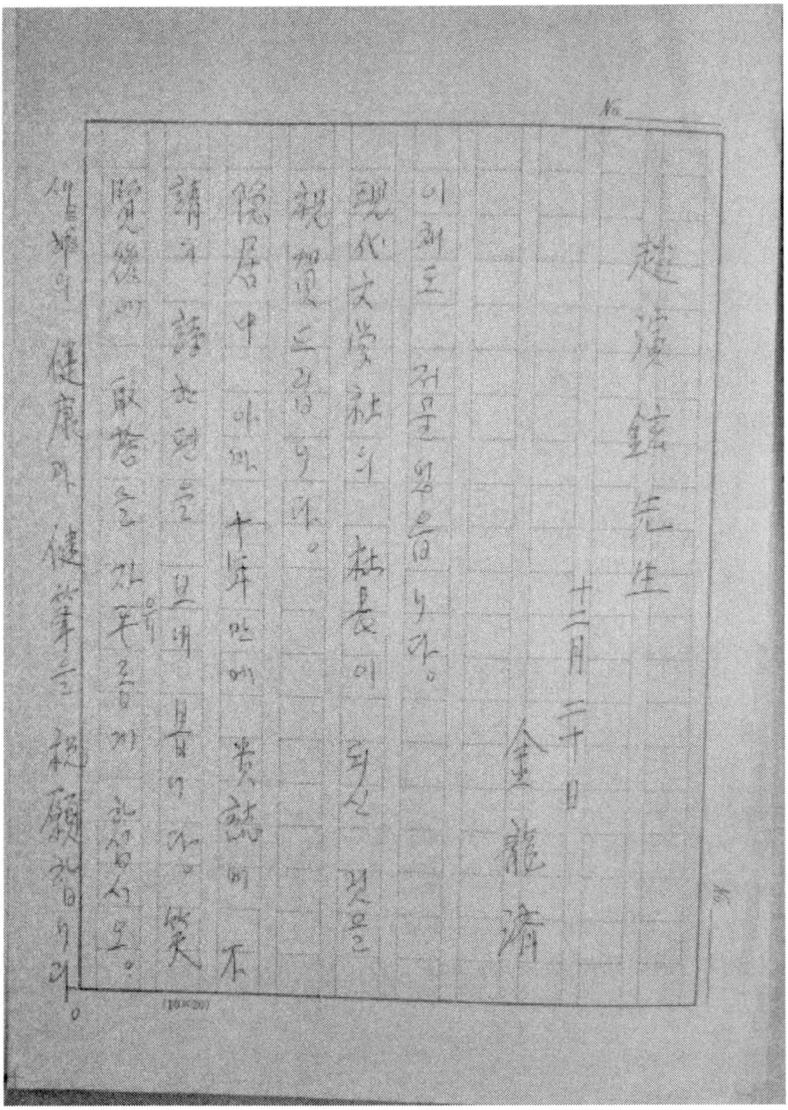

김용제의 사신 1

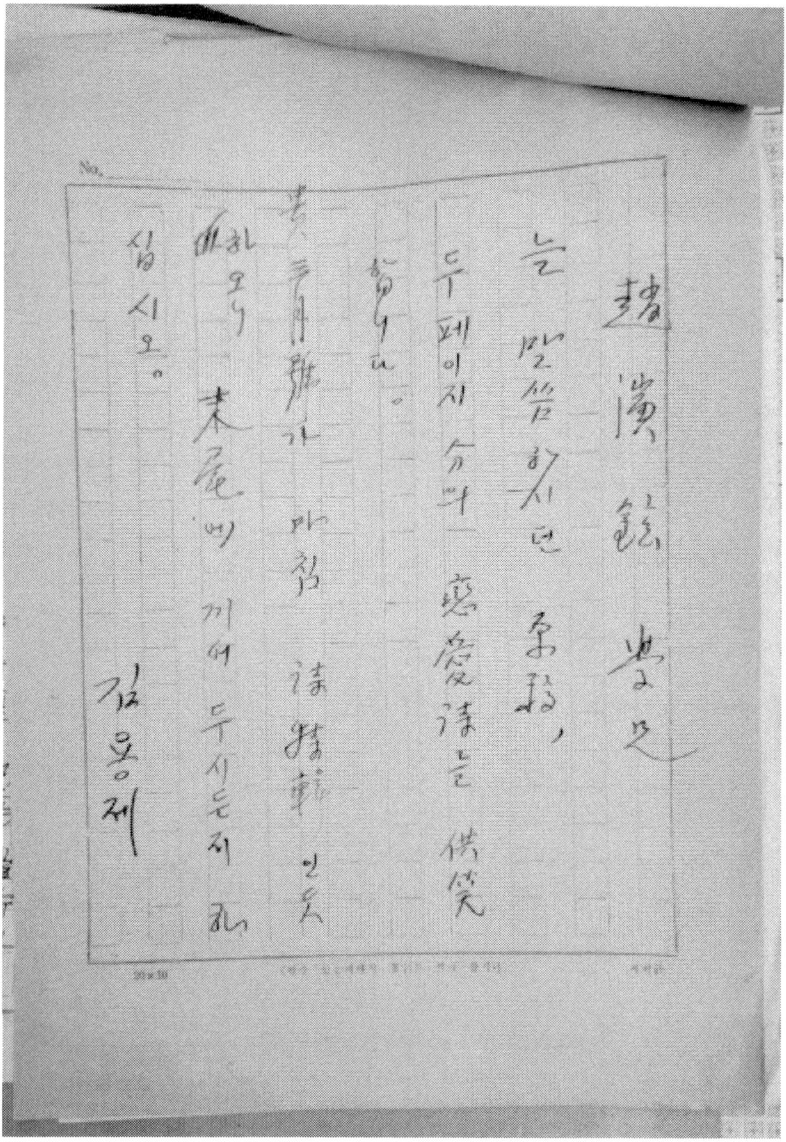

김용제의 사신 2

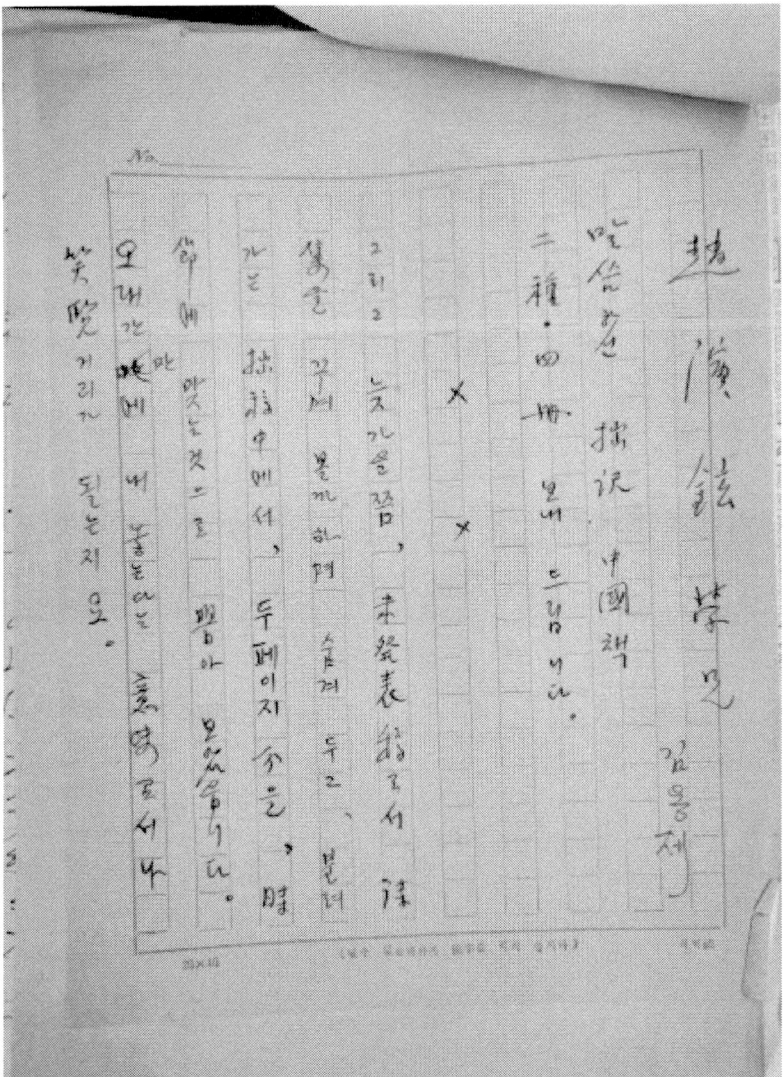

趙演鉉 學兄

김용제

말씀하신 拙說 中國책

二種·四冊 보내 드립니다.

그리고 늦가을쯤, 未發表稿로서 詩

集을 꾸며 볼까 하면 숨겨 두고, 보려

가는 拙稿中에서, 두페이지 分을, 時

節에 맞는 것으로 뽑아 보았읍니다.

오래간만에 내 놓아나는 素材로서나

웃음거리가 될는지요.

김용제의 사신 3

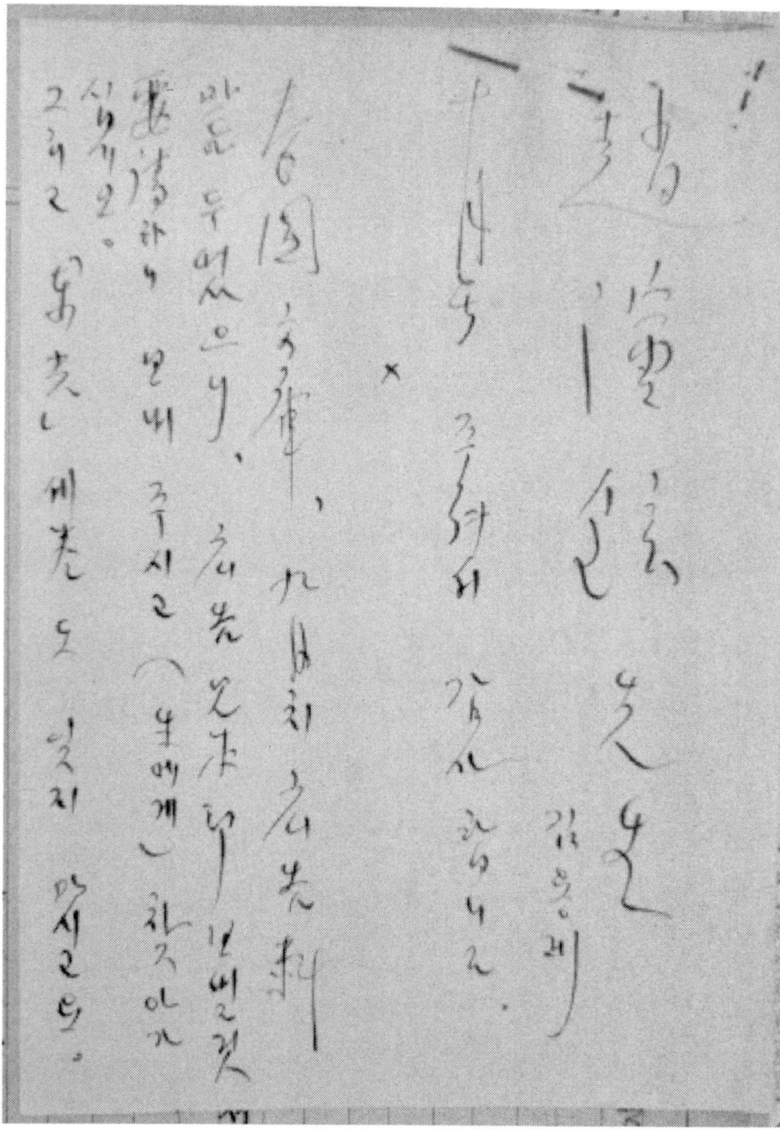

김용제의 사신 4

37. 김광섭(金珖燮, 1905~1977)과 26. 김환기(金煥基, 1913~1974)

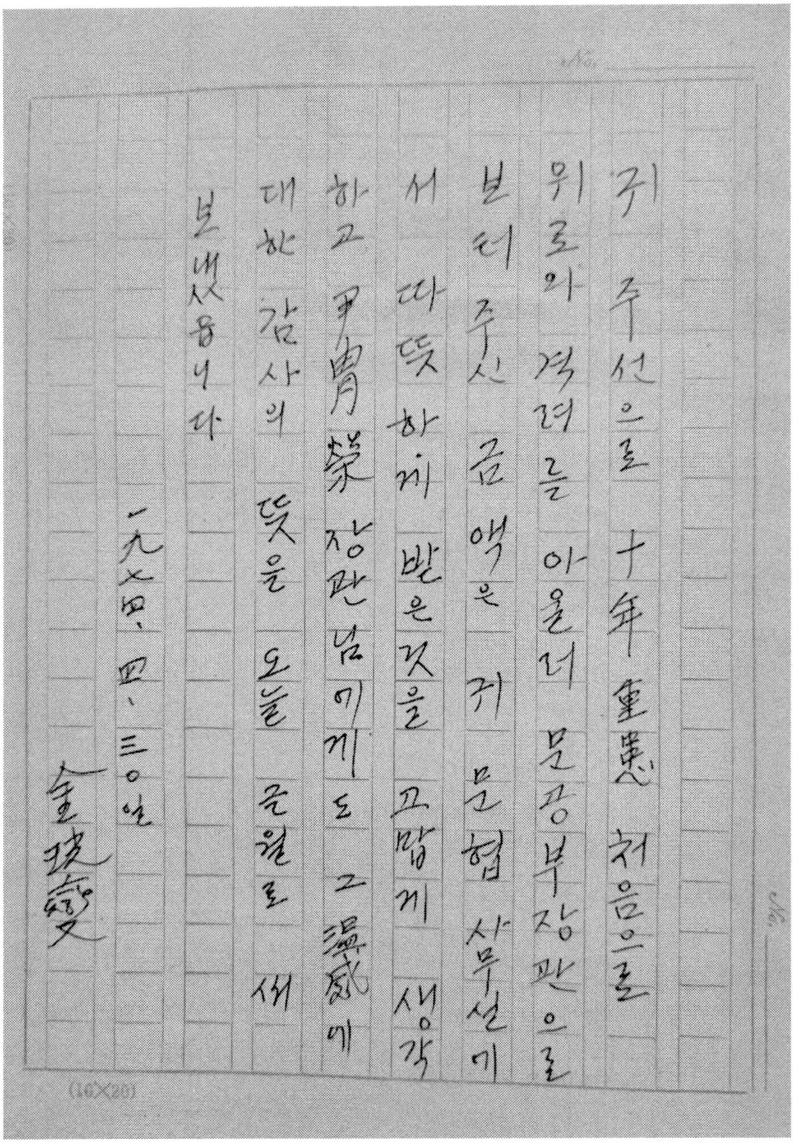
귀 주선으로 十年 重患 처음으로
위로와 격려를 아울러 문공부장관으로
부터 주신 금액은 귀 문협 사무실에
서 따뜻하게 받은 것을 고맙게 생각
하고 尹胄榮 장관님에게도 그 溫感에
대한 감사의 뜻을 오늘 글월로 써
보냈읍니다

一九七四、四、三○일
金珖燮

김광섭의 사신

태작馱作 박종석朴種錫

문학평론가, 문학박사
『송욱 문학 연구』, 『송욱 평전』, 『한국현대시의 탐색』
『작가 연구 방법론』(문화관광부 추천 - 우수학술도서, 제3판)
『현대시 분석 방법론』(울산 작가상)
『비평과 삶의 감각』, 『조연현 평전』, 『현대시와 표절 양상』
『송욱의 실험 시와 주체적 시학』, 『에고티스트 송욱의 삶과 문학』
『박종석의 글쓰기 기술』(제4판), 『우리 시대의 독자』, 『작가 사신 연구 방법론』
『정릉으로 온 편지(첫 번째 이야기)』, 『정릉으로 온 편지(두 번째 이야기)』
『바로 써먹는 수업의 기술』 외 교육 저서.

문단 활동 및 논문

「실험 '82」(고교 2년, 3인 공동시집)
「어머니」(고교 2년, 전국 고교생 백일장 시 부분 수상)
「백석 시의 문체론적 고찰」(전국 대학생 학술논문 발표, 한국학술진흥재단)
「송욱 시 해설」(『한국문학선집』 수록, 문학과 지성사)
「송욱의 〈시학평전〉 연구」(새미작가론총서 《송욱》 수록)
「고전시론과 현대시론의 한 접점 연구」(창간호 《한국시학연구》 수록)
2015 개정 고등 '국어' 교과서 집필 위원

상훈

옥조근정훈장

정릉으로 온 편지
두 번째 이야기

초판 1쇄 인쇄 2025년 2월 20일
초판 1쇄 발행 2025년 2월 28일

지은이 박종석
펴낸이 박성복
펴낸곳 도서출판 월인
주소 01047 서울특별시 강북구 노해로25길 61
등록 1998년 5월 4일 제6-0364호
전화 (02) 912-5000
팩스 (02) 900-5036
홈페이지 www.worin.net
전자우편 worinnet@hanmail.net

ISBN 978-89-8477-732-3 93810

값은 뒤표지에 있습니다.